Basiswissen Psychologie

Herausgegeben von
Jürgen Kriz, Osnabrück, Deutschland

Wissenschaftlicher Beirat
Markus Bühner, München, Deutschland
Thomas Goschke, Dresden, Deutschland
Arnold Lohaus, Bielefeld, Deutschland
Jochen Müsseler, Aachen, Deutschland
Astrid Schütz, Bamberg, Deutschland

Die erfolgreiche Lehrbuchreihe im Programmbereich Psychologie: Das Basiswissen ist konzipiert für Studierende und Lehrende der Psychologie und angrenzender Disziplinen, die Wesentliches in kompakter, übersichtlicher Form erfassen wollen.

Eine ideale Vorbereitung für Vorlesungen, Seminare und Prüfungen: Die Bücher bieten Studierenden in aller Kürze einen fundierten Überblick über die wichtigsten Ansätze und Fakten. Sie wecken so Lust am Weiterdenken und Weiterlesen.

Neue Freiräume in der Lehre: Das Basiswissen bietet eine flexible Arbeitsgrundlage. Damit wird Raum geschaffen für individuelle Vertiefungen, Diskussion aktueller Forschung und Praxistransfer.

Herausgegeben von
Prof. Dr. Jürgen Kriz
Universität Osnabrück

Wissenschaftlicher Beirat:
Prof. Dr. Markus Bühner
Ludwig-Maximilians-Universität
München

Prof. Dr. Jochen Müsseler
Rheinisch-Westfälische
Technische Hochschule Aachen

Prof. Dr. Thomas Goschke
Technische Universität Dresden

Prof. Dr. Astrid Schütz
Otto-Friedrich-Universität Bamberg

Prof. Dr. Arnold Lohaus
Universität Bielefeld

Weitere Bände in der Reihe http://www.springer.com/series/12310

Thomas Kessler · Immo Fritsche

Sozialpsychologie

Thomas Kessler
Friedrich-Schiller-Universität Jena
Jena, Deutschland

Immo Fritsche
Universität Leipzig
Leipzig, Deutschland

Basiswissen Psychologie
ISBN 978-3-531-17126-5   ISBN 978-3-531-93436-5   (eBook)
DOI 10.1007/978-3-531-93436-5

Die Deutsche Nationalbibliothek verzeichnet diese Publikation in der Deutschen Nationalbibliografie; detaillierte bibliografische Daten sind im Internet über http://dnb.d-nb.de abrufbar.

© Springer Fachmedien Wiesbaden GmbH 2018
Das Werk einschließlich aller seiner Teile ist urheberrechtlich geschützt. Jede Verwertung, die nicht ausdrücklich vom Urheberrechtsgesetz zugelassen ist, bedarf der vorherigen Zustimmung des Verlags. Das gilt insbesondere für Vervielfältigungen, Bearbeitungen, Übersetzungen, Mikroverfilmungen und die Einspeicherung und Verarbeitung in elektronischen Systemen.
Die Wiedergabe von Gebrauchsnamen, Handelsnamen, Warenbezeichnungen usw. in diesem Werk berechtigt auch ohne besondere Kennzeichnung nicht zu der Annahme, dass solche Namen im Sinne der Warenzeichen- und Markenschutz-Gesetzgebung als frei zu betrachten wären und daher von jedermann benutzt werden dürften.
Der Verlag, die Autoren und die Herausgeber gehen davon aus, dass die Angaben und Informationen in diesem Werk zum Zeitpunkt der Veröffentlichung vollständig und korrekt sind. Weder der Verlag noch die Autoren oder die Herausgeber übernehmen, ausdrücklich oder implizit, Gewähr für den Inhalt des Werkes, etwaige Fehler oder Äußerungen. Der Verlag bleibt im Hinblick auf geografische Zuordnungen und Gebietsbezeichnungen in veröffentlichten Karten und Institutionsadressen neutral.

Umschlaggestaltung: deblik Berlin
Einbandabbildung: © Viorika/Getty Images/iStock

Gedruckt auf säurefreiem und chlorfrei gebleichtem Papier

Springer ist Teil von Springer Nature
Die eingetragene Gesellschaft ist Springer Fachmedien Wiesbaden GmbH
Die Anschrift der Gesellschaft ist: Abraham-Lincoln-Str. 46, 65189 Wiesbaden, Germany

Vorwort

Wann haben Sie zum ersten Mal etwas von der Sozialpsychologie gehört? Was haben Sie darüber erfahren? Und was stellen Sie sich jetzt darunter vor? Wir selbst sind unserem heutigen Fach in ganz unterschiedlicher Weise begegnet. Für den einen war es Liebe auf den zweiten Blick, denn für die ganz grundlegenden Fragen des Menschseins schienen ihm zunächst (fälschlicherweise!) nur andere Teildisziplinen der Psychologie zuständig. Der andere hatte den Begriff „Sozialpsychologie" in der Schule aufgeschnappt und (richtigerweise!) die Hoffnung, damit gesellschaftliche Probleme, wie beispielsweise Gewaltkonflikte, Vorurteile oder die Zerstörung unserer natürlichen Lebensgrundlagen erst in ihrer Vollständigkeit verstehen und zum Besseren ändern zu können. Wie auch immer Sie bei der Sozialpsychologie ankommen, wir stehen bereit, Sie dort abzuholen. In freundlicher und anregender Atmosphäre wollen wir Ihnen den Weg zu den relevanten Themen und Herangehensweisen der wissenschaftlichen Sozialpsychologie bahnen und Ihnen so vielleicht einen neuen Blick auf die Welt öffnen.

Tatsächlich möchten wir Sie für unser Fach begeistern. Aus der sehr großen Themenfülle der Sozialpsychologie haben wir das ausgewählt, was gemeinhin als grundlegend gilt und uns in unserer eigenen Forschung und Lehre besonders am Herzen liegt. Wegen der Knappheit des Formats mussten dabei viele weitere interessante Phänomene, Ansätze und Theorien auf der Strecke bleiben. Das bedeutet nicht, dass diese nicht wichtig oder interessant wären. So hoffen wir, dass Sie beim Lesen dieses kleinen Buchs die Neugier befällt und Sie die Strecke hier und da noch mal in Ruhe abgehen. Viele technische Details und die großen Mengen an Forschungsergebnissen, die zu den angeschnitten Themen und darüber hinaus verfügbar sind, finden sich in umfangreicheren Werken wie etwa Handbuchkapiteln, Übersichtsartikeln und am besten in den originalen Arbeiten unserer sehr internationalen *scientific community*. Die meisten dieser Forschungsberichte können Sie direkt über das (elektronische) Angebot der nächstgelegenen Universitätsbibliothek aus den internationalen Fachzeitschriften herunterladen.

Ein Vorwort schreibt man am besten zuletzt, weil man dann sicher sein kann, dass es das Buch, das folgen sollte, auch tatsächlich gibt. So machen wir das auch! Es war eine lange Reise dieses Buch zu schreiben. Forschen generiert Leidenschaft und daher auch immerwährende Überbeschäftigung. Für Sie, liebe Leserin und Leser, sollten aber einige wenige ruhige Zugfahrten oder gemütliche Abende ausreichen, dieses Buch zu lesen. Danach können wir aber für nichts garantieren! Vielleicht zieht auch Sie die Sozialpsychologie in ihren Bann und wird zum Gegenstand fortdauernder Beschäftigung. Uns würde es sehr freuen.

Bringen Sie die Wissenschaft in Ihr Leben, aber vergessen Sie darüber das Leben nicht! Daher möchten wir dieses Vorwort auch nutzen, um denjenigen für ihre Inspiration und Langmut zu danken, ohne die dieses Buch vermutlich gar nicht hätte entstehen können. Das sind insbesondere Susanne und Wiebke, aber auch Franziska, Philipp, Karla, Antonio, Benno und Ingmar.

Jena und Leipzig
im Februar 2017

Thomas Kessler
Immo Fritsche

Inhaltsverzeichnis

1 Sozialpsychologie: Eine Einführung 1
  1.1   Der Mensch, das soziale Tier 1
  1.2   Sozialpsychologie: Anliegen und Definition 3
  1.3   Analyseebenen 5
  1.4   Zusammenfassung und Ausblick 8
  Literatur 9

2 Methoden der Sozialpsychologie 11
  2.1   Einleitung 11
  2.2   Theorien in der Forschung 14
  2.3   Konstruktvalidität 15
  2.4   Interne Validität 17
  2.5   Externe Validität 18
  2.6   Strategien und Probleme, wenn wir Theorien prüfen 20
  2.7   Forschungsstrategien 22
        2.7.1   Korrelationsstudien 23
        2.7.2   Feldstudien 24
        2.7.3   Experimente 24
  2.8   Forschungsethik 27
        2.8.1   Ethische Standards der Forschung 27
        2.8.2   Ethischer Umgang mit Untersuchungsteilnehmenden 29
  2.9   Zusammenfassung 30
  Literatur 31

3 Prozesse der Konstruktion sozialer Wirklichkeit ... 33
- 3.1 Einleitung ... 33
- 3.2 Intuitive versus rationale Verarbeitung ... 35
- 3.3 Grundlegende Prozesse der Verarbeitung ... 38
- 3.4 Kategorisierung ... 40
- 3.5 Welche Faktoren bestimmen, welche Kategorien aktiviert werden? ... 42
- 3.6 Stereotype und ihre Anwendung ... 43
- 3.7 Prozesse der Verarbeitung von Information und der Urteilsbildung (Heuristiken) ... 44
  - 3.7.1 Verfügbarkeitsheuristik ... 44
  - 3.7.2 Simulationsheuristik ... 46
  - 3.7.3 Repräsentativitätsheuristik ... 48
  - 3.7.4 Anker-Heuristik ... 49
- 3.8 Warum funktionieren Heuristiken – manchmal? ... 49
- 3.9 Zusammenfassung ... 50
- Literatur ... 50

4 Einstellungen ... 53
- 4.1 Was sind Einstellungen? ... 53
  - 4.1.1 Drei(?) Komponenten ... 53
  - 4.1.2 Stabilität und Veränderbarkeit ... 54
  - 4.1.3 Explizite und implizite Einstellungen ... 55
- 4.2 Wie werden Einstellungen gemessen? ... 55
  - 4.2.1 Direkte Messung expliziter Einstellungen ... 56
  - 4.2.2 Non-reaktive Verfahren ... 58
  - 4.2.3 Die Messung impliziter Einstellungen ... 59
  - 4.2.4 Physiologische Maße ... 60
  - 4.2.5 Zusammenfassung ... 61
- 4.3 Beeinflussen Einstellungen das Verhalten? ... 61
  - 4.3.1 Das Korrespondenzprinzip ... 62
  - 4.3.2 Theorie des geplanten Verhaltens ... 62
  - 4.3.3 Handeln wir immer „rational"? ... 65
- 4.4 Zusammenfassung ... 67
- Literatur ... 67

5 Vom Ich und vom Wir: Das Selbst und die soziale Identität ... 71
- 5.1 Das Selbstkonzept ... 72
- 5.2 Wer bin ich? – Quellen des Selbstkonzepts ... 73
  - 5.2.1 Selbstwahrnehmung ... 74
  - 5.2.2 Reaktionen Anderer ... 74

		5.2.3	Sozialer Vergleich.	75
		5.2.4	Soziale Identität und Selbstkategorisierung	76
		5.2.5	Zwischenfazit	80
	5.3	Wer will ich sein? – Das motivierte Selbst		80
		5.3.1	Das Bedürfnis nach Selbstwert	80
		5.3.2	Unsicherheitsreduktion	82
		5.3.3	Kontrolle.	84
		5.3.4	Selbsterhaltung und das Ende des Selbst	86
		5.3.5	Selbstregulation	88
	5.4	Zusammenfassung		89
	Literatur.			89
6	**Interpersonale Beziehungen und Interaktionen**			**93**
	6.1	Affiliation und das Bedürfnis nach Zugehörigkeit.		95
		6.1.1	Definitionen	95
		6.1.2	Weshalb wir Zugehörigkeit brauchen	95
		6.1.3	Was macht mich attraktiv? (oder: Die Entstehung enger Beziehungen).	97
	6.2	Prosoziales Verhalten: Der Mensch ist gut!		99
		6.2.1	Gerechtigkeit(en)	101
		6.2.2	Hilfeleistung in Notsituationen	102
	6.3	Aggressives Verhalten: Der Mensch ist schlecht!(?)		104
		6.3.1	Definitionen aggressiven Verhaltens	104
		6.3.2	Erklärungen aggressiven Verhaltens.	104
	6.4	Zusammenfassung		108
	Literatur.			108
7	**Prozesse und Strukturen in Kleingruppen**			**113**
	7.1	Einleitung.		113
	7.2	Was ist eine Gruppe?		114
	7.3	Verhältnis von Individuum und Gruppe.		116
	7.4	Prozesse innerhalb von Gruppen		118
		7.4.1	Soziale Erleichterung und soziale Hemmung	123
	7.5	Leistung in Gruppen.		125
		7.5.1	Die Leistung von Brainstorming-Gruppen als Beispiel.	127
	7.6	Zusammenfassung		130
	Literatur.			130

8 Sozialer Einfluss und sozialer Wandel ... 135
8.1 Einführung: Die Forschung zum sozialen Einfluss ... 135
8.2 Veränderung persönlicher Einstellungen: Grundlegende Prozesse ... 138
8.3 Entstehung von Einstellungen ... 138
    8.3.1 Basale kognitive Prozesse ... 138
    8.3.2 Allgemeine motivationale Prozesse ... 139
8.4 Prozesse persönlichen Einstellungswandels ... 139
    8.4.1 Reaktanz ... 140
    8.4.2 Reduktion kognitiver Dissonanz ... 140
8.5 Gezielte Beeinflussung: Die Prozesse der Überzeugung ... 142
8.6 Die soziale Schwerkraft: Normen und Konformität ... 144
8.7 Die Möglichkeit sozialen Wandels: Minderheiteneinfluss und soziale Bewegungen ... 148
8.8 Mehrheiten- vs. Minderheiteneinfluss ... 148
8.9 Sozialer Wandel durch kollektives Handeln ... 150
8.10 Zusammenfassung ... 152
Literatur ... 152

9 Toleranz und Diskriminierung zwischen sozialen Gruppen ... 157
9.1 Einleitung ... 157
9.2 Woher kommen Vorurteile? ... 159
    9.2.1 Manche Leute …: Persönlichkeitstheoretische Ansätze ... 159
    9.2.2 Streit um Ressourcen: Die Theorie des realistischen Gruppenkonflikts ... 161
    9.2.3 „Wir" versus „die Anderen": Die Theorie der sozialen Identität ... 164
9.3 Grundlegende Prozesse des Intergruppenverhaltens ... 167
9.4 Selbstkategorisierungstheorie und das Eigengruppenprojektionsmodell ... 168
9.5 Kontakt als Mittel zur Reduktion von Vorurteilen ... 172
9.6 Zusammenfassung ... 176
Literatur ... 176

Sozialpsychologie: Eine Einführung

Zusammenfassung

Menschen sind grundlegend soziale Wesen. Die Umwelt, mit der wir uns auseinanderzusetzen haben und an die wir uns anpassen, sind andere Menschen. Unser Denken, Entscheiden, Verhalten und unsere Emotionen und Motivationen beziehen sich auf Personen (uns und andere) und werden durch diese Anderen beeinflusst. Sozial geteiltes Wissen regelt Interaktionen zwischen Individuen, Interaktionen innerhalb von Gruppen und zwischen sozialen Gruppen.

1.1 Der Mensch, das soziale Tier

Wir sind nie wirklich allein. Jeden Tag begegnen wir anderen Menschen, seien es Fremde, Bekannte, Freunde oder Familienmitglieder. Wir unterhalten soziale Beziehungen, verlieben uns oder hassen einander. Wir sind Teil von Gruppen, Organisationen und Staaten, tragen deren Insignien, sprechen deren Sprache und tun die Dinge so, wie sie in diesen Gemeinschaften normalerweise getan werden. Manchmal widersprechen wir auch und suchen den Konflikt. Egal, ob es Ihnen gefällt: Andere sind immer um Sie. Selbst, wenn Sie sie nicht sehen oder auch nie zu sehen bekommen, begegnen andere Menschen und deren Handlungen Ihnen in Form von Konsumprodukten, Formularen oder Landschaftsgestaltung. Selbst der globale Klimawandel ist Hinterlassenschaft Anderer (und wird wohl auch zu Ihrer eigenen werden).

Die unentrinnbare „Anwesenheit" anderer Menschen mag uns persönlich einschränken oder auch schrecken. Gleichzeitig ist sie eine Quelle des persönlichen Wohlbefindens und für unsere Spezies vermutlich das Geheimnis ihres großen Erfolgs. Erst die komplexe Koordination vieler Akteure und die generationenübergreifende Weitergabe von Wissen hat es uns Menschen ermöglicht, unsere natürliche Umwelt in dem Maße zu kontrollieren und zu gestalten, wie wir es heute vorfinden. Nicht nur herausragende Leistungen wie der Mondflug waren das Produkt vielschichtiger Arbeitsteilung und fußten auf dem Wissen unübersehbarer Generationen, auch unsere alltägliche Versorgung mit Lebensmitteln, Bildung oder Unterhaltung – aber auch soziale Ausgrenzung, Unterdrückung und Krieg – wären ohne komplexe soziale Kooperation kaum möglich.

Daher hängt unser Überleben als Individuen und die Weitergabe unserer Gene nicht mehr primär davon ab, wie geschickt wir selbst mit der natürlichen Umwelt interagieren, also essbare Früchte finden, vor Raubtieren fliehen oder für uns und unsere Kinder trockene und sichere Plätze errichten. Stattdessen entscheidet unsere Position in der Gemeinschaft darüber, in welchem Ausmaß und in welcher Qualität wir uns und unsere Kinder ernähren, uns und sie ausbilden oder in Sicherheit oder Konflikt leben. Wie die Sozialpsychologinnen Marilynn Brewer und Linnda Caporael (2006) feststellen, ist die Gruppe (und nicht unsere biophysikalische Umgebung) die „primäre Selektionsumwelt" für Menschen.

Um sich im „sozialen Dschungel" zurechtzufinden, sind komplexe Denkprozesse erforderlich. Wir müssen nicht nur die Wirkungen unseres Verhaltens auf Andere abschätzen, sondern auch bestehende Beziehungen und Koalitionen kennen und auf dieser Grundlage die Reaktionen der Anderen und möglicherweise folgende Interaktionssequenzen antizipieren, wenn wir beispielsweise Kooperationspartner suchen oder gar romantische Liebesbeziehungen aufbauen möchten. Hierfür ist es erforderlich, dass wir im Alltag Theorien sowohl über die Eigenschaften beteiligter Personen entwickeln und testen, uns also als naive Psychodiagnostikerinnen und -diagnostiker betätigen („Ist er zuverlässig?" oder „Ist sie aggressiv?"), als auch fortwährend die soziale Situation analysieren, beispielsweise hinsichtlich relevanter Regeln und sozialer Erwartungen („Ist Offenheit in der Situation angemessen oder signalisiere ich dem Anderen damit meine Unterlegenheit?"). Noch komplexer werden derartige Prozesse in Gruppen („Ist das Team reif für eine Erweiterung?").

Das evolutionäre Rätsel, weshalb die menschliche Intelligenz die aller anderen bekannten Spezies übersteigt, lässt sich daher mit der hohen Komplexität menschlichen Soziallebens erklären (Humphrey 1976). Demnach nahm das menschliche Denkvermögen im Vergleich zu anderen Primaten nicht in erster Linie deshalb zu, weil die direkte Auseinandersetzung mit der naturräumlichen Umwelt dies verlangt hätte (z. B. durch Werkzeuggebrauch), sondern, weil menschliche Gemeinschaften zunehmend komplex organisiert waren. Tatsächlich zeigen Robin Dunbars (1993) artvergleichende Studien, dass Intelligenz – gemessen durch das Verhältnis vom Umfang des Neocortex zum Rest des Gehirns – und bevorzugte Gruppengröße über verschiedene Primatenarten hinweg stark positiv

1.2 Sozialpsychologie: Anliegen und Definition

korreliert sind ($R^2 = ,76$!). Auf dieser Grundlage ließ sich vorhersagen, dass die präferierte Gruppengröße menschlicher Gemeinschaften bei ca. 150 Individuen liegen sollte. Tatsächlich zeigen anthropologische Studien, dass dies der typischen Größe von Dörfern traditioneller Gesellschaften entspricht. Ebenso liegt im Militär die Größe von aktiven Einheiten wie Kompanien typischerweise zwischen 100 und 200 Soldaten. Hier zeigt sich sogar, dass kleinere im Vergleich zu größeren Einheiten besser koordiniert aber weniger schlagkräftig sind.

Die Sozialpsychologie liefert den Schlüssel zum Verständnis menschlichen Denkens und Verhaltens unter Bedingungen sozialer Komplexität. Gleichzeitig hilft sie, zu verstehen, wie die grundlegend soziale Natur des Menschen selbst sein Denken verändert.

1.2 Sozialpsychologie: Anliegen und Definition

Sozialpsychologie ist „ein Versuch, zu verstehen und zu erklären, wie das Denken, Fühlen und Verhalten von Individuen durch die tatsächliche, vorgestellte oder implizite Anwesenheit anderer Menschen beeinflusst werden", wobei mit der „impliziten Anwesenheit" Anderer beispielsweise solche Situationen gemeint sind, in denen Menschen auf Grundlage sozialer Rollen oder Gruppenzugehörigkeiten handeln. Gemäß dieser wohl bekanntesten Definition der Sozialpsychologie durch Gordon Allport (1954, S. 5; Abb. 1.1) geht die Sozialpsychologie insofern über den Gegenstand der Psychologie (Gedanken, Gefühle und Verhaltensweisen verstehen

Abb. 1.1 Gordon Allport: Von ihm stammt die klassische Definition der Sozialpsychologie. (Mit freundlicher Genehmigung von C. George Boeree)

und erklären) hinaus, als psychologische Prozesse im Individuum in Relation zu dessen sozialer Umwelt betrachtet werden. Beispielsweise beschäftigte schon frühe Sozialpsychologen die Frage, wie sich das Verhalten von Personen ändert, wenn sie Teil von Menschenmassen werden (z. B. bei öffentlichen Unruhen oder Krawallen von Sportfans; LeBon 1895; „Massenpsychologie"). Wilhelm Wundt (Abb. 1.2), der an der Universität Leipzig 1879 das weltweit erste Institut für Psychologie gründete, gilt nicht nur als einer der Väter der modernen Experimentalpsychologie sondern forderte ebenfalls, die sogenannte „Völkerpsychologie" im Forschungsprogramm der Disziplin zu verankern. In dieser sollte untersucht werden, wie kulturelle Einflüsse psychische Prozesse verändern (Graumann 2002).

In der Sozialpsychologie geht es jedoch nicht nur um soziale Einflüsse auf das Denken und Handeln Einzelner sondern auch darum, wie ihrerseits die soziale Umwelt durch das Denken und Verhalten Einzelner beeinflusst wird. So mag ein Fußballanhänger, der nach dem Spiel Fans des gegnerischen Teams angreift, durch das Vorbild anderer Hooligans seines Vereins dazu inspiriert worden sein. Gleichzeitig beeinflusst er mit seinem Verhalten wiederum Andere, es ihm gleich zu tun. Sozialpsychologische Prozesse beschreiben also, wie Individuum und soziale Umwelt sich gegenseitig beeinflussen. Diesem Grundgedanken entspricht eine neuere Definition von Smith und Mackie (2008, S. 5): „Sozialpsychologie ist die wissenschaftliche Untersuchung der Effekte sozialer und kognitiver Prozesse auf die Art und Weise, wie Individuen Andere wahrnehmen, beeinflussen und zu ihnen in Beziehung stehen".

Abb. 1.2 Wilhelm Wundt: Gründete 1879 in Leipzig das weltweit erste wissenschaftliche Institut für Psychologie und verankerte die Völkerpsychologie im Forschungsprogramm der Psychologie

Der Einfluss unserer sozialen Umwelt ist so umfassend und selbstverständlich, dass wir ihn im Alltag oft gar nicht mehr bemerken. So sind viele Wissensbestände und Praktiken sozial geteilt, d. h., die meisten Leute kennen diese und verhalten sich entsprechend vorhersagbar. Zum Grillen gibt es Bratwurst, sind wir verheiratet, tragen wir einen Ring und auf der Straße fahren wir rechts. Solche sozialen Selbstverständlichkeiten *(soziale Normen)* erleichtern uns die Navigation und unser Handeln in einer komplexen sozialen Welt und ermöglichen die Koordination großer sozialer Gemeinschaften. Ohne viel Nachdenken gestalten wir unser Essen, verschwenden keine Zeit mit dem Anbaggern Verheirateter und fahren unfallfrei auf der rechten Straßenseite. Diese ja eigentlich völlig willkürlichen Regeln stellen wir im Alltag selten infrage und sie kommen uns oft nur dann zu Bewusstsein, wenn unsere Erwartungen enttäuscht werden, also ein Fremder Schweinefleisch ablehnt, ein Verheirateter seinen Ring absetzt oder wir in England beim Queren der Straße nur knapp dem Verkehrstod entgehen. Dann zerfällt auch die Illusion, dass alle so ähnlich denken, wie wir selbst und es wird klar, wer zu „uns" gehört und wer nicht. Dies ist oftmals der Ausgangspunkt von sozialem Ausschluss und Konflikten zwischen Personen oder ganzen Gruppen: Angehörige andersartiger Kulturen werden weniger gemocht als Angehörige der eigenen Kultur, „Heiratsschwindler" werden gemieden und Geisterfahrern wird sogar der Führerschein entzogen.

1.3 Analyseebenen

Sozialpsychologische Phänomene können sowohl auf der Ebene *intrapsychischer Prozesse* als auch auf verschiedenen Ebenen *sozialer Interaktion* untersucht werden (s. Tab. 1.1). Nehmen wir als Beispiel eine interkulturelle Liebesgeschichte zwischen, sagen wir, Anna und Cem, einem deutsch-türkischen Liebespaar. Obgleich zwischenmenschliche Liebe eine explizit soziale Angelegenheit ist, könnte sie allein auf der *Ebene intrapsychischer Prozesse* beschrieben werden. Grundlegende kognitive Prozesse der Eindrucksbildung bzw. sozialen Wahrnehmung entscheiden über die „Liebe auf den ersten Blick", die Verhaltensweisen der geliebten Person werden aufs Genaueste beobachtet und Ursachen für vermeintliche Zeichen der Zuneigung analysiert („Er hat mit mir gesprochen, weil er ein höflicher Mensch ist", „Er hat mit mir gesprochen, weil gerade niemand anderes verfügbar war", „Er hat mit mir gesprochen, … weil er mich liebt!"; s. Attributionsforschung). Es entstehen dann Einstellungen gegenüber dem Anderen („Ich finde ihn nett", „Er ist ein Macho", „Er ist meine ganz große Liebe"), die allerdings nicht immer auf tatsächlichen Beobachtungen, sondern allzu oft

Tab. 1.1 Die Analyseebenen der Sozialpsychologie

Analyseebenen	Gegenstand	Forschungsfelder (Beispiele)
Intrapsychische Prozesse	Soziale Wahrnehmung, Informationsverarbeitung, Affekt und Motivation	Personenwahrnehmung, Attributionen, Einstellungen, Stereotype, Selbstkonzept
Interindividuelle Interaktionen	Interaktionen zwischen Personen, die durch die idiosynkratischen Eigenschaften der Beteiligten bestimmt sind	Romantische Beziehungen, Affiliation, prosoziales Verhalten, Aggression
Intragruppale Interaktionen	Interaktionen, die durch die Mitgliedschaft der Beteiligten in einer gemeinsamen Gruppe geprägt sind	Sozialer Einfluss (Soziale Normen, Konformität, Gehorsam), Autoritarismus, Leistung in Gruppen
Intergruppale Interaktionen	Interaktionen, die durch die Mitgliedschaft der Beteiligten in unterschiedlichen Gruppen geprägt sind	Konflikte zwischen Gruppen, soziale Diskriminierung, Versöhnung und positive Intergruppenbeziehungen

auf unseren „Idealvorstellungen" oder auch Stereotypen darüber beruhen, wie der ideale Lebenspartner oder auch der typische türkische Mann im Allgemeinen gestrickt ist. Das kann zu Enttäuschungen oder auch Ungerechtigkeiten führen, wenn es dann tatsächlich zur Interaktion mit dem geliebten oder gefürchteten Gegenüber kommt.

Allerdings bleiben bei einer rein intrapsychischen Beschreibung viele Fragen offen. In einer Interaktion zwischen zwei oder mehreren Personen gibt es aus sozialpsychologischer Sicht noch viel mehr zu entdecken. In der Regel lässt sich jede Interaktion auf drei Ebenen analysieren, der interindividuellen, der intragruppalen und der intergruppalen. Wenn Anna auf Cem trifft, können wir auf der *interindividuellen Analyseebene* betrachten, wie die Beziehung der Beiden sich durch ihre ganz individuellen Merkmale in der Situation beschreiben und erklären lässt. Romantische Liebe zwischen Mann und Frau oder auch Freundschaft zwischen Einzelnen ist dabei nur einer der klassischen sozialpsychologischen Untersuchungsgegenstände. Gleichermaßen interessieren uns die Bedingungen, unter denen Menschen einander helfen und zusammenarbeiten (prosoziales Verhalten) und solche, unter denen sie einander absichtsvoll schaden (aggressives Verhalten). Tatsächlich erscheinen Menschen oft als die geborenen Altruisten, denn wir finden es meist unangenehm, wenn wir andere leiden sehen. Cems gebrochener

1.3 Analyseebenen

Arm löst in Anna empathische Empfindungen und die Neigung zu uneigennütziger Hilfe aus. Sollte sie hingegen völlig ungerührt bleiben, sich über ihn lustig machen oder gar aggressives Verhalten zeigen, würde das den Beobachter überraschen und in ihm vielleicht zum Bedürfnis führen, Anna für ihr normwidriges Verhalten zu bestrafen. Diese Reaktionen lassen sich nur durch die Einbeziehung einer weiteren, der kollektiven Analyseebene verstehen.

Diese *intragruppale Ebene* stellt in Rechnung, dass menschliches Denken und Verhalten sich immer in einem gemeinschaftlichen Kontext abspielt, der in der Regel durch die Zugehörigkeit des Individuums zu sozialen Gruppen bestimmt ist. Der sehr breite Gruppenbegriff in der Sozialpsychologie beschreibt hier nicht nur Kleingruppen, wie beispielsweise eine Arbeitsgruppe oder auch ein Liebespaar, sondern mindestens genauso oft große, anonyme soziale Einheiten beziehungsweise Kategorien, wie die Gruppen der Deutschen, der Romantiker oder gar die der ganzen Menschheit. In all diesen Gruppen gelten explizite oder auch ungeschriebene Regeln und Übereinkünfte (soziale Normen), die das Denken und Verhalten von Gruppenmitgliedern bestimmen, und die dazu führen, dass wir Kranke pflegen und eingreifen, wenn Andere in Not sind, uns aber gelegentlich auch so absonderlich aufführen, wie wir meinen, dass wir es als verliebte Romantiker (eine soziale Kategorie) oder passionierte Fußballfans eben tun müssen beziehungsweise dürfen. Wie derartige Prozesse sozialen Einflusses sich abspielen und wie Gehorsam oder Konformität Einzelner, aber auch die Veränderung von Normen in Gruppen (z. B. durch politische Bewegungen, wie jene gegen Rassismus im Fußball) zu erklären sind ist eines der Kernthemen sozialpsychologischer Forschung.

Doch zurück zu Anna und Cem. Ein inniger Kuss (Abb. 1.3) zwischen beiden ist nicht nur der Kuss zwischen zwei Verliebten oder das Aushandeln von Nähe in der Kleingruppe „Liebesbeziehung". Er kann zugleich als Begegnung von Mitgliedern oder Repräsentanten zweier unterschiedlicher sozialer Gruppen verstanden werden, die sich manchmal im Konflikt gegenüberstehen. So könnte Annas Anmerkung, „Ihr Türken küsst aber gut", die innige Zweierbeziehung direkt auf die Intergruppenebene heben. Auch die Diskriminierung türkischstämmiger Deutscher und die Debatte über Art und Maß von „Integration" könnten dabei zum Thema werden – und die innige Beziehung der beiden wäre vorübergehend völlige Nebensache. Obgleich die Beziehung zwischen Anna und Cem sich ebenfalls auf einer rein interindividuellen Ebene beschreiben lässt, können wir sie in manchen Situationen nur vollständig verstehen, wenn wir auch die *Ebene der intergruppalen Interaktion* einbeziehen. So bergen Liebesgeschichten zwischen Partnern aus unterschiedlichen kulturellen Gruppen zugleich das Potenzial interkultureller (Miss-)Verständigung und manchmal kann ein und dasselbe Verhalten sowohl auf

Abb. 1.3 In *einem* Kuss: Die vier Analyseebenen der Sozialpsychologie

interpersonaler (sexuelles Verlangen) wie auch auf intergruppaler Ebene (Annäherung zwischen türkisch- und deutschstämmigen Deutschen) interpretiert werden. Tatsächlich hat sich der häufige Kontakt zwischen Mitgliedern antagonistischer Gruppen als eine wichtige Determinante der Reduktion von Vorurteil und Intergruppenkonflikt erwiesen (Pettigrew und Tropp 2006).

1.4 Zusammenfassung und Ausblick

Menschen sind auf Kooperation in Gruppen und Gemeinschaften angewiesen. Die Sozialpsychologie beschäftigt sich damit, wie menschliches Denken, Fühlen und Verhalten von diesen sozialen Kontexten abhängt und wie soziale Kontexte zugleich durch unser Denken, Fühlen und Verhalten beeinflusst werden. Neben intrapsychischen Prozessen der Wahrnehmung und kognitiv-affektiven Verarbeitung unserer sozialen Umwelt analysiert die Sozialpsychologie unterschiedliche sozial-kontextuelle Ebenen, nämlich Interaktionen zwischen Individuen, innerhalb von Gruppen und zwischen Gruppen.

In diesem kurzen Lehrbuch laden wir Sie ein zu einer unterhaltsamen – und hoffentlich lehrreichen – ersten Rundfahrt durch die Welt sozialpsychologischer Fragestellungen, Theoriegebäude, zentraler Befunde und natürlich auch der relevanten Forschungsmethoden. Sie dürfen gern unterwegs aussteigen, um Sie näher interessierende Forschungsfelder in der angegebenen Original- oder Übersichtsliteratur zu vertiefen. Oder Sie fahren einmal ganz mit und begeben sich dann anschließend selbst noch einmal an die Orte, die Ihnen besonders wichtig oder geheimnisvoll vorkamen.

Literatur

Allport, G. W. (1954). The histrorical background of modern social psychology. In G. Lindzey (Hrsg.), *Handbook of Social Psychology* (2. Aufl., Bd. 2, S. 3–56). Reading: Addison-Wesley.
Bon, G. Le. (1895). *Psychologie der Massen*. Stuttgart: Kröner.
Brewer, M. B., & Caporael, L. R. (2006). Social identity motives in evolutionary perspective. In R. Brown & D. Capozza (Hrsg.), *Social identities: Motivational, emotional and cultural influences* (S. 135–152). Hove: Psychology Press.
Dunbar, R. I. M. (1993). Coevolution of neocortical size, group size and language in humans. *Behavioral and Brain Sciences, 16*, 681–735.
Graumann, C. F. (2002). Eine historische Einführung in die Sozialpsychologie. In W. Stroebe, K. Jonas, & M. Hewstone (Hrsg.), *Sozialpsychologie: Eine Einführung* (S. 3–24). Berlin: Springer.
Humphrey, N. K. (1976). The social function of intellect. In P. P. G. Bateson & R. A. Hinde (Hrsg.), *Growing points in ethology*. Oxford: Cambridge University Press.
Pettigrew, T. F., & Tropp, L. R. (2006). A meta-analytic test of intergroup contact theory. *Journal of Personality and Social Psychology, 90*, 751–783.
Smith, E. R., & Mackie, D. M. (2008). Intergroup emotions. In M. Lewis, J. M. Haviland-Jones, & L. F. Barrett (Hrsg.), *Handbook of emotions* (S. 428–439). New York: Guilford.

Methoden der Sozialpsychologie

2

Zusammenfassung

Anhand von Beispielen werden gängige Methoden der Sozialpsychologie möglichst anschaulich eingeführt. Das Kapitel wird grundlegende Begriffe (Theorie, Konstrukt, Variable, Hypothese usw.) erläutern, gängige Untersuchungsstrategien (Experiment, Quasi-Experiment, Umfrageforschung, qualitative Forschung) vorstellen und Risiken für die Qualität der Forschung diskutieren. Schließlich werden ethische Standards psychologischer Forschung aufgezeigt und beispielhaft an einer einzelnen Studie (z. B. BBC-Gefängnis Experiment) diskutiert.

2.1 Einleitung

Die Sozialpsychologie ist eine Teildisziplin der Psychologie. Wie schon im Eingangskapitel ausgeführt, die Sozialpsychologie untersucht, wie Menschen durch die tatsächliche oder vorgestellte Anwesenheit anderer, in ihrem Denken, Fühlen, Entscheiden und Verhalten beeinflusst werden (s. Allport 1954). Im Gegensatz zu weniger empirisch ausgerichteten Wissenschaftsdisziplinen versucht die Psychologie und damit natürlich auch die Sozialpsychologie, ihre Wege des Wissensgewinns durch Einsatz empirischer Methoden genauer zu beleuchten, kritisierbar zu machen und damit weiter zu entwickeln. In der Sozialpsychologie wird versucht, systematisch und mittels unterschiedlicher empirischer Vorgehensweisen (z. B. experimenteller Methoden) zu untersuchen, wie sich Menschen durch die (vorgestellte) Anwesenheit anderer verändern.

Wenn wir uns überlegen, warum wir wissenschaftliche Methoden in der Sozialpsychologie benötigen, dann können wir Nietzsche zustimmen, wenn er in „Menschlich, allzu menschliches" schreibt „... die kleinen unscheinbaren, vorsichtigen

Wahrheiten, welche mit strenger Methode gefunden wurden, höher zu schätzen als jene weiten schwebenden umschleiernden Allgemeinheiten, nach denen das Bedürfnis religiöser und künstlerischer Zeitalter greift." Wir brauchen strenge Methoden, weil wir damit Wissen erwerben, das allgemein gültig und überprüfbar ist. Die Gültigkeit unseres Wissens sollte also nicht davon abhängen, welchen Ideen wir anhängen, welchen Autoritäten wir uns unterordnen und welcher politischen Agenda wir zuneigen. Um Missverständnissen vorzubeugen: Wissen ist dann nützlich, wenn man damit eigene Ziele erreichen kann. So kann also die subjektive *Nützlichkeit* von Wissen mit unterschiedlichen Zielen variieren, die *Gültigkeit* des Wissens sollte dies jedoch nicht tun.

Peirce (1877) unterscheidet vier verschiedene Quellen unserer Überzeugungen und Meinungen. So kann man den Ansichten und Meinungen von **Autoritäten** folgen. Dies ist einfach und schnell. Es hat zudem den Vorteil, dass man sich selbst nicht genauer mit einem Gegenstand beschäftigen muss (oder kann). Es ist nicht nötig selbst Medizin zu studieren, um eine Erkältung behandeln. Es ist völlig ausreichend einen Arzt zu fragen. Diese Methode hat auch Nachteile, denn wenn sich Experten irren oder gar keine Experten sind, dann schlägt diese Methode fehl. Manchmal ist es schwierig den richtigen Experten zu identifizieren. Sollte man also zum Allgemeinmediziner oder zum Heilpraktiker gehen? Eine zweite Methode des Wissenserwerbs ist die **Alltagserfahrung** und der „gesunde Menschenverstand". Alltagswissen ist intuitiv überzeugend, denn es basiert auf eigenen Erfahrungen, welche das Gefühl vermitteln, einen bestimmten Umstand bereits erlebt zu haben. Der Nachteil ist dabei, dass unsere Intuition weniger darauf ausgerichtet ist, eine „objektive" Welt[1] abzubilden, sondern eher darauf, unsere Interessen zu vertreten (siehe Kap. 3 und 5). Aus diesen Gründen ist unser Alltagswissen selten systematisch und objektiv. Eine dritte Art Wissen zu gewinnen ist **„Hartnäckigkeit"** und „Beharrlichkeit" (tenacity). Hier bestimmt eher der Wille zum Glauben, ob man einen Inhalt für wahr oder falsch hält. Diese Art des Wissenserwerbs (oder der Mangel desselben) findet sich manchmal in Ideologien, Religionen oder Wissensgebilden, die dadurch stabil werden, dass widersprechende Evidenz einfach wegerklärt wird („Sie können psychoanalytische Konzepte erst dann kritisieren, wenn Sie eine Lehranalyse

---

[1]Wobei wir Davidson (2001) folgend „subjektiv" ein Urteil aus der Perspektive eines Individuums verstehen, das „intersubjektiv" durch ein Urteil einer anderen Person bestätigt oder herausgefordert werden kann. „Objektiv" sind die Urteile, wie sie von vielen (oder allen) Menschen konsensuell abgegeben werden.

2.1 Einleitung

hinter sich haben." oder „Kritik am Kommunismus ist ungültig, denn die Kritiker sind noch in ihrem bürgerlichen Denken verhaftet"). Der vierte Weg Wissen zu erwerben ist die **wissenschaftliche Methode**. Wesentliche Merkmale der wissenschaftlichen Methode sind, dass sie öffentlich und selbstkorrigierend ist. Öffentlichkeit macht Wissen kritisierbar. Selbstkorrigierend bedeutet hier, dass überkommene Autoritäten, unsere Alltagsintuitionen, unsere bevorzugten Wahrheiten und damit schlicht alles Wissen auf den Prüfstand gestellt, korrigiert und verändert werden kann. Da es einzelnen Forschenden unmöglich ist, alle Verzerrungen durch eigene Wünsche, Intuitionen usw. selbst zu korrigieren, ist Wissenschaft ein kooperatives Unternehmen, an dem viele Forschende teilnehmen und sich gegenseitig korrigieren. Daher ist Wissenschaft gleichzeitig kumulativ. Neue Forschung sollte also immer in Bezug zu vorher Erforschtem und Behaupteten gesetzt werden, und sei es dadurch, dass empirisch widerlegte Vorstellungen (z. B., dass die Körperform die Persönlichkeit bestimmt) verworfen, korrigiert oder ausdifferenziert werden (z. B. kann körperliche Attraktivität die *Wahrnehmung* von Persönlichkeit positiv beeinflussen).

Was sind also die Standards der Wissenschaft? Der erste Standard ist die **Validität**, d. h. unsere Forschung sollte **gültig** sein. So sollten unsere Theorien, Studien, und Messinstrumente das erklären, untersuchen und erfassen, was sie vorgeben zu erklären, untersuchen und erfassen. Da wir bestimmte Phänomene wie beispielsweise Aggression nicht direkt beobachten können sondern immer nur einzelne Fälle von Verhalten, das wir als aggressiv klassifizieren, müssen wir sicherstellen, dass wir wirklich Fälle von Aggression (also intendierte Schädigung Anderer) vor uns haben und nicht etwa verwandtes – aber konzeptuell unterscheidbares – Dominanzverhalten. Der zweite Standard ist die **Reliabilität** (Zuverlässigkeit). Damit ist gemeint, dass unsere Messungen, Effekte und Vorhersagen wiederholbar sein müssen. Wenn eine Studie zwar ein interessantes Ergebnis erbracht hat, dieses sich jedoch nicht replizieren lässt, dann sollten wir das Ergebnis mit Vorsicht interpretieren, denn es scheint nicht reliabel und damit ein Zufallsergebnis zu sein. Nur Ergebnisse, die sich replizieren lassen (manchmal nur unter ganz bestimmten Bedingungen), zählen als wissenschaftliche Erkenntnis. Validität und Reliabilität sind die beiden zentralen Kriterien, denen sich die Wissenschaft unterwirft. Andere Kriterien stehen im Dienste dieser beiden: Forschung ist **kumulativ**. Sie baut auf vorhandenem Wissen auf und addiert neue Erkenntnisse zum bereits bestehenden Wissensfundus. Wissenschaftliche Forschung ist **öffentlich**. Alle neuen Erkenntnisse müssen zumindest anderen Forschenden zugänglich sein und damit kritisierbar werden. Durch kritische Abwägung von Argumenten ist wissenschaftliche Erkenntnis selbstkorrigierend und kann damit immer objektiver werden. Ein weiteres häufig genanntes

Kriterium wissenschaftlicher Erkenntnis ist **Einfachheit** oder **Sparsamkeit** („Ockhams Rasiermesser"). Dieses Kriterium besagt, dass eine Theorie, die mit weniger Annahmen die gleichen Beobachtungen erklären kann als eine alternative Theorie, dieser vorzuziehen ist, denn man sollte ohne Not keine zu komplexen Annahmen beibehalten. Ein Problem dieses Kriteriums ist, dass es häufig von der Vorbildung der Theoretiker abhängt, welche Theorie als die einfachere und sparsamere angesehen wird.

2.2 Theorien in der Forschung

Warum brauchen wir überhaupt Theorien in der Forschung oder Praxis? Wie könnte unser Wissen ohne Theorien aussehen? Ohne Theorien hätten wir vermutlich eine lange Liste von unzusammenhängenden Fakten, wie es in dem „Handbuch des Nutzlosen Wissens" sehr schön dokumentiert wird (siehe Kasten). Schon eine Sortierung des Wissens nach Bereichen (Phänomen, vermutete Erklärung, Anwendung) wäre ein erster Schritt in Richtung Theorie. Theorien sortieren und ordnen unser Wissen. Neben der ordnenden Funktion machen Theorien deutlich, wo wir schon Einiges wissen (also welche **Konstrukte** klar sind) und wo noch deutlicher Forschungsbedarf vorliegt. Ferner geben Theorien an, wie die Konstrukte der Theorie vermutlich **zusammenhängen**. Auch das leitet aktive Forschungstätigkeit an. Typische Zusammenhänge, auf die die Forschung zielt, sind kausale Zusammenhänge, die besagen, dass die Veränderung in einer Variablen eine Veränderung in einer anderen nach sich zieht. Theorien erlauben damit Vorhersagen von künftigen Ereignissen und damit auch Handlungsanleitungen für Interventionen. Hier trifft die Aussage nach Kurt Lewin (1952) zu, dass nichts praktischer sei, als eine gute Theorie[2].

Theorien bestehen also aus Konstrukten und deren Zusammenhängen. Ein Konstrukt ist ein abstrakter Begriff, der viele mögliche Beobachtungen hinsichtlich bestimmter Ähnlichkeiten zusammenfasst. Beispielsweise können unter

---

[2]Das originale Zitat ist für sich sehr interessant und lautet folgendermaßen: „Many psychologists working today in an applied field are keenly aware of the need for close cooperation between theoretical and applied psychology. This can be accomplished in psychology, as it has been accomplished in physics, if the theorist does not look towards applied problems with highbrow aversion or with a fear of social problems, and if the applied psychologist realizes that there is nothing as practical as a good theory" (Lewin 1952, S. 169).

dem Begriff der „Angst" so unterschiedliche Dinge zusammengefasst werden wie „Herzrasen", „Zittern", „Schwindel", selbst berichtete Angst und ängstlicher Gesichtsausdruck. Alle diese Indikatoren können Angst anzeigen. Sie können aber auch ohne Angst auftreten. Indikatoren für bestimmte Konstrukte sind selten perfekt, sondern nur mit einer bestimmten (häufig hohen) Wahrscheinlichkeit mit dem Konstrukt verbunden (Brunswick 1955). Konstrukte fassen also einzelne Beobachtungen zusammen. Theorien bestimmen aber auch die Beziehungen zwischen den Konstrukten; diese Beziehungen sind typischerweise kausale Beziehungen (z. B. Frustration macht aggressives Verhalten wahrscheinlicher). Damit lassen sich durch Theorien spezifische Beobachtungen auf allgemeine Gesetzmäßigkeiten zurückführen und damit können, sofern die Theorie stimmt, Vorhersagen über zukünftige Ereignisse getroffen werden.

2.3 Konstruktvalidität

Um Theorien zu überprüfen müssen zuerst die Konstrukte operationalisiert und gemessen werden. Die Qualität dieser Messungen wird **Konstruktvalidität** genannt. Sie beschreibt die Übereinstimmung der gemessenen oder manipulierten Variablen mit den Konstrukten der Theorie. Für eine gute Messung eines Konstruktes ist es häufig unerlässlich, dass das Konstrukt analysiert wird und seine wesentlichen Bestandteile identifiziert werden. Eine solche Analyse von Konstrukten ist häufig in der Philosophie zu finden, in der Psychologie gehen wir hingegen sorgloser vor und verwenden unser Alltagsverständnis. Das kann unter Umständen zu einiger Verwirrung führen. Wenn beispielsweise unter dem Konzept „Respekt" von einigen „Mögen", von anderen „Anerkennung", „gleiche Rechte" oder „gute Umgangsformen" verstanden werden, dann sollten unterschiedliche Studien zu „Respekt" zu widersprüchlichen Ergebnissen führen (siehe Simon 2007). Zudem können Konstrukte durch unterschiedliche Indikatoren erfasst werden, wie etwa Selbstberichte, Verhaltensbeobachtungen oder physiologische Maße. Um sicher zu stellen, dass diese Indikatoren noch das gleiche Konzept erfassen, sollten unterschiedlichen Studien zu diesem Konzept zu ähnlichen (konvergierenden) Ergebnissen führen.

Insbesondere Selbstberichte können durch soziale Erwünschtheit verzerrt werden. **Soziale Erwünschtheit** („social desirability") ist die Tendenz so zu antworten, wie der Versuchsleiter es vielleicht erwarten würde, wie es soziale Normen vorschreiben oder wie die eigene Person in vorteilhaftem Licht erscheint. Das ist insbesondere ein Problem, wenn gesellschaftlich oder politisch sensible Themen angesprochen werden, wie beispielsweise Vorurteile oder aggressives Verhalten.

So können Versuchspersonen weniger negativ über andere soziale Gruppen urteilen oder weniger aggressive Tendenzen angeben, weil sie fürchten, dann schlecht da zustehen. Diese Tendenz zur sozialen Erwünschtheit gefährdet die Konstruktvalidität.

Es gibt unterschiedliche Arten, wie in der Psychologie Konstrukte gemessen werden können. Auf der einen Seite werden durch Selbstbeurteilungsmaße in Fragebögen Meinungen, Einstellungen und Haltungen erfasst. Um beispielsweise Einstellungen zu messen, werden einzelne Items formuliert und zu Skalen zusammengefasst (zu unterschiedlichen Skalierungsmethoden siehe Kapitel Einstellungen).

Neben Fragebögen werden auch immer wieder Interviews eingesetzt, durch die eine genauere Exploration der Ansichten der Untersuchungsteilnehmer möglich ist. Interviews können in freier Form gehalten werden, in denen die Untersuchungsteilnehmer bestimmen, was ihnen wichtig ist. Damit werden theoretische Vorannahmen der Forschenden einerseits minimiert, allerdings verringert sich die Vergleichbarkeit zwischen den Interviews und Systematik der Erfassung bestimmter Themen. Als Kompromiss zwischen systematischer Exploration bestimmter Themen und Vorgaben durch die Untersucherinnen und Untersucher werden Interviews häufig standardisiert oder halb standardisiert (z. B. hinsichtlich der Fragen, des Ablaufplans oder sogar der Antwortkategorien).

Alternativ zu psychologischen Tests können auch Beobachtungen angestellt werden, bei denen Beobachtende entweder heimlich oder als teilnehmender Beobachtende das Verhalten von Menschen in deren alltäglichen Situationen notieren. Wie bei Interviews stellt sich bei der Beobachtung das Problem der Standardisierung der Auswertung, das dadurch gelöst werden kann, dass mehrere Beobachter Verhaltensweisen beobachten oder mehrere Bewerter einen Film oder ein Interview hinsichtlich bestimmter Kategorien auswerten. Je größer die Übereinstimmung der Bewerter hinsichtlich eines Kategoriensystems ist und je mehr die Beobachtungen übereinstimmen (beispielsweise durch den Kappa-Koeffizienten bestimmt), desto eher kann man davon ausgehen, dass eine Kategorie objektiv und reliabel gemessen und geurteilt wird[3].

Um diese Einflüsse zu reduzieren und eine objektivere Messung spezifischer psychologischer Funktionen und Prozesse zu erhalten, kann in Gedächtnistests etwa die Erinnerungsleistung erfasst werden. Durch Gedächtnistests kann erfasst werden, was Versuchspersonen für wichtiger oder bedeutsamer halten, denn

---

[3]Wobei die Frage offen bleibt, ob denn die Merkmale, anhand derer eine Kategorie bestimmt wird selbst reliable Indikatoren sind.

diese Dinge werden leichter erinnert. Beispielsweise erinnern Versuchspersonen sich eher an Gesichter von Leuten, die als betrügerisch beschrieben wurden im Vergleich zu Personen mit neutralen oder sogar positiven Beschreibungen (Bell u. a.). Bewertende Einstellungen können ebenfalls durch implizite (also indirekte) psychologische Testverfahren erfasst werden, die häufig auf Reaktionszeitmessung basieren. So werden beispielsweise Einstellungen durch *evaluatives Priming* gemessen, bei dem Versuchspersonen außerhalb ihrer bewussten Wahrnehmung („subliminal") bestimmte Reize vorgegeben werden und danach positive und negative Wörter auf ihre Valenz hin bewertet werden müssen. Hier nimmt man an, dass eine subliminale Präsentation eines negativen Reizes die Bewertung eines negativen Wortes beschleunigt und die Reaktion auf ein positives Wort verlangsamt (siehe Kap. 3).

2.4 Interne Validität

Wenn wir nun annehmen, dass wir eine oder mehrere reliable Messungen für unsere Konstrukte gefunden haben, dann wollen wir typischerweise auch wissen, wie unsere Konstrukte miteinander kausal in Beziehung stehen. Das heißt, wir wollen herausfinden, ob ein Konstrukt A – als unabhängige oder erklärende Variable – ein anderes Konstrukt B – als abhängige oder erklärte Variable – beeinflusst. Beispielsweise könnte man die Annahme empirisch testen, dass ein bestimmtes Training die Leistung von Piloten verbessert. In einer verlockend einfachen Studie trainiert man eine Gruppe von Piloten mit diesem Training und findet eine Verbesserung ihrer Leistung. Nach Cook und Campbell (1979) könnten hier allerdings einige Dinge schief laufen, die verhindern, dass das Training als erfolgreich interpretiert werden kann. Diese potenziellen Probleme, die verhindern, dass wir Veränderungen in der abhängigen oder erklärten Variablen auch wirklich auf unsere unabhängige Variable zurückführen können, gefährden die interne Validität einer Studie. Was könnte schiefgelaufen sein?

In der Studie könnte sich die Flugleistung alleine dadurch mit der Zeit verbessert haben, dass die Piloten älter werden (etwa bedächtiger), ohne dass das Training eine besondere Wirksamkeit hat. Diese *Alterseffekte* können die abhängige Variable für sich alleine verändern. Außerdem ist es möglich, dass bei der ersten Messung vor dem Training die Piloten besonders nervös waren und deshalb schlechter abgeschnitten haben. Bei der zweiten Messung nach dem Training hätten sie sich schon an die Messung gewöhnt, wären weniger nervös und damit leistungsfähiger. Diese *Testeffekte* meinen alle Einflüsse, die dadurch entstehen, dass Untersuchungsteilnehmer wiederholt mit demselben Test gemessen werden. Ebenso könnten Piloten einfach mehr Übung mit dem Fliegen in den Testsituationen haben. Diese Praxiseffekte treten insbesondere auf, wenn die Testsituation für die Versuchspersonen neu ist und eine Wiederholung der Messung für sie eine Übung darstellt. Außerdem wissen wir gar nicht, ob bei der Auswahl der Versuchspersonen nicht irgendetwas schief gelaufen ist, sodass nur eine ganz bestimmte Gruppe gewählt wurde, wie beispielsweise alle die, die sich am schnellsten freiwillig gemeldet hatten. Diese *Selektionseffekte* können die Interpretation der Effektivität des Trainings deutlich beeinträchtigen. Auch könnte eine recht schlechte Leistung in der ersten Messung alleine aufgrund der typischen Verteilung, dass mittlere Leistungen rein statistisch wahrscheinlicher sind als extreme, zu dem Eindruck führen, das Training würde wirken. Ebenso könnte dieser Effekt der *Regression zur Mitte* dazu führen, dass eine extrem gute Leistung der Piloten vor Beginn des Trainings zu einem Leistungsabfall bei der zweiten Messung führt, was zur Schlussfolgerung verleiten würde, dass das Training die Flugleistung verringert. Die potenziellen Probleme der internen Validität von Kausalstudien scheinen recht groß zu sein, allerdings kann man sie mit einer recht einfachen Erweiterung der Studie ausräumen. Es ist lediglich notwendig, zu der Gruppe der Versuchspersonen, die eine bestimmte Behandlung bekommen (Experimentalgruppe), noch eine Gruppe hinzu zu nehmen, die keine solche Behandlung bekommt (Kontrollgruppe). Wir haben es dann mit einem experimentellen Versuchsdesign zu tun. Essenziell dafür, dass diese Erweiterung unserer Beispielstudie zum Experiment tatsächlich effektiv die Probleme ausräumt, ist die zufällige Zuordnung der Versuchsteilnehmer auf die beiden Bedingungen (Abb. 2.1).

2.5 Externe Validität

In dem Experimental-Kontrollgruppen Design mit zufälliger oder randomisierter Zuweisung zu den Bedingungen werden also Probleme der internen Validität gelöst. Es bleibt noch das Problem, ob denn die Effekte der Behandlung auch außerhalb des experimentellen Settings einen Einfluss haben, ob sie also auch *extern valide* sind. Auf den ersten Blick scheint dem nichts entgegen zu stehen. Allerdings könnte es sein, dass die Behandlung nur deswegen wirkt, weil die Untersuchungsteilnehmer durch die Messung zum Zeitpunkt 1 auf das Thema der Studie aufmerksam geworden sind oder die erste Messung irgendeinen anderen Einfluss ausübt, der mit der Behandlung interagiert. Um dieses Problem zu lösen, muss die erste Messung weggelassen werden (oder zumindest Bedingungen ohne

2.5 Externe Validität

Probleme der internen Validität: Zeit- und Alterseffekte, Praxis-Effekte, Test-Effekte, Selektionseffekte, Regression zur Mitte

Lösung: Experimental-Kontrollgruppen-Design

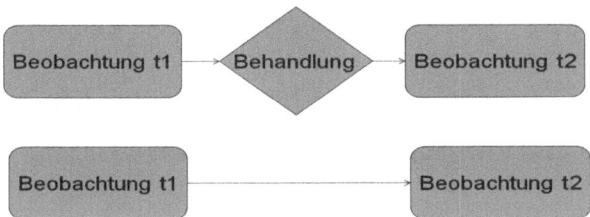

Probleme der externen Validität: Interaktion der Behandlung mit Beobachtung t1

Lösung: Beobachtung t1 weglassen

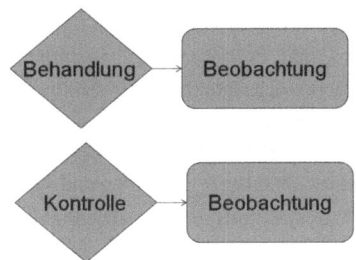

Abb. 2.1 Interne und externe Validität, Probleme und Lösung

Vormessung inkludiert werden). Diese Überlegungen begründen das für die Sozialpsychologie typische experimentelle Vorgehen, in dem experimentelle Manipulationen mit ihren Kontrollbedingungen verglichen werden (denen die Probanden zufällig zugeordnet wurden) und danach die abhängige Variable gemessen wird.

Ein Problem ergibt sich selbst in sauber geplanten Experimenten. Es ist das Problem der Interpretation der Ergebnisse. In Experimenten werden Annahmen von Theorien, typischerweise kausale Beziehungen zwischen den Konstrukten, geprüft. Das bedeutet, man kann von Ergebnissen aus Experimenten schließen, ob bestimmte Hypothesen einer Theorie verworfen werden müssen oder die Theorie so beibehalten werden kann. Will man nun beobachtete Ereignisse aus dem persönlichen oder gesellschaftlichen Alltag erklären, müssen die entsprechenden Theorien herangezogen werden, nicht aber bestimmte experimentelle Effekte. Generelle Erklärungen können aus validen Theorien abgeleitet werden und wir prüfen durch Experimente, ob bestimmte Theorien valide sind oder nicht. Generalisierungen und Erklärungen direkt aus Experimenten abzuleiten, wäre fehlgeleiteter Empirismus.

2.6 Strategien und Probleme, wenn wir Theorien prüfen

Soweit haben wir die Logik des Experiments besprochen, es ist jedoch noch nicht klar, welcher Strategie wir folgen sollten, wenn wir Theorien insgesamt untersuchen wollen. Eine Möglichkeit wäre, so viel Evidenz wie nur möglich für eine Theorie zu sammeln. Je mehr unterstützende Evidenz vorliegt, desto plausibler ist sie. Eine solche Strategie läuft Gefahr, zwei Problemen aufzusitzen. Eines ist im Prinzip lösbar, das andere ist vermutlich nicht wirklich zu lösen (vielleicht praktisch zu ignorieren). Das erste Problem ist die Tendenz, genau die Studien durchzuführen und jene Ergebnisse heranzuziehen, die die eigene Theorie bestätigen. Diese Tendenz ist zu beobachten und vermutlich dadurch zu lösen, dass einerseits die Forscher versuchen, möglichst unvoreingenommen zu sein (was schwierig ist), und andererseits unterschiedliche Forscher und Forschergruppen sich gegenseitig korrigieren, denn was die eine zu bestätigen sucht, kann die andere versuchen zu widerlegen.

Das zweite Problem ist schwieriger wenn nicht gar unlösbar. Es beschreibt das Paradox der Induktion (Hempel 1945), also durch empirische Ergebnisse gesteuerten Wissensgewinn. Es geht davon aus, dass eine Hypothese in all ihren logisch äquivalenten Formulierungen geprüft werden kann und bestätigende Evidenz die Plausibilität der Hypothese erhöht und widerlegende Evidenz die Plausibilität reduziert. Nehmen wir beispielsweise die simple Hypothese „alle Schwäne sind weiß", hier erhöht jeder weiße Schwan die Plausibilität der Hypothese. „Alle Schwäne sind weiß" ist auch logisch äquivalent zu dem Satz „Alle nicht-weißen

2.6 Strategien und Probleme, wenn wir Theorien prüfen

Dinge, sind keine Schwäne". Klar!? Logisch würde nun gelten, dass ein gelbes Postauto, als ein nicht-weißes Ding was auch kein Schwan ist, unsere Hypothese „alle Schwäne sind weiß" bestätigt. Das scheint nicht plausibel. Es gibt noch eine Reihe weiterer Probleme und Paradoxa für die Induktion. Das hat dazu geführt, dass sie mehr und mehr in Verruf kam und nach Alternativen gesucht wurde.

Eine der berühmt gewordenen Lösungen ist die Idee, die Induktion aufzulösen in dem man sie vermeidet. Hypothesen können nicht bestätigt, sondern nur falsifiziert werden (Popper 1934). Um es genauer zu charakterisieren: Existenzhypothesen, die besagen, dass es bestimmte Dinge gibt, können belegt werden in dem man ein Beispiel erbringt. Aber alle Allaussagen – und das sind typischerweise Aussagen über Gesetzmäßigkeiten – können nur falsifiziert werden. Diese Strategie impliziert, dass in gewisser Weise bestätigende Information zwar subjektiv die Plausibilität einer Hypothese erhöhen kann, aber logisch nichts zur Entwicklung von Theorien und zur Wissenserweiterung beiträgt.

In der Forschung werden häufig beide Strategien verwendet. Um nun den Unterschied zwischen beiden Strategien zu verdeutlichen, betrachten wir ein konstruiertes Bespiel: Wenn man die Frustrations-Aggressions-Hypothese, also die Annahme, dass Aggression dann und nur dann auftritt, wenn vorher Frustration erlebt wurde, prüfen möchte, könnte man induktiv vorgehen und Fälle der Frustration beobachten und prüfen, ob denn regelmäßig Aggression folgt. Ebenso müsste man für aggressives Verhalten prüfen, ob denn auch Erlebnisse der Frustration zu finden sind. Man würde also viele Beobachtungen sammeln und aus diesen Beobachtungen die Regelmäßigkeiten generalisieren, dass Aggression aus Frustration folgt. Eine solche Regelmäßigkeit wäre verletzt (oder widerlegt), wenn sich regelmäßig Fälle aggressiven Verhaltens identifizieren lassen, die ohne vorherige Frustration entstehen oder wenn wir Fälle von Frustration beobachten können, aus denen keine Aggression folgt. Das deduktive Vorgehen würde hingegen gezielt auf mögliche Verletzungen der Annahme Aggression folgt Frustration zielen. Hier würde man nach all den Fällen suchen in denen Aggression ohne Frustration oder Frustration ohne Aggression vorkommt.

Beide Strategien des Überprüfens von Theorien, die induktive (aus den empirischen Daten abgeleitet) und die deduktive (aus Theorien abgeleitete) Methode, haben ihre Probleme. Auf der einen Seite ist es schwierig zu bestimmen, was als gute Evidenz für eine Hypothese gelten sollte. Auf der anderen Seite lohnt sich ein strenger Test von Hypothesen insbesondere dann, wenn die Hypothese schon ein gutes Maß an Plausibilität erreicht hat. Ferner benötigen wir induktive Hypothesentestung, da wir häufig keine klare Vorstellung über die Stärke unserer vorhergesagten Effekte haben. Mehrere Studien erlauben uns die Stärke unserer Effekte einigermaßen zuverlässig abzuschätzen. Jede der Studien sollte dabei die gleichen Konstrukte erfassen, aber etwas unterschiedliche Maße dafür zu verwenden (*konzeptuelle* Replikationen). Dies ist notwendig, wenn einzelne Indikatoren für unsere Konstrukte nur mit einer gewissen (wenn auch hohen) Wahrscheinlichkeit mit diesen Konstrukten verbunden sind. Aus diesen Gründen ist in der Zwischenzeit ein Trend zu induktivem Forschen zu beobachten. Das bedeutet nicht, dass die Falsifikation weniger relevant würde, denn induktives Testen verändert die Wahrscheinlichkeit der Gültigkeit einer Hypothese, aber Hypothesen müssen immer falsifizierbar sein, damit sie überhaupt überprüft werden können.

In psychologischen Studien sollten Hypothesen geprüft werden, die aus Theorien abgeleitet werden, und damit einen Test dieser Theorien darstellen. Das bedeutet, dass wir nicht aus Studien auf den Alltag schließen oder generalisieren. Wenn wir etwas über den Alltag aussagen oder Alltagsphänomene analysieren wollen, müssen wir dies mittels unserer Theorien machen. Es kommt immer wieder vor, dass Studien kritisiert werden, weil es solche „Situationen" nicht im Alltag gäbe. Eine solche Kritik ist oftmals wenig fundiert, denn die Kritik sollte darauf zielen, ob denn die Theorie wirklich (z. B. in ihrer Allgemeinheit) geprüft wurde. Man nennt den Versuch, Effekte aus Studien auf den Alltag zu extrapolieren „nativen Empirismus". Ein solcher Versuch schlägt fehl, da bestimmte Studienergebnisse sich immer auf eine bestimmte Umsetzung von Konzepten, bestimmte Stichproben, Kontexte oder Zeitpunkte beziehen. Man müsste unendlich viele Studien machen, um aus diesen irgendwie auf den Alltag zu generalisieren. Wir tun dies nicht. Sozialpsychologische Studien testen Theorien, mittels derer wir Alltagsphänomene genauer verstehen und Handlungsanweisen ableiten.

2.7 Forschungsstrategien

Es gibt nun eine Reihe unterschiedlicher Herangehensweisen, um Daten für einen Hypothesentest zu sammeln. Welche der Herangehensweisen die vernünftigste ist, hängt davon ab, was genau man untersuchen möchte. Will man den kausalen Einfluss einer Variable auf eine andere untersuchen, dann ist das Experiment die beste Strategie, wenn man am unverstellten Zusammenhang bestimmter Variablen interessiert ist, dann sollte man sich den Strategien der Umfrageforschung bedienen, will man eine Population beschreiben, dann sollte man eine für die Population repräsentative Stichprobe aufsuchen usw.

Berühmt geworden ist eine Umfrage, die das Wahlverhalten der Population der Amerikaner im Jahre 1936 erfassen wollte. Der Literary Digest befragte eine Stichprobe von etwa 2 Mio. Teilnehmenden. Dummerweise war die Befragung eine Telefonumfrage, und im Jahre 1936 hatten nur reiche Bewohner der USA, die typischerweise auch eher Republikaner wählen, ein Telefon. Die Umfrage sagte einen Erdrutschsieg der Republikaner vorher, tatsächlich wurde der demokratische Kandidat Roosevelt gewählt. Was ist genau falsch gelaufen? Die Studie hätte eine repräsentative Stichprobe gebraucht, um herauszufinden, wie das Wahlverhalten der typischen amerikanischen Wähler verteilt ist. Da die Stichprobenziehung verzerrt war, konnte trotz der großen Stichprobe nichts anderes als ein deutlich verzerrtes Ergebnismuster herauskommen. Wann immer wir etwas über eine bestimmte Population aussagen bzw. diese *beschreiben* wollen, müssen wir für diese Population eine repräsentative Stichprobe ziehen. Das ist schwierig, denn meist gelingt es nur hinsichtlich bestimmter Merkmale, die als wesentlich erachtet werden (Alter, Geschlecht, Bildung, Einkommen), eine repräsentative Stichprobe zu ziehen.

2.7.1 Korrelationsstudien

Manchmal können wir die vermuteten Kausalvariablen nicht einfach manipulieren (z. B. Alter, Geschlecht), manchmal wäre es ethisch bedenklich (z. B. Bedingungen von Hasskriminalität) und manchmal sind wir zuerst an den Zusammenhängen zwischen bestimmten Variablen interessiert. Unter diesen Bedingungen werden häufig Variablen mittels Fragebögen erhoben und nach Skalenprüfung und -bildung die Zusammenhänge der Variablen geprüft. Dazu sollte auf den interessierenden Merkmalen hinreichend Variation zwischen den Teilnehmenden der Untersuchung bestehen. In Zusammenhangsstudien (aber auch bei Studien, die Kausalität prüfen) geht es typischerweise nicht um die Beschreibung von Populationen, sondern nur darum, vermutete Zusammenhänge empirisch zu prüfen, deswegen ist hier keine repräsentative Stichprobe notwendig. Bei der Interpretation von Korrelationsstudien muss dann natürlich sichergestellt werden, dass nicht etwa über eine bestimmte Population geredet wird, sondern über Zusammenhänge von Variablen oder Konstrukten.

Eine Ausnahme liegt vor, wenn der begründete Verdacht besteht, dass die untersuchten Zusammenhänge nur für bestimmte Populationen gelten könnten. Beispielsweise könnte jemand behaupten, dass ein Gefühl persönlichen Kontrollverlusts Symptome von Depressivität nur in individualistischen Kulturen (nicht aber in kollektivistischen) erhöht. Um diesen Einwand auszuschließen, sollte die verwendete Stichprobe gleichermaßen Mitglieder individualistischer (z. B. Westeuropäer) und kollektivistischer (z. B. Ostasiaten) Kulturen enthalten. Alternativ könnte die Stichprobe in Personen aus individualistischen und kollektivistischen

Kulturen unterteilt und untersucht werden, ob der Effekt in einer dieser Subpopulationen stärker ist als in der anderen. Eine entsprechende Meta-Analyse (also die Betrachtung eines Effekts über mehrere unterschiedliche Studien hinweg; Cheng et al. 2013) zeigt hier übrigens *keinen* Kulturunterschied.

2.7.2 Feldstudien

Mit dem Begriff der „Feldstudie" werden alle Studien bezeichnet, in denen die Teilnehmenden in einem natürlichen Setting, im Unterschied zu einem künstlichen Setting im Labor, untersucht werden. Hierbei kann es sich prinzipiell um alle möglichen Studienformen handeln, wie etwa Beobachtungen, Umfragen, Korrelationsstudien oder auch Experimente (siehe unten). Feldstudien haben den Vorteil, dass die Teilnehmenden in einer eher vertrauten Umgebung befragt werden und nicht durch die Künstlichkeit der Studie beeinflusst werden. Forschende erhoffen sich dadurch eine höhere Übertragbarkeit der Befunde auf Alltagskontexte (externe Validität). Der Nachteil von Feldstudien ist, dass alle möglichen Einflussgrößen eine Rolle spielen können, die in Laborstudien in der Regel kontrolliert werden.

2.7.3 Experimente

Um kausale Einflüsse zwischen Variablen zu überprüfen ist das Experiment die Methode der Wahl. Wie wir schon in der Diskussion zu den Bedrohungen der internen Validität deutlich gemacht haben, können alternative Erklärungen eines vermuteten Kausaleffekts dadurch ausgeräumt werden, dass ein Kontrollgruppendesign gewählt wird. Die wesentlichen Merkmale eines Experiments sind (a) die Manipulation der unabhängigen Variablen, (b) die zufällige Zuweisung der Teilnehmenden zu den experimentellen Bedingungen und (c) die „isolierende Bedingungsvariation". Die *Manipulation der unabhängigen Variablen* (a) besteht beispielsweise darin, dass in der Experimentalgruppe eine bestimmte Intervention (z. B. ein Training zur Toleranz gegenüber Minderheiten) vorgenommen wird, die in der Kontrollgruppe fehlt oder durch eine Intervention ersetzt wird, die die vermuteten Wirkfaktoren (z. B. Kontakt zu Fremdgruppen) nicht enthält. Allerdings ist es gar nicht so einfach, eine bedeutungsvolle Kontrollgruppe herzustellen. Hier muss systematisch vorgegangen werden, um für alle möglichen Merkmale der Intervention eine Kontrolle (einen Vergleich) herzustellen. So könnte ein neu entwickeltes Toleranztraining darauf setzen, dass die Teilnehmenden dieses

Trainings Personen aus Minderheitengruppen (z. B. Zuwanderern) persönlich begegnen (s. Kap. 9). In einer Evaluationsstudie zur Wirkung dieser „Kontaktintervention" sollte eine Kontrollgruppe sich nur darin von der Interventionsgruppe (d. h., der Experimentalgruppe) unterscheiden, ob Kontakt zu Zuwanderern hergestellt wird oder ob nicht. Alle anderen Merkmale, die den Erfolg einer Intervention alternativ erklären könnten, müssen idealerweise identisch sein. Die Teilnehmenden der Kontrollgruppe sollten also ebenfalls ein Training zum gleichen Thema erhalten, der Kurs sollte den gleichen zeitlichen Umfang haben, von den gleichen Kursleiterinnen durchgeführt werden und an denselben Tagen am gleichen Ort stattfinden. Bloß die Begegnung mit Zuwanderern würde entfallen oder – noch besser – durch eine persönliche Begegnung mit Personen aus der Mehrheitsgesellschaft ersetzt werden. Die *randomisierte Zuweisung* (b) der Untersuchungsteilnehmer bedeutet die zufällige Zuordnung der Versuchspersonen zu den Bedingungen. Sobald irgendwelche Merkmale der Untersuchungsteilnehmer dazu führen, dass Teilnehmende wahrscheinlicher in der einen statt in der anderen Bedingung landen, ist diese wichtige Voraussetzung von Experimenten verletzt. Ein solcher „Randomisierungsfehler" liegt beispielsweise dann vor, wenn die engagierten Teilnehmenden, die sich zuerst zur Intervention angemeldet haben, von den Organisatoren der Studie eher der Interventionsgruppe zugeordnet werden und die unengagierten Nachzügler eher in der Kontrollgruppe landen. Wenn die Forschenden in einem solchen Fall am Ende der Untersuchung in der Interventionsgruppe positivere Einstellungen gegenüber Zuwanderern finden würden als in der Kontrollgruppe, dann könnten Alternativerklärungen zum Wirken der Kontaktintervention nicht ausgeschlossen werden. Alternative Erklärungen wären dann beispielsweise, dass die Teilnehmenden der Interventionsgruppe von vorn herein fremdenfreundlicher eingestellt oder aber auch empfänglicher für Trainings jeder Art gewesen wären. Schließlich meint die *isolierende Bedingungsvariation* (c), dass man versuchen muss, nicht zu komplexe Manipulationen vorzunehmen, sondern nur den Faktor tatsächlich manipuliert, der laut der Theorie den Einfluss auf die zu erklärende (abhängige) Variable haben soll. In unserem Beispiel würde eine Evaluationsstudie, die sich nur auf den Wirkfaktor „Kontakt zu Zuwanderern" konzentriert, kausalanalytisch aussagekräftiger sein, als eine, die ein gesamtes Training in all seinen Besonderheiten (z. B. neben dem Kontakt auch Theorieeinheiten zu Stereotypisierung und eine Diskussion über die wirtschaftlichen Vorteile von Zuwanderung) einem Training gegenüberstellt, das all diese Besonderheiten nicht besitzt. Dann ist anschließend nicht klar, inwieweit welche Elemente des Trainings wirklich einen Einstellungswandel bei den Teilnehmenden bewirkt haben.

In der Sozialpsychologie bestehen Experimente häufig aus einem experimentellen Setting, das den Kontext festlegt, innerhalb dessen die Manipulationen auf die abhängigen Variablen wirken sollen. Eine Coverstory und die Instruktionen spezifizieren diesen Kontext genauer, schaffen also für die Teilnehmenden die experimentelle Realität (Aronson et al. 1990), innerhalb derer sie im Verlauf des Experiments denken und handeln sollen (z. B. das Gefühl, unter dem Einfluss einer Autoritätsperson zu stehen, wie in Stanley Milgrams berühmtem Experiment zum Gehorsam; s. Kap. 8). Die Coverstory kann manchmal Informationen liefern, die die Versuchspersonen über den wahren Sinn der Studie täuschen. Dies macht man dann, wenn das Wissen über den wahren Zweck der Studie zu möglichen Urteilsverzerrungen bei den Teilnehmenden führen könnte. Die unabhängige Variable ist die Manipulation, deren Einfluss untersucht werden soll. Die abhängigen Variablen sind jene, für die angenommen wird, dass sie durch die Manipulation beeinflusst werden. Um zu überprüfen, ob die Manipulation tatsächlich den Zustand hervorgerufen hat, den sie hervorrufen sollte, wird häufig eine sog. Manipulation-Check-Variable erfasst (z. B. erlebter Druck durch die Autorität) und auf Unterschiede zwischen den Versuchsbedingungen getestet. Dieser Manipulationscheck ist theoretisch weniger interessant, da hier meist Offensichtliches erfasst wird. Da er aber die Wahrnehmung der Manipulation durch die Untersuchungsteilnehmer bemessen lässt, wird durch ihn zumindest teilweise die subjektive Wirksamkeit des Settings und der unabhängigen Variablen sichergestellt.

Manchmal sind die Experimentatorinnen und Experimentatoren nicht nur an der theoretisch relevanten abhängigen Variablen interessiert, sondern auch an den psychologischen Prozessen, die zur Veränderung in der abhängigen Variable führen. Diese Prozessvariablen (z. B. Indikatoren für Einstellungsänderungen, Verarbeitungstiefe usw.) werden häufig als *Mediatorvariablen* bezeichnet, die genauer erklären, wie die unabhängige Variable auf die abhängige wirkt. Beispielsweise könnten Forschende testen, ob der Effekt von Autoritätseinfluss auf das Handeln der Versuchspersonen durch ein abnehmendes persönliches Verantwortungsgefühl für die eigenen Handlungen vermittelt – und daher erklärt – wird. Schließlich gehört zu den meisten Experimenten eine Reihe von abschließenden Fragen, der postexperimentelle Fragebogen. Hier werden die Teilnehmenden beispielsweise gebeten, über den vermuteten Zweck der Untersuchung Auskunft zu geben. Wenn sie den Zweck der Studie durchschauen, müssen die Ergebnisse manchmal mit Vorsicht interpretiert werden. Schließlich ist dann nicht sichergestellt, dass die Ergebnisse nicht auf offensichtliche Hinweise im Experiment („demand characteristics") zurückzuführen sind oder auf die Bereitschaft der Versuchspersonen, dem Experimentator einen Gefallen zu tun (oder auch *gegen* den vermuteten Zweck der Studie zu arbeiten).

Am Ende jeder Untersuchung müssen deren Teilnehmende über den tatsächlichen Zweck der Studie aufgeklärt werden. Dies ist insbesondere dann zwingend notwendig, wenn die Studie mit Täuschung (z. B. Cover-Stories die den Zweck der Studie falsch angeben) gearbeitet hat. Hier müssen selbstverständlich auch alle Unwahrheiten aufgeklärt werden.

2.8 Forschungsethik

Wir unterscheiden zwei wichtige ethische Aspekte in der Forschung. Auf der einen Seite sind wir als Forschende aufgerufen, uns an bestimmte ethisch-methodische Standards in unserer Forschung zu halten, damit diese tatsächlich zu kumulativer Wissenschaft beitragen kann (Validität und Reliabilität). Auf der anderen Seite arbeiten wir mit Menschen als den Teilnehmenden unserer Untersuchungen. Dies erfordert, dass wir die Rechte unserer Teilnehmerinnen und Teilnehmer unbedingt achten, wie beispielsweise ihre Rechte auf Schädigungsfreiheit und informationelle Selbstbestimmung.

2.8.1 Ethische Standards der Forschung

Wenden wir uns zuerst den ethnischen Aspekten valider und reliabler Forschung zu. Es ist selbstverständlich, dass in der Forschung Datenfälschung und Plagiate verboten sind und jene, die so etwas machen schließen sich selbst aus der Wissenschaft aus. Nicht nur für Personen, die aktuell in der Forschung tätig sind sondern auch für Akademikerinnen und Akademiker, die im Berufsleben oder auch in der Öffentlichkeit stehen, beendet solches – auch im Nachhinein festgestelltes – Fehlverhalten Karrieren. Aber nicht nur dieses offensichtliche wissenschaftliche Fehlverhalten, sondern auch unterschiedliche Spielarten schlechter wissenschaftlicher Praxis können die Wissenschaft in die Irre führen. Als wir eingangs unsere Standards besprochen haben, haben wir auf Reliabilität und Validität als zentrale Standards hingewiesen. Beide Aspekte können nur dadurch gewährleistet werden, dass wissenschaftliche Ergebnisse transparent veröffentlicht werden. Zu diesen Veröffentlichungen gehört, dass alle Prozeduren (Messinstrumente, Verfahrensweisen, Setting usw.) genau beschrieben werden, sodass andere Wissenschaftlerinnen und Wissenschaftler die Ergebnisse reproduzieren können.

Für einen echten Test einer Hypothese müssen alle Aspekte der Studie vorher festgelegt sein, wie etwa die Manipulation der unabhängigen Variablen, die Messung der abhängigen Variablen, die Größe der Stichprobe, die statistische

Auswertung, und vieles mehr. Es ist beispielsweise nicht zulässig, eine abhängige Variable mit mehreren Items oder Skalen zu messen und nur die „erfolgreichen" Messungen zu berichten. Ebenso dürfen Stichproben nicht so lange durch weitere Versuchspersonen ergänzt werden, bis das Ergebnis schließlich statistisch signifikant wird. Dies sind nur zwei Beispiele, wie ein Hypothesentest so weit aufgeweicht werden kann, dass seine tatsächliche Irrtumswahrscheinlichkeit erheblich ansteigt. Für weitere Beispiele sollten Sie den sehr amüsant und eindrücklich geschriebenen Artikel von Simmons et al. (2012) lesen. Wenn solche fehleranfälligen Ergebnisse dennoch den Weg in Publikationen finden, dann kann es zu den gegenwärtig intensiv diskutierten Problemen mangelnder Replizierbarkeit von Forschungsbefunden führen. So ließen sich zahlreiche Ergebnisse, die in der Vergangenheit in renommierten Zeitschriften veröffentlicht wurden in einer umfassenden jüngeren Studie (Nosek und die Open Science Collaboration 2015) nicht replizieren. Nun lässt sich sicherlich schon die Frage danach, was als angemessene Replikation gelten kann, diskutieren (Cumming 2014; Morey et al. 2014). So ist eine direkte Replikation, also die Wiederholung einer Studie mit identischem Versuchsmaterial unter exakt identischen relevanten Rahmenbedingungen, in vielen Feldern der Sozialpsychologie gar nicht möglich. Beispielsweise können sich die Auslöser für Autoritätsgehorsam im Laufe gesellschaftlicher Entwicklung verändern. So ist keineswegs gesichert, dass auch heute – wie zur Zeit des klassischen Milgram-Experiments in den 1960er Jahren – ein Hochschullehrer im weißen Kittel noch einen Auslöser für Autoritätsgehorsam darstellt. Als Alternative werden häufig konzeptuelle Replikationen genutzt, in denen zwar Aufbau (Design) und Variablen einer Originalstudie beibehalten, die Manipulation oder Erfassung der relevanten Variablen allerdings an den jeweiligen (z. B. historischen oder kulturellen) Kontext angepasst werden, in dem eine Untersuchung stattfindet.

Welche Standards können die Gültigkeit und Zuverlässigkeit der Forschung erhöhen? Zum Zeitpunkt des Entstehens diese Lehrbuchs werden in der „scientific community" eine Reihe von Verbesserungen diskutiert, die sich im Wesentlichen auf Transparenz in Hypothesentestung und Berichtlegung, die Erhöhung von Stichprobengrößen und die Aufwertung von Replikationsstudien beziehen. So wird in sozialpsychologischen Fachzeitschriften mittlerweile größte Transparenz über den Ablauf berichteter Studien verlangt. So sollen Autorinnen und Autoren vollständig berichten, auf welche Weise sie die Stichprobengröße bestimmt haben, ob und welche Daten von der Auswertung ausgeschlossen wurden und welche Manipulationen und Maße in der Studie verwendet wurden (Simmons et al. 2012). Vor typischen Hypothesen testenden Untersuchungen müssen Material und Ablauf der Studie (z. B. die Messung der Variablen) festgelegt sein, wie auch die analytischen Schritte (z. B. Stichprobengröße, Design der Studie, statistische Tests). Eine mögliche neue Entwicklung könnte sein, dass Studien vor ihrer Durchführung extern durch Fachkolleginnen und -kollegen begutachtet und im positiven Fall bereits dann zur Veröffentlichung angenommen werden, unabhängig von den spezifischen Ergebnissen der Studie. Dies hätte den Vorteil, dass sowohl statistisch signifikante wie nicht-signifikante Ergebnisse veröffentlicht würden. Dadurch könnten Forschende über mehrere Studien hinweg die Einflussstärke der unabhängigen auf die abhängigen Variablen abschätzen. In ähnlicher Weise könnte die sog. Präregistrierung von Studien und deren genaue Dokumentation in öffentlichen Datenrepositorien im Internet (z. B. https://osf.io) verhindern, dass im Nachhinein nie gehegte Hypothesen aufgestellt werden oder fehlgeschlagene Hypothesentests im Aktenschrank einer Forscherin oder eines Forschers verschwinden (sog. „file drawer problem"). Welche der gegenwärtig diskutierten konkreten Vorschläge sich in der Forschung endgültig durchsetzen werden, ist nicht vollständig abzusehen. Sie illustrieren jedoch den Kern guter wissenschaftlicher Praxis, die nicht nur auf ein funktionierendes System wissenschaftlicher Selbstkorrektur durch Transparenz und konkurrierende Theorien angewiesen ist, sondern letztlich auf die Pflicht jeder und jedes Forschenden abzielt, die Validität und Reliabilität eigener Forschungsergebnisse zu maximieren und kritisch zu hinterfragen bzw. durch Andere hinterfragen zu lassen.

2.8.2 Ethischer Umgang mit Untersuchungsteilnehmenden

Die ethischen Richtlinien sozialpsychologischer Forschung beziehen sich allerdings nicht nur darauf, wie Forschende vorzugehen haben, sondern auch darauf, wie in der Forschung mit den Teilnehmenden der Untersuchungen umgegangen werden muss, sodass ihre Rechte gewahrt bleiben. Zwei ganz grundlegende Regeln dabei sind, dass Teilnehmende selbst über ihre Teilnahme, bzw. die Informationen, die sie preisgeben wollen, bestimmen und dass den Teilnehmenden durch die Untersuchung kein seelischer, körperlicher oder sozialer Schaden entsteht. Obwohl wir Themen behandeln, die für viele Menschen belastend sein können, wie etwa Aggression, Vorurteile und Diskriminierung, dürfen wir das Wohlbefinden von Versuchspersonen nicht über die Untersuchung hinaus beeinträchtigen. Stattdessen sollten Versuchspersonen unsere Studien mit dem Eindruck verlassen, etwas aus der Untersuchung gelernt und zur Beantwortung relevanter Fragen beigetragen zu haben. Tatsächlich sollten Untersuchungsteilnehmende als Partnerinnen und Partner im Forschungsprozess betrachtet werden.

In den meisten Studien ist es angezeigt, eine Einverständniserklärung der Teilnehmenden einzuholen. In diesen Einverständniserklärungen werden Sinn und Zweck der Studie sowie die bevorstehenden Prozeduren erläutert und den Untersuchungsteilnehmern wird klar gemacht, dass die Teilnahme freiwillig ist, die Studie abgebrochen werden kann und dass die Daten anonym und vertraulich und nur zu wissenschaftlichen Zwecken verwendet werden. Sollte es vorhersehbar sein, dass die Teilnehmenden einer Studie Stress, negative Emotionen oder sogar Schmerz verspüren werden, dann muss in der Einverständniserklärung darauf hingewiesen werden.

Eine solche Einverständniserklärung ist dann schwierig zu erhalten, wenn etwa Menschen in ihrem natürlichen Kontext beobachtet werden sollen und der Hinweis, dass sie jetzt gerade an einer Studie teilnehmen ihr Verhalten beeinflussen kann. In solchen Fällen sollten die Beobachteten im Anschluss an die Beobachtung darüber informiert werden, dass sie an einer Studie teilgenommen haben. Natürlich können sie dann die Verwertung ihrer Daten untersagen.

In vielen Fällen werden die Teilnehmenden vor der Studie nicht über deren wahren Zweck informiert. Manchmal wird sogar gezielt eine erfundene Coverstory aufgebaut. Eine solche Täuschung ist nicht immer zu vermeiden. Wenn man beispielsweise Hilfeverhalten untersuchen möchte, darf das nicht vorher schon erwähnt werden, oder sogar darauf hingewiesen werden, dass in der Studie keine echten sondern nur vorgetäuschte Notfälle vorkommen. Dies würde das Verhalten der Versuchspersonen zu sehr beeinflussen, sodass wir aus solchen Studien nicht viel lernen könnten. In den Fällen, in denen Täuschung notwendig ist, müssen die Forschenden sicherstellen, dass die Versuchspersonen im Anschluss an die Studie vollständig aufgeklärt werden und auch hier ihr Einverständnis zurückziehen können. Es wurde untersucht, wie sich Täuschung auf die Teilnehmenden auswirkt. Epley und Huff (1998) fanden beispielsweise, dass Täuschung, wenn sie nicht zu offensichtlich oder verletzend ist, von den Teilnehmenden der Untersuchung nicht als negativ bewertet wird. Es zeigt sich im Gegenteil, dass die Teilnehmenden eher berichten mehr gelernt zu haben, als in den Studien, in denen keine Täuschung vorkam.

2.9 Zusammenfassung

In diesem Kapitel haben wir die wichtigsten Standards unserer Forschung kennengelernt, wie Validität und Reliabilität. Zu diesen beiden zentralen Standards gehören auch, dass die Forschung öffentlich und kumulativ sein sollte und einfachere Theorien komplexeren vorgezogen werden sollten. Danach wurde auf den

Wert von Theorien hingewiesen, durch die unsere Beobachtungen systematisiert und in einen bedeutungsvollen Zusammenhang gebracht werden. Die Überlegungen zu interner Validität zeigen sehr unterschiedliche Möglichkeiten, wie ein Kausalschluss problematisch sein kann. Das experimentelle Vorgehen behebt mit seinem Experimental-Kontrollgruppen-Design und der zufälligen Aufteilung der Versuchspersonen zu den Bedingungen diese Probleme. Schließlich wurden unterschiedliche Strategien der Überprüfung von Theorien angedeutet und unterschiedliche Forschungsstrategien beschrieben. In einem letzten Abschnitt wurden die ethischen Aspekte der Forschung beschrieben, die einerseits Regeln für die Forschenden angeben (Regeln für gute wissenschaftliche Praxis) und andererseits die Regeln nach denen die Untersuchungsteilnehmer behandelt werden sollten.

Literatur

Allport, G. W. (1954). The histrorical background of modern social psychology. In G. Lindzey (Hrsg.), *Handbook of social psychology* (2. Aufl., Bd. 2, S. 3–56). Reading: Addison-Wesley.

Aronson, E., Ellsworth, P. C., Carlsmith, J. M., & Gonzales, M. H. (1990). *Methods of research in social psychology* (2. Aufl.). New York: McGraw-Hill.

Brunswick, E. (1955). Representative design and probabilistic theory in a functional psychology. *Psychological Review, 62,* 193–217.

Cheng, C., Cheung, S. F., Chio, J. H., & Chan, M. P. (2013). Cultural meaning of perceived control: A meta-analysis of locus of control and psychological symptoms across 18 cultural regions. *Psychological Bulletin, 139,* 152–188.

Cook, T. D., & Campbell, D. T. (1979). *Quasi-experimentation: Design and analysis issues for field settings.* Boston: Houghton Mifflin.

Cumming, G. (2014). The new statistics: Why and how. *Psychological Science, 25,* 7–29.

Davidson, D. H. (2001). *Subjective, intersubjective, objective.* Oxford: Oxford University Press.

Epley, N., & Huff, C. (1998). Suspicion, affective response, and educational benefit as a result of deception in psychology research. *Personality and Social Psychology Bulletin, 24,* 759–768.

Hempel, C. G. (1945). Studies in the logic of confirmation (I). *Mind, 54,* 1–26.

Lewin, K. (1952). *Field theory in social science.* London: Tavistock (hrsg. von Cartwright, D.).

Morey, R. D., Rouder, J. N., Verhagen, J., & Wagenmakers, E.-J. (2014). Why hypothesis tests are essential for psychological science: A comment on cumming. *Psychological Science, 25,* 1289–1290.

Nosek & Open Science Collaboration. (2015). Estimating the reproducibility of psychological science. *Science, 349*(6251), aac47161–8.

Peirce, C. S. (1877). The fixation of belief. *Popular Science Monthly, 12,* 1–15.

Popper, K. (1934). *Logik der Forschung. Zur Erkenntnistheorie der modernen Naturwissenschaft.* Wien: Springer.

Simmons, J. P., Nelson, L. D., & Simonsohn, U. (2012). A 21 Word Solution. *Dialogue, 26(2)*, 4–7. http://ssrn.com/abstract=2160588.

Simon, B. (2007). Macht, Identität und Respekt. In B. Simon (Hrsg.), *Macht: Zwischen aktiver Gestaltung und Missbrauch*. Göttingen: Hogrefe.

The Literary Digest. (November 14, 1936). What went wrong with the polls? *Literary Digest, 122,*, 7–8.

Prozesse der Konstruktion sozialer Wirklichkeit 3

Zusammenfassung

Prozesse des Denkens und der Informationsverarbeitung erklären wie Menschen ihre Urteile bilden, wie sie Wissen aus dem Gedächtnis abrufen und wie sie dieses Wissen in einer gegebenen Situation integrieren. In diesem Kapitel wird die Unterscheidung zwischen intuitiven und kontrollierten Prozessen eingeführt. Es werden verschiedene Urteils- und Entscheidungsheuristiken vorgestellt und anhand von Beispielen verdeutlicht. Hier soll auch auf eine kurze Diskussion der Rationalität bzw. Irrationalität „heuristischen Denkens" eingegangen werden. Neben den unterschiedlichen Prozessen des Denkens werden auch Einflüsse aktivierten Wissens auf Urteile und Entscheidungen beschrieben. In diesem Zusammenhang wird insbesondere auf die positiven und negativen Aspekte der Aktivierung sozialer Stereotype eingegangen.

3.1 Einleitung

Nahezu alle Aktivitäten unseres Alltags beziehen andere Menschen ein. Wir interagieren mit Menschen, denken darüber nach, wie andere zu unseren Einstellungen und Verhaltensweisen stehen, und wir setzen stillschweigend voraus, dass wir mit anderen viele Dinge gemeinsam haben. Wenn wir beispielsweise an der Kasse unseres Supermarktes bezahlen, dann reden wir über das Wechselgeld, vielleicht auch über neue Angebote des Marktes oder das Wetter. Es wäre eher unüblich den Kassierer über seine Beziehung zu seiner Frau zu fragen. Wir wissen also, was andere von uns erwarten und verhalten uns entsprechend. Wir passen unsere Interaktionen mit Menschen dem Kontext entsprechend an. So würden wir über andere Dinge reden, wenn wir den Kassierer abends bei einer Grillparty wieder treffen würden. Wenn sich der sonst so ernsthafte Kassierer auf der Grillparty als ein charmanter junger Mann darstellt, kann man sich möglicherweise mit ihm auf einen kleinen Flirt einlassen. Man könnte sich auch überlegen, was denn die eigenen Eltern sagen würden, wenn man als 20-jährige Frau diesen etwas in die Jahre gekommenen älteren Kassierer als neuen Freund vorstellen müsste.

Diese kognitiven Aktivitäten in unserem Alltag bezeichnet man als soziale Kognition. Die Inhalte des Denkens, Entscheidens und Erlebens beziehen sich auf *soziale Objekte,* d. h. auf andere Menschen, deren Merkmale und Verhaltensweisen. Diese anderen können gerade tatsächlich anwesend sein oder nur in unserer Vorstellung vorkommen. Unser Denken und Entscheiden wird durch die soziale Interaktion mit den tatsächlichen oder vorgestellten Personen bestimmt. So ist beispielsweise das Nachdenken über unbelebte Inhalte häufig anders als unser Nachdenken über Menschen. Personen haben häufig Schwierigkeiten einfache Regeln zu prüfen. Stellen Sie sich vor, Sie arbeiten in einer Bibliothek und prüfen, ob die Bücher korrekt nummeriert sind. Wenn ein Buch ein Sammelband ist, soll es mit einer geraden Zahl nummeriert sein. Sie suchen Sammelbände und prüfen die Nummerierung. Nach ein paar Tagen fragt ein Kollege, ob Sie auch die ungeraden Nummerierungen angeschaut und sicher gestellt haben, dass es sich nicht um einen Sammelband handelt. Um die obige Regel zu prüfen, müssen Sie nach allen Sammelbänden suchen und deren gerade Nummerierung sicherstellen, genauso wie auch nach allen ungeraden Nummerierungen, um sicherzustellen, dass sie kein Sammelband sind. Solche Schwierigkeiten haben wir nicht, sobald wir über soziale Objekte, d. h. andere Menschen nachdenken. Sollten Sie nicht in einer Bibliothek sondern in einer Bar arbeiten, dann haben Sie die polizeiliche Vorschrift zu prüfen, wer in dieser Bar Alkohol trinkt (Mindestalter 18 Jahre). Hier ist offensichtlich, dass Sie alkoholische Getränke nur an 18-Jährige und Ältere ausschenken. Aber Sie werden auch prüfen, ob unter 18-Jährige alkoholische Getränke zu sich nehmen (diese etwa von der Tankstelle in der Nähe mitgebracht haben). Während nicht-soziale Regeln (trotz gleicher Logik) schwerer zu verstehen sind, macht es keine Probleme soziale Regeln zu verstehen und anzuwenden (Cosmides 1989). In der sozialen Kognition sind nicht nur die Inhalte sozialer Natur und das Denken wird durch soziale Interaktion beeinflusst, sondern auch die Kognition ist sozial geteilt. Wir können also voraussetzen, dass andere Menschen viele Dinge, die wir wissen, auch selbst wissen. Wenn jemand zu einer Beerdigung eingeladen wird, muss nicht ausdrücklich erwähnt werden, dass schwarze Kleidung angemessen wäre. So setzen wir bei Alltagsinteraktionen unsere gemeinsame Sprache voraus (z. B. Deutsch). Nur wenn das nicht funktioniert, wechseln wir möglicherweise in eine andere Sprache (z. B. zum Englischen oder zu irgendeiner Version der Gebärdensprache). Zusammenfassend ist festzustellen, dass soziale Kognition sich auf soziale Inhalte bezieht, durch soziale Interaktion beeinflusst wird und sozial geteilt ist.

In diesem Kapitel werden Prozesse des Denkens dargestellt. Mit Denken ist hier die Verarbeitung wahrgenommener Information, deren Integration mit vorhandenem Wissen und das Treffen von Entscheidungen gemeint. Eine landläufige Annahme ist, dass wir bewusst erleben, kontrollieren und prüfen, was wir denken und welche Entscheidungen wir treffen. Diese Annahme werden wir infrage stellen. Außerdem wird es nicht alleine um grundlegende Prozesse des Denkens gehen, sondern auch darum, wie diese Prozesse durch die tatsächliche oder vorgestellte Anwesenheit anderer Menschen entscheidend beeinflusst werden.

3.2 Intuitive versus rationale Verarbeitung

Seit langer Zeit haben Philosophen versucht, das Denken der Menschen genauer zu bestimmen, in dem sie über das Denken nachgedacht haben. Dabei haben sie sich auf Introspektion (Beobachtung der eigenen psychischen Regungen) und die Ergebnisse des Denkens verlassen. Das führte dazu, dass die Normen für richtiges oder rationales Denken dem idealtypischen Denken nachgebildet wurden. Man verstand das Denken als durch die Regeln der Logik oder der Maximierung des subjektiven Nutzens bestimmt. Das hat für einige Verwirrung gesorgt, denn dadurch wurden die *Prozesse des Denkens* fälschlicherweise mit *Normen für korrektes Denken* gleichgesetzt. Um zu klären, ob Denken nicht nur durch die Normen der Rationalität bewertet werden soll, sondern diesen Regeln auch entspricht, müssen Situationen hergestellt werden, in denen die *Prozesse* des Denkens zu anderen Ergebnissen führen als die *Normen* des Denkens vorschreiben (Kahneman et al. 1982). Nur unter diesen Bedingungen können wir zeigen, dass das Denken nicht durch logische und andere formale Systeme reguliert wird, sondern durch psychologische Prozesse, die möglicherweise häufig aber nicht immer zu normativ korrekten Lösungen führen (Peterson und Beach 1967; Gigerenzer 2000).

Eine Vorstellung über das menschliche Denken, die in regelmäßigen Abständen immer wieder in etwas unterschiedlichen Versionen vorgeschlagen wird, ist die Annahme, dass wir zwei unterschiedliche kognitive Systeme haben, die interagieren und deren Ergebnisse in Konflikt zueinander geraten können (z. B. Kahneman 2003; Strack und Deutsch 2005). Als Belege für zwei kognitive Systeme werden häufig Widersprüche in ihren Ergebnissen genannt. Als Beispiele können optische Täuschungen herangezogen werden. Beispielsweise wissen wir bei der Müller-Lyer-Täuschung (Müller-Lyer 1889), dass beide Linien gleich lang sind und trotzdem sehen wir sie als unterschiedlich lang (siehe Abb. 3.1). Ebenso können wir bewusst sagen, dass wir gegen bestimmte Formen von Strafen sind, aber unsere Intuitionen ergeben manchmal andere Resultate. Wenn eine Firma

Abb. 3.1 Müller-Lyer Täuschung bei der beide Linien (A, B) gleich lang sind, aber unterschiedlich lang aussehen. (Aus Müller-Lyer 1889)

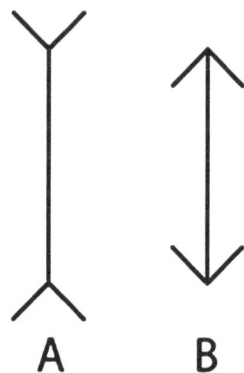

Gift in einen Fluss leitet, dann denken wir, sie sollte bestraft werden. Handelt es sich um eine große Firma, fällt die empfohlene Strafe härter aus, als wenn es sich um eine kleine Firma handelt – obwohl der Schaden, den sie angerichtet hat, der gleiche ist (Kahneman et al. 1998). Der Unterschied zwischen Intuitionen und Denken kann anhand von Beispielen illustriert werden, bei denen die Intuitionen der meisten Menschen in eine andere Richtung deuten, als unser bewusstes und regelgeleitetes Denken (siehe Beispiel Intuitive Einschätzung von progressiven Gehaltssteigerungen).

Beispiel: Intuitive Einschätzung von progressiven Gehaltssteigerungen
Stellen Sie sich vor, Sie haben Ihren ersten unbefristeten Job bekommen. Der nette Personalmanager gibt Ihnen zwei alternative Versionen der Gehaltssteigerung zur Auswahl.

- **Erste Alternative:** Zu Ihrem Einstiegsgehalt von 60.000 EUR bekommen Sie nach *jedem Jahr* exakt 4000 EUR mehr Gehalt.
- **Zweite Alternative:** Zu Ihrem Einstiegsgehalt von 60.000 EUR bekommen Sie nach *jedem halben Jahr* exakt 1000 EUR mehr Gehalt.

Für welche der beiden Optionen entscheiden Sie sich spontan? Welche Option nehmen Sie, wenn Sie mit Bleistift und Papier den tatsächlichen Anstieg Ihres Gehaltes berechnen wollen.

Die beiden Systeme haben von den verschiedenen Autoren unterschiedliche Namen bekommen. Im Kern geht es dabei um den Unterschied zwischen *intuitivem* und *überlegtem* Denken. Nach Kahneman (2003) kann man die Intuition

3.2 Intuitive versus rationale Verarbeitung

analog zur Wahrnehmung verstehen. Es wird viel Information auf einmal verarbeitet, ohne dass uns die Verarbeitungsschritte bewusst wären oder auch nur prinzipiell dem Bewusstsein zugänglich wären. Mit dem Begriff der Intuitionen wird meist die automatische und gleichzeitige Verarbeitung von viel Information charakterisiert, ohne dass dabei Bewusstsein und bewusste Kontrolle notwendig wären. Die Verarbeitung kann aber durch uns auch nicht leicht verändert werden. Veränderungen des intuitiven Denkens sind entweder unmöglich oder bedürfen längerfristiger Übung. Diese Merkmale teilt die Intuition mit der Wahrnehmung. Im Unterschied zur Wahrnehmung bezieht sich intuitives Denken aber auch auf konzeptuelle Inhalte, wie auch das bewusste Denken.

Auf der anderen Seite findet sich das **bewusste Denken,** das regelgeleitet ist, in dem wir schrittweise Schlussfolgerungen ziehen und diese Schlussfolgerungen auf ihre Korrektheit überprüfen können. Bewusstes Nachdenken ist mühsam, bedarf der Aufmerksamkeit, es ist flexibel und kann sich auf alle möglichen Inhalte beziehen. Um bewusst nachdenken zu können, muss man dazu fähig sein, also beispielsweise genügend kognitive Kapazität zur Verfügung haben (fehlende Ablenkung oder Zeitdruck) und man muss motiviert sein, genauer über ein Thema nachzudenken. Wann immer wir selbst von etwas betroffen sind (z. B. Studiengebühren), steigt unsere Motivation uns mit diesen Themen auseinanderzusetzen.

Man kann zwischen Intuition und bewusstem Nachdenken dadurch unterscheiden, dass beide Prozesse zu sich widersprechenden Ergebnissen kommen. Ein alternativer Weg der Unterscheidung zwischen beiden Formen des Denkens ist, dass bewusstes Nachdenken kognitive Kapazität benötigt und dadurch störanfällig ist. Werden Individuen abgelenkt, sind sie gestresst oder mit anderen Dingen beschäftigt, dann kann ihr bewusstes Nachdenken über ein bestimmtes Thema beeinträchtigt werden. In psychologischen Studien wird dies meist mittels einer Doppelaufgabe realisiert, in der die Untersuchungsteilnehmer zu einer fokalen Aufgabe noch eine zweite kognitiv anspruchsvolle Aufgabe zu erledigen haben. Typische Doppelaufgaben sind beispielsweise das bewusste Wiederholen und erinnern einer längeren Zahl (etwa eine 8-stellige Zahl), das Zählen von bestimmten Reizen oder Gedächtnisaufgaben, in denen die Untersuchungsteilnehmer sich bestimmte Dinge merken sollen.

Intuitive und automatische psychologische Prozesse haben den Vorteil, dass sie viel Information parallel und schnell verarbeiten. Durch diese hohe Geschwindigkeit können wir in unseren Urteilen, Entscheidungen und Einschätzungen über Personen und Situation spontan reagieren. Dies ist notwendig, wenn Gefahr im Verzug ist. Würde man zu langsam reagieren, dann würde man beispielsweise von einem heranrasenden Lastwagen überfahren werde. Das gilt aber auch grundlegend für alle Entscheidungen. Denn als Wesen mit begrenzter Lebenszeit können wir nicht beliebig viel Information heranziehen und diese gründlich verarbeiten. Auf der anderen Seite lohnt es sich manchmal über Dinge gründlich nachzudenken (wenn auch nicht beliebig lange), denn beispielsweise eine Berufsentscheidung kann viele negative Konsequenzen nach sich ziehen, wenn sie falsch getroffen wird. Nachdenken kann auch ungewünschte intuitive Reaktionen korrigieren, wie etwa das intuitive Urteil, dass eine Gehaltserhöhung um 4000 EUR pro Jahr besser sei als eine halbjährige Erhöhung um 1000 EUR (siehe Beispiel: Intuitive Einschätzung von progressiven Gehaltssteigerungen)[1].

3.3 Grundlegende Prozesse der Verarbeitung

Eine wichtige Dimension in der Informationsverarbeitung wird als reizgesteuert *(bottom up processing)* versus konzeptgesteuert *(top-down processing)* beschrieben. Bei reizgesteuerter Verarbeitung achten Personen genau auf die Dinge und Details, die sie vor sich haben. Konzeptgesteuerte Verarbeitung hingegen bezieht sich auf das Anwenden vorhandenen Wissens. So kann man beispielsweise einen Text auf zwei unterschiedliche Arten lesen. Man kann einerseits als Korrekturleser auf alle möglichen Tippfehler, schlecht konstruierten Sätze und fehlende oder falsch gesetzte Satzzeichen achten. Dabei steigt die Chance formale Schwächen eines Textes zu finden, aber es sinkt die Wahrscheinlichkeit, dass man versteht, was der Text sagen möchte. Auf der anderen Seite kann man einen Text konzeptgesteuert lesen und dabei sein vorhandenes Wissen mit diesem Text in Verbindung bringen. Hierbei sinkt die Wahrscheinlichkeit Tippfehler zu finden, aber man kann vorhandene Information mit dem eigenen Wissen konfrontieren und integrieren. Ob nun der eine oder andere Verarbeitungsstil zu besseren Ergebnissen führt, hängt von der Art der Aufgabe ab.

Vorhandenes Wissen speichern wir in sogenannten kognitiven Schemata. *Schemata* sind organisierte Repräsentationen von Wissen und Reaktionen, durch die an die Umwelt angepasstes Verhalten gesteuert wird (Bartlett 1932). In der

---

[1] Nach Alternative A bekommen Sie im ersten Jahr 60.000, im zweiten Jahr 64.000, im dritten Jahr 68.000 usw. Nach Alternative B bekommen Sie im ersten Halbjahr 30.000 und im zweiten Halbjahr 31.000, für das erste Halbjahr des zweiten Jahres bekommen Sie 32.000 und im zweiten Halbjahr 33.000, im dritten Jahr bekommen Sie im ersten Halbjahr 34.000 und im zweiten Halbjahr 35.000 usw. Mit Alternative B haben sie also im ersten Jahr 61.000, im zweiten 65.000, im dritten 69.000 usw. Sie sollten also Alternative B wählen.

3.3 Grundlegende Prozesse der Verarbeitung

Sozialpsychologie beschäftigen wir uns häufig mit *sozialen* Schemata, also Wissensstrukturen, die Menschen nutzen, um ihr Wissen in Themenbereiche oder Kategorien der sozialen Welt zu organisieren (Anderson et al. 1979). Schemata sind zentral für die kognitive Verarbeitung, denn sie beeinflussen die Wahrnehmung, das Denken und das Gedächtnis. Es gibt Schemata für alle relevanten Aspekte der sozialen Welt, wie beispielsweise Schemata für Personen (Vater, Mutter, Freund), soziale Gruppen (Deutsche, Psychologen), Rollen (Busfahrer, Polizist, Lehrer), das Selbst (siehe Kap. 5) und soziale Situationen (Restaurant, Schule). Einen ganz eigenen Forschungsbereich bilden hierbei die Schemata über soziale Gruppen, welche auch als soziale *Stereotype* bezeichnet werden. Oft unterschätzen wir, in welchem Ausmaß diese kognitiven Repräsentationen unser alltägliches Denken über andere Menschen bestimmen und damit soziale Realität formen. Stereotype stellen die Grundlage für Vorurteile und soziale Diskriminierung dar. Stereotype sind außerdem sozial geteiltes Wissen. Das bedeutet, dass Stereotype über soziale Gruppen auf Wissen referieren, dass die meisten Mitglieder einer Gruppe miteinander teilen.

Schemata beeinflussen unsere Wahrnehmung. In einer klassischen Studie zur *Personenwahrnehmung* (Kelley 1950) wurde in einer Bedingung ein Dozent als warme Person, fleißig, kritisch, pragmatisch und resolut beschrieben und in einer anderen als kalte Person, fleißig etc. Nach einer 20-minütigen Diskussion beurteilten die Studenten den Dozenten und berichteten in der ersten Bedingung von einem wesentlich positiveren Eindruck über den Dozenten als in der zweiten Bedingung. Die Ergebnisse dieser Studie zeigen, dass einige Persönlichkeitseigenschaften wie etwa warme oder kalte Person zentrale Dimensionen sind, die die Informationssuche und Interpretation wesentlich beeinflussen können (Kelley 1950). Hier kann man natürlich kritisieren, dass die Versuchspersonen schon durch die Beschreibung mitbekommen haben, worum es bei dieser Studie geht. Es könnten also experimentelle Hinweisreize *(demand characteristics)* verantwortlich für die gefundenen Ergebnisse sein.

Eine neuere Studie (Payne 2001) zeigt diesen Einfluss etwas subtiler. Hier wurden den Versuchspersonen sehr kurz Bilder von weißen und schwarzen Personen gezeigt, um Stereotype über Schwarze und Weiße zu aktivieren. Nach einer kurzen Pause wurden dann unterschiedliche Gegenstände gezeigt, wie etwa eine Bohrmaschine oder eine Pistole. Die Versuchspersonen sollten entscheiden, ob es sich um eine Waffe oder ein Werkzeug handelt. Die Ergebnisse zeigten, dass Versuchspersonen, die vorher ein Bild einer schwarzen Person gesehen hatten, schneller eine Waffe als eine Waffe klassifizieren konnten. Aktiviertes Wissen, wie das Stereotyp über Schwarze, lässt Dinge, die mit Inhalten des Stereotyps (z. B. „feindselig") verbunden sind, schneller erkennen und klassifizieren. Die möglicherweise dramatischen Auswirkungen stereotyper Informationsverarbeitung sind hier selbstevident, wenn beispielsweise eine Polizistin in Bruchteilen einer Sekunde entscheiden muss, ob ein Verdächtiger bewaffnet ist. Nicht umsonst wurde die Studie auch als „Police Officer's Dilemma" bekannt.

Aktivierte Schemata haben auch einen Einfluss auf die Gedächtnisleistung. So konnte Carli (1999) zeigen, dass Details einer Geschichte besser erinnert werden, die zu dem Gesamteindruck der Geschichte (z. B. deren Ausgang) passen. In beiden Bedingungen lasen die Versuchspersonen eine Geschichte über ein Paar, das sich kennenlernt und gemeinsam Ferien verbringt. In einer Bedingung endet die Geschichte damit, dass der Mann die Frau vergewaltigt, in der anderen damit, dass der Mann der Frau einen Heiratsantrag macht. Endete die Geschichte mit einer Vergewaltigung, erinnerten sich die Versuchspersonen an mehr Details in der Geschichte, die mit einer Vergewaltigung kompatibel sind (Der Mann verhielt sich grob.). In der Bedingung mit dem Heiratsantrag erinnerten sie sich mehr an Details, die mit dem Heiratsantrag kompatibel sind (Er schenkte ihr Blumen.). Schemata organisieren also die Informationsverarbeitung, machen mehrdeutige Reize und Gegebenheiten eher eindeutig und steuern die Aufmerksamkeit und die Erinnerung von Details.

3.4 Kategorisierung

Unter *Kategorisierung* verstehen wir die Gruppierung von mehreren unterscheidbaren Objekten, die ähnlich behandelt werden. Kategorien sind also Klassen von in der Welt vorhandenen Objekten. Wir unterscheiden hier typischerweise zwischen natürlichen Arten und Artefakten. Natürliche Arten zerlegen die Welt in faktische Gruppen von Ähnlichem. Sie haben ein großes induktives Potenzial. Man kann also von den Eigenschaften eines Objektes auf viele andere der selbst natürlichen Art generalisieren. So kann man aus dem Wissen, dass etwas ein Säugetier ist, darauf schließen, dass es ein Herz, eine Leber etc. hat. Artefakte einer Klasse hingegen haben typischerweise ähnliche Funktionen, ohne dass man die Baupläne generalisieren könnte. So kann man aus dem Wissen, dass etwas ein Telefon ist, nicht darauf schließen, wie es genau aufgebaut ist (z. B. könnte es mittels alter Röhrentechnik oder mittels neuester Computertechnik konstruiert sein.).

Früher wurden Kategorien über die notwendigen und zusammen hinreichenden Bedingungen definiert, die die Objekte haben müssen, um zu einer Kategorie zu gehören. Diese Definition kann aber wichtige Aspekte von Kategorien, wie z. B. deren innere Struktur und die teilweise unscharfen Grenzen von Kategorien,

3.4 Kategorisierung

nicht abbilden. Deswegen wurde zu einer Prototypenrepräsentation von Kategorien übergegangen. Ein Prototyp einer Kategorie enthält alle die Eigenschaften, die ideal und typisch für eine Kategorie sind und stellt somit das am besten passende Exemplar einer Kategorie dar. Alle Objekte, die dem Prototyp einer Kategorie näher kommen als dem Prototyp einer anderen Kategorie, werden in diese klassifiziert.

Man kann sich nun fragen wieso Menschen überhaupt kategorisieren und nicht alle möglichen individuellen Dinge einfach so wahrnehmen, wie sie sind. Typische Ansichten dazu lauten, dass Kategorien die überwältigende Vielfalt der Reize der Welt vereinfachen. Ferner kann durch Kategorisierung Wissen in Form von Schemata, die mit den Kategorien gespeichert sind, abgerufen werden. Kategorien vereinfachen die Vielfalt der Reize nicht nur, sondern sie verleihen ihnen auch Bedeutung (Markman 1989; Millikan 1998; Smith und Medin 1981). Hier stellt sich die Frage, welche Merkmale Kategorien haben müssen, um effektiv zu sein. Es scheint einfach zu zeigen, welche Eigenschaften Kategorien nicht haben dürfen (siehe Box 2). Brauchbare Kategorien erlauben typischerweise eindeutige Sortierungen von Objekten und sie ziehen Grenzen durch eine ansonsten möglicherweise kontinuierliche Umwelt (beispielsweise die dimensionale Natur von sozialen Merkmalen, die durch Kategorien in eindeutigere Cluster geteilt werden). Kategorien haben typischerweise eine hierarchische Struktur, d. h. sie lassen sich in Hierarchien von mehr oder weniger inklusiven Kategorien ordnen.

Beispiel: nicht funktionale Kategorien

Es „steht geschrieben, dass Tiere sich wie folgt gruppieren a) Tiere, die dem Kaiser gehören, b) einbalsamierte Tiere, c) gezähmte, d) Milchschweine, e) Sirenen, f) Fabeltiere, g) herrenlose Hunde, h) in diese Gruppe gehörige, i) die sich wie tolle gebärden, k) die mit einem feinen Pinsel aus Kamelhaar gezeichnet sind, l) und so weiter, m) die den Wasserkrug zerbrochen haben, n) die von weitem wie Fliegen aussehen" (Enzyklopädie des himmlischen Wissens, L. Borges).

Die Kategorisierung von Objekten hat zur Folge, dass die Objekte innerhalb einer Kategorie als einander ähnlicher wahrgenommen werden (Assimilation innerhalb der Kategorien) und zwischen den Kategorien die Unterschiede betont und akzentuiert werden. Tajfel und Wilkes (1963) haben dies in einem klassischen Versuch zum *Akzentuierungseffekt* demonstriert. Sie präsentierten Versuchspersonen Linien in drei unterschiedlichen Versionen. 1) der Größe nach sortiert, 2) unsortiert, 3) sortiert und kategorisiert (z. B. die kleineren mit A und die größeren mit B). Die Versuchspersonen sollten die Längen der Linien einschätzen.

Versuchspersonen sind recht akkurat in ihrer Einschätzung der Länge der Linien. Allerdings fand man in der Kategorisierungsbedingung, dass die Unterschiede zwischen den „kleinen" Linien und den „großen" Linien überschätzt wurde, d. h. die Versuchspersonen akzentuierten die Unterscheide zwischen den Kategorien. Corneille und seine Kollegen in Belgien replizierten und erweiterten diese Studie (Corneille et al. 2002): Sie gaben amerikanischen und belgischen Studenten die gleiche Aufgabe wie bei Tajfel und Wilkes. Sie variierten allerdings die Maßeinheiten (Zentimeter, Inches), in denen die Studenten die Linien schätzen sollten. Insbesondere mit den unvertrauten Maßeinheiten wurde die Akzentuierung zwischen den Kategorien gefunden, d. h. in Belgien wurde besonders mit Inches und in Amerika mit Zentimetern zwischen den Kategorien akzentuiert. Das bedeutet, dass insbesondere auf nicht in der Erfahrung oder objektiven Welt verankerten Maßeinheiten die Akzentuierung zu finden ist.

3.5 Welche Faktoren bestimmen, welche Kategorien aktiviert werden?

Es macht einen großen Unterschied, wie wir Menschen kategorisieren: So kann ein und dieselbe Person als Frau, Richter, Mutter von 2 Kindern oder als Hobbymalerin kategorisiert werden. Wie diese Person kategorisiert wird, bestimmt, wie wir sie sehen, bewerten und uns ihr gegenüber verhalten. Für die Aktivierung von Kategorien können zwei Klassen von Determinanten unterschieden werden. Wir haben auf der einen Seite personenspezifische und auf der anderen Seite reizspezifische Determinanten. Die reizspezifischen werden Passung genannt, wobei zwischen struktureller und normativer Passung unterschieden wird. Die *strukturelle Passung* wird optimiert, je eindeutiger die Objekte richtig klassifiziert werden. Wenn beispielsweise überwiegend Männer für eine Meinung votieren und Frauen für eine andere, dann ist die strukturelle Passung zunehmend besser, je eindeutiger von den „Männern" versus den „Frauen" geredet werden kann. Die *normative Passung* bedeutet, dass auch dem Stereotyp entsprechende Meinungen vertreten werden. Die normative Passung ist höher, wenn Männer gegen Frauenquoten stimmen und sinkt, wenn Frauen gegen Frauenquoten stimmen. Die personenspezifischen Determinanten umfassen alle Faktoren, die den Abruf und die Anwendung von bestimmten Kategorien erhöhen. So bestimmt die Häufigkeit des Abrufs bestimmter Kategorien ihre Wiederverwendung. Ebenso machen Motivation und Ziele der Beteiligten bestimmte Kategorien wahrscheinlicher. So neigt beispielsweise jemand der gerade auf Partnersuche ist, eher dazu andere als „frei" oder „in fester Beziehung" zu kategorisieren (Koranyi et al. 2013).

3.6 Stereotype und ihre Anwendung

Wie wir Individuen kategorisieren, ist von entscheidender Bedeutung für das Wissen, das wir über sie aktivieren. Wenn jemand ein Individuum beispielsweise als Frau kategorisiert, dann wird er sein Stereotyp über Frauen aktivieren und Verhaltensweisen anhand dieses Wissens interpretieren. Für eindeutige Verhaltensweisen mag das weniger problematisch erscheinen, aber viele Verhaltensweisen haben einen großen Interpretationsspielraum. So zeigen entwicklungspsychologische Studien, dass das Schreien eines Babys eher als „er will etwas von Mama" interpretiert wird, wenn die Untersuchungsteilnehmer annehmen es sei ein Junge. Wenn sie dagegen annehmen, es handle sich um ein Mädchen, dann glauben sie eher es habe Angst (Seavey et al. 1975). Verschiedene Studien zeigen zudem, dass die Anwendung von aktiviertem stereotypen Wissen automatisch vorgenommen werden kann (Payne 2001).

Gilbert und Hixon (1991) zeigen in ihren Studien, dass Untersuchungsteilnehmer automatisch kategorisieren. Die Aktivierung von stereotypem Wissen hingegen ist ein kognitiv aufwendiger Prozess, der durch kognitive Doppeltätigkeit unterbunden werden kann. Wobei unter kognitiver Doppeltätigkeit einfach eine weitere Aufgabe gemeint ist, die die Untersuchungsteilnehmer durchführen müssen, wie etwa eine 8-stellige Zahl im Gedächtnis behalten oder Zeichen auf dem Bildschirm zählen. In einer Studie arbeitete die eine Hälfte der Untersuchungsteilnehmer ohne und die andere Hälfte mit kognitiver Doppelaufgabe. Die Versuchspersonen sollten Wortfragmente ergänzen. Wenn eine asiatische Versuchsleiterin (im Vergleich zu einer europäisch aussehenden) die Wortfragmente präsentierte, wurden die Worte eher gemäß des Stereotyps über Asiaten ergänzt (z. B. shy). Diese Wortergänzungen entsprachen allerdings nur dann dem Stereotyp der Asiaten, wenn die Untersuchungsteilnehmer ohne kognitive Doppeltätigkeit arbeiteten. Mit kognitiver Doppelbelastung konnten die Untersuchungsteilnehmer zwar angeben, dass eine asiatische Versuchsleiterin die Aufgaben präsentiert hat (automatische Kategorisierung), aber nur ohne kognitive Doppelbelastung wurde stereotypes Wissen aktiviert. In einer weiteren Studie konnten die Autoren zeigen, dass aktiviertes stereotypes Wissen hingegen, insbesondere dann angewendet wurde, wenn die Untersuchungsteilnehmer unter kognitiver Doppelbelastung arbeiteten. Die Anwendung von aktiviertem Wissen scheint also automatisch vor sich zu gehen. Das kann interessante Konsequenzen haben: Beispielsweise wenden alle Untersuchungsteilnehmer aktiviertes stereotypes Wissen bei der Interpretation einer Person als „aggressiv" oder „durchsetzungsfähig" an, ungeachtet des Ausmaßes, mit dem sie dieses Wissen auch für richtig halten (Devine 1989). Personen mit starken Vorurteilen gegenüber einer

Fremdgruppe halten negative Stereotypinhalte eher für richtig, wogegen solche mit geringen Vorurteilen negative Stereotype eher für falsch halten. Trotzdem unterscheiden sich beide Gruppen von Personen nicht im Einfluss aktivierten stereotypen Wissens, denn Stereotype sind sozial geteilt. Und, wenn Wissen aktiv ist, dann benötigen Menschen kognitive Kontrolle, um Einflüsse von ungewolltem Wissen abzuwenden.

3.7 Prozesse der Verarbeitung von Information und der Urteilsbildung (Heuristiken)

Wenn Menschen ein bestimmtes Objekt kategorisieren und vorhandenes Wissen aus dem Gedächtnis abrufen, dann verarbeiten sie diese Information und treffen Entscheidungen. Die intuitiven psychologischen Prozesse der Verarbeitung von Information werden Heuristiken genannt. Kahneman und Tversky (1982) haben vier klassische Heuristiken beschrieben (wobei die Zahl möglicher Heuristiken des Denkens prinzipiell unbegrenzt sein sollte): Die Verfügbarkeitsheuristik, die Simulationsheuristik, die Repräsentativitätsheuristik und die Anker und Anpassungseffekte. Hier ist zu bemerken, dass die Anker und Anpassungseffekte nicht eine Heuristik, sondern zuerst einen Effekt beschreiben, der möglicherweise durch unterschiedliche Prozesse erklärt werden kann.

3.7.1 Verfügbarkeitsheuristik

Die Verfügbarkeitsheuristik wird bei Urteilen über Wahrscheinlichkeiten und Häufigkeiten angewendet. Ein klassisches Beispiel ist die Frage, was häufiger im Englischen vorkommt: Wörter mit einem „r" am Anfang des Wortes oder Wörter mit einem „r" an der dritten Stelle? Tatsächlich gibt es mehr Wörter mit einem „r" an dritter Stelle, aber die Versuchspersonen können sich leichter Wörter mit einem „r" an erster Stelle vorstellen (diese sind kognitiv „verfügbarer") und wählen deshalb die erste Option.

Wenn man nun genauer fragt, wie die Verfügbarkeitsheuristik funktioniert, dann fällt eine Unschärfe in der Formulierung der Heuristik auf. Einerseits wird von der Menge der Information, die einem einfällt, geredet und andererseits von der subjektiv empfundenen Leichtigkeit, mit der einem bestimmte Informationen einfallen, geredet. Um nun genauer zu untersuchen, ob es die empfundene Leichtigkeit des Erinnerns oder die absolute Menge an tatsächlich abgerufener Erinnerungen ist, haben Schwarz und Kollegen (Schwarz et al. 1991) eine interessante

Serie von Studien durchgeführt. Durch Vorstudien hatten sie herausgefunden, dass das Generieren von 6 Beispielen, in denen man sich „durchsetzungsfähig" verhalten hatte, den meisten Personen leicht fällt und das Generieren von 12 Beispielen schwer fällt. Die Versuchspersonen sollten nun in einer Bedingung 6 und in einer anderen Bedingung 12 Beispiele nennen, in denen sie sich „durchsetzungsfähig" verhalten hatten. Danach sollten die Versuchspersonen angeben, wie sehr sie sich als durchsetzungsfähig oder als zurückhaltend einschätzen. Die Ergebnisse zeigen (siehe Abb. 3.2), dass die Versuchspersonen, die nur 6 Beispiele nennen sollten, sich weniger zurückhaltend und durchsetzungsfähiger einschätzten, als die Versuchspersonen, die 12 Beispiele nennen sollten. Diese Studie demonstriert deutlich, dass es nicht die Menge der erinnerten Information ist, sondern die Leichtigkeit mit der die Beispiele erinnert werden, die das Urteil bestimmen.

In einer weiteren Studie konnten Schwarz und Kollegen klären, dass die Menge der erinnerten Information auch wichtig werden kann und zwar immer dann, wenn die Leichtigkeit oder Schwierigkeit des Abrufs nicht diagnostisch

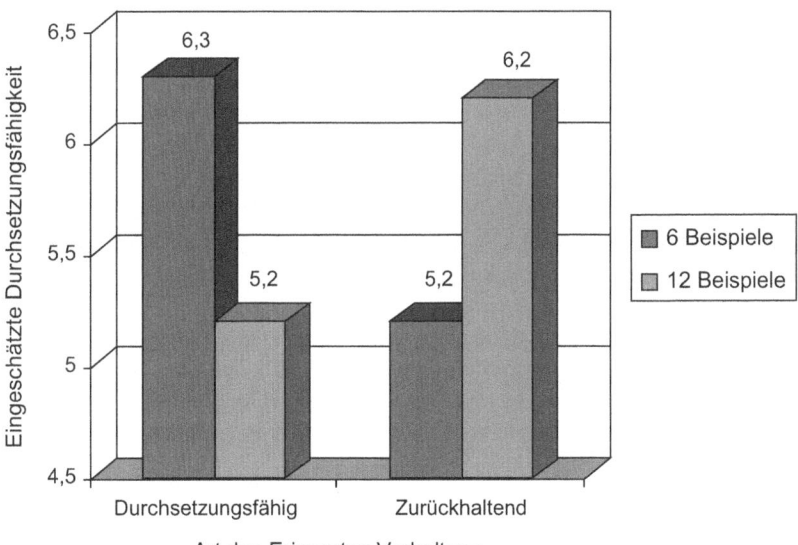

Abb. 3.2 Einschätzung der eigenen Durchsetzungsfähigkeit in Abhängigkeit der Anzahl erinnerter Beispiele und der Leichtigkeit der Erinnerung (6 = leicht, 12 = schwer). (Aus Schwarz et al. 1991)

ist. Hierzu wurde den Versuchspersonen mitgeteilt, dass in dieser Studie Musik im Hintergrund läuft, die die Erinnerungsleistung erleichtert oder hemmt. Die Versuchspersonen wurden wieder gebeten, sich entweder an 6 oder 12 Episoden zu erinnern, in denen sie sich durchsetzungsfähig verhalten hatten. Wenn die Information über die Leichtigkeit oder Schwierigkeit der Erinnerung durch die Musik mit der tatsächlichen Leichtigkeit oder Schwierigkeit des Abrufes korrespondierte, dann nahmen die Versuchspersonen an, dass die empfundene Leichtigkeit/Schwierigkeit an der Musik liege und deswegen keinen Informationswert hat. Hier schätzten sich die Versuchspersonen, die 12 Beispiele generiert hatten, auch als durchsetzungsfähiger ein, als diejenigen die nur 6 Beispiele generierten. In den Bedingungen, in denen die Information über die Einflüsse der Musik der tatsächlich empfundenen Leichtigkeit oder Schwierigkeit des Abrufes entgegen lief, hatten die Versuchspersonen den Eindruck, dass die empfundene Leichtigkeit oder Schwierigkeit besonders informativ ist und es schätzten sich (wie schon in der vorherigen Studie) diejenigen als durchsetzungsfähiger ein, die 6 Beispiele anstatt der 12 Beispiele generiert hatten. Dies belegt nochmals, dass die empfundene Leichtigkeit des Abrufes als die entscheidende Information herangezogen werden kann, wenn sie als informativ oder diagnostisch angesehen wird. Wird sie dagegen nicht als informativ gesehen, dann ist es die Menge der generierten Beispiele, die das Urteil bestimmen.

Die Verfügbarkeitsheuristik kann nun in unterschiedlichen Situationen ihre Wirkung zeigen. Sollten beispielsweise besorgte Eltern eine Erziehungsberatung aufsuchen und dem Berater über die Schwierigkeiten ihres Kindes berichten, dann kann der Berater durch intensives Weiterfragen (Wann verhält sich ihr Kind denn noch problematisch?) die Eltern zu dem Punkt führen, an dem sie den Eindruck haben, so schrecklich ist mein Kind gar nicht, denn es fällt ihnen zunehmend schwerer, weitere Beispiele zu generieren. Problematisch kann die zunehmende Schwierigkeit des Erinnerns von Beispielen dann werden, wenn, wie es in psychoanalytisch orientierten Beratungen vorkommen kann, die Schwierigkeit des Erinnerns als Indikator dafür genommen wird, dass die Therapie nun an die eigentlichen Probleme oder das Trauma gelangt ist, weil nur die Verdrängung das Erinnern weiterer Beispiele verhindert (anstatt die Möglichkeit in Betracht zu ziehen, dass es gar nichts mehr zu erinnern gibt).

3.7.2 Simulationsheuristik

Neben der Verfügbarkeitsheuristik ist die Simulationsheuristik ein wichtiger Prozess, durch den einzelne Ereignisse oder Situationen bewertet werden. Das klassische Beispiel für die Simulationsheuristik ist die folgende Geschichte: Stellen

3.7 Prozesse der Verarbeitung von Information und der Urteilsbildung ...

sie sich vor, dass Herr A und Herr B in einem Taxi zum Flughafen fahren. Beide wollen ihre Flüge erreichen, die beide zur selben Zeit losfliegen. Das Taxi bleibt im Verkehrsstau stecken und beide Männer erreichen den Flughafen 2 h zu spät. Beide verpassen ihren Flug. Herr A erfährt, dass sein Flug planmäßig geflogen ist und er einfach deutlich zu spät angekommen ist. Herr B erfährt, dass sein Flug Verspätung hatte, aber der Check-in seit 20 min geschlossen ist und das Flugzeug gerade auf die Startbahn rollt. Wer ärgert sich mehr, Herr A oder Herr B? Die meisten Personen haben das Gefühl, dass sich Herr B mehr ärgern würde. Aber warum eigentlich? Beide Herren mussten 2 h zusätzlich im Taxi verbringen, beide haben ihren Flug verpasst. Wo liegt der Unterschied? Herr B kann sich, anders als Herr A, leichter vorstellen, dass er seinen Flug noch erreicht haben könnte, wäre nur der Stau nicht so groß gewesen, wäre der Taxifahrer nicht vorschriftsmäßig mit 50, sondern ein bisschen schneller gefahren, oder hätte der Flug noch ein bisschen mehr Verspätung gehabt. Die Simulationsheuristik besteht nun darin, dass man sich zu einem Ereignis (verpasster Flug) alternative Szenarien vorstellt. Diese Szenarien bilden den Standard, an dem die gegenwärtige Situation bemessen wird. Kann man sich überwiegend Situationen vorstellen, die besser als die gegenwärtige sind, dann beurteilt man die gegenwärtige Situation eher negativ. Sollte man sich überwiegend Situationen vorstellen können, die schlechter sind als die gegenwärtige, dann wird diese als eher positiv bewertet. Für das obige Beispiel bedeutet das, wenn man ein gewünschtes Ergebnis nur knapp verpasst, kann man sich typischerweise leichter vorstellen, dass man es hätte erreichen können. Deswegen ärgert man sich mehr, als wenn man das gewünschte Ergebnis deutlich verpasst.

Die Simulationsheuristik erklärt auch was wir für überraschend halten und was dagegen eher normal ist. Ähnlich wie in der Verfügbarkeitsheuristik sind es die Dinge, die uns leicht einfallen, die Normalität definieren. Das was uns nicht leicht einfällt, ist hingegen überraschend. So macht beispielsweise der Satz „Amerikaner haben Vorurteile gegen Schwarze" mehr Sinn für viele Leute als der Satz „Amerikaner haben Vorurteile gegen Weiße". Das kommt daher, dass viele Leute bei „Amerikaner" zuerst und überwiegend an weiße Menschen denken und Schwarze als weniger typisch für Amerikaner gesehen werden. In der Forschung zur Simulationsheuristik wurde untersucht, welche Dinge in unseren Simulationen oder „was wäre wenn"-Sätzen eher variiert werden. So werden eher Ausnahmen variiert als Dinge, die wir für typisch halten. Beispielsweise überlegen Menschen nach Unglücken eher, welche untypischen Dinge zu dem Unglück geführt haben und vernachlässigen die typischen Dinge. Es wird eher das variiert, was wir als unsicher denn als sicher ansehen. Es werden Effekte eher variiert als Ursachen („er ist ganz schön klein für sein Alter" aber nicht „er ist ganz schön alt für seine Größe" – Alter wird als Ursache für Größe angenommen). Schließlich werden fokale Akteure, aber nicht die Hintergrundakteure variiert. Die Simulationsheuristik ist ein allgemeiner Prozess, der in vielen Bereichen Anwendung finden kann. Gegenwärtig wird er beispielsweise auf Normen für Kategorien (Bruckmüller et al. 2012) und auf Intergruppenbeziehungen angewendet (Hegarty und Chryssochoou 2005). Beispielsweise zeigen Studien von Hegarty und Chryssochoou (2005), dass europäische Länder in ihrer Typikalität für Europa variieren. Frankreich wird typischer als Portugal angesehen. Wenn nun eine politische Maßnahme in Frankreich funktioniert, meinen Untersuchungsteilnehmer, dass sie auch in Portugal funktionieren muss. Die Untersuchungsteilnehmer glauben hingegen weniger, dass Maßnahmen, die in Portugal funktionieren, auch in Frankreich angemessen wären.

3.7.3 Repräsentativitätsheuristik

Die dritte der klassischen Heuristiken ist die Repräsentativitätsheuristik. Demnach bestimmt die Typikalität von Ereignissen oder Objekten, wie wahrscheinlich diese für Exemplare einer bestimmten Kategorie angesehen werden. Wenn man sich beispielsweise überlegt, welche Geburtenfolge wahrscheinlicher ist „Junge, Junge, Junge, Junge" oder „Junge, Mädchen, Junge, Mädchen", dann haben die meisten Menschen die Intuition, dass die zweite Reihenfolge wahrscheinlicher ist als die erste. Das ist nicht richtig. Wenn man beide Geburtenfolgen ganz genau nimmt und ferner annimmt, dass ein Kind mit einer Wahrscheinlichkeit von .5 ein Junge oder ein Mädchen ist, dann sind beide Geburtenfolgen genau gleich wahrscheinlich. Allerdings ist die zweite Geburtenfolge intuitiv typischer für eine Zufallsfolge als die erste. Deswegen nimmt man die zweite und meint damit, dass eine zufällige Abfolge von Jungen und Mädchen durch sie besser repräsentiert wird als durch die erste Folge. Diese Repräsentativität von Objekten für bestimmte Klassen können zu unterschiedlichen Fehlentscheidungen führen. Ein weiteres klassisches Beispiel ist das sogenannte Linda-Problem: Linda ist 31 Jahre alt, unverheiratet, extravertiert und intelligent. Sie hat während ihres Studiums Seminare in Philosophie belegt, interessierte sich als Studentin sehr für Rassendiskriminierung und soziale Ungerechtigkeit und nahm an Demonstrationen gegen Atomwaffen teil. Ist Linda bei einer Bank angestellt? Oder ist Linda bei einer Bank angestellt und aktive Feministin? Eine substanzielle Menge von Versuchspersonen wählt hier die Alternative 2. Bei genauerem Hinsehen kann die 2. Alternative allerdings nicht wahrscheinlicher sein als die 1. Alternative, denn eine Teilmenge (feministische Bankangestellte) ist nie wahrscheinlicher als die Gesamtmenge (Bankangestellte). Dieses Beispiel wird als Beleg dafür genommen, dass die Beschreibung von Linda eher darauf hindeutet, dass sie eine Feministin ist als keine. Deswegen glauben Versuchspersonen, dass Linda repräsentativ für die 2. aber nicht für die 1. Alternative sei. Diese Studie hat einige Probleme, denn sie funktioniert auch deswegen, weil die Versuchspersonen die Alternativen eher so verstehen: 1) Ist Linda eine Bankangestellte und keine Feministin? Oder 2) Ist Linda eine Bankangestellte und eine Feministin? Wenn man dieses Verständnis der Aufgabe zugrunde legt, dann ist die Antwort der Versuchspersonen deutlich weniger irrational.

3.7.4 Anker-Heuristik

Die Anker- und Anpassungsheuristik beschreibt den Effekt, dass vorgegebene und möglicherweise zufällige Dinge als Referenzwerte für Urteile herangezogen werden. So wird die eigene Urlaubsplanung drastisch durch Geschichten zum Urlaub von anderen beeinflusst. Wenn man hört, dass ein Freund für seinen 4-wöchigen Urlaub etwa 8000 EUR ausgegeben hat, dann wird man für den eigenen Urlaub mehr Geld einplanen, als wenn man von ihm hört, dass er für seinen 4-wöchigen Urlaub nur 500 EUR ausgegeben hat. Die eigenen Einschätzungen werden also in Richtung eines mentalen Ankers verzerrt. Natürlich könnte man hier argumentieren, dass alleine die unterschiedlichen Summen auch unterschiedliche Vorstellungen darüber wachrufen, um welche Art von Urlaub es sich im eigenen Fall handeln könnte (Kreuzfahrt vs. Couch-Surfing) und deswegen die beiden unterschiedlichen Schätzungen nicht völlig verfehlt seien. Allerdings wurden die Anker-Effekte auch in Studien repliziert, die solche Kritiken nicht zulassen. So wurden Versuchspersonen gefragt, wie viele afrikanische Staaten in der UN sind (54). Die Versuchspersonen drehten vor ihrer Schätzung ein Glücksrad, das in einer Bedingung eine kleine Zahl zeigte und in einer anderen Bedingung eine große Zahl. Die Schätzungen der Versuchspersonen wurden durch die Zahlen auf dem Glücksrad signifikant beeinflusst, obwohl den Versuchspersonen klar war, dass sie nichts mit der tatsächlichen Anzahl von afrikanischen Staaten in der UN zu haben können.

3.8 Warum funktionieren Heuristiken – manchmal?

Gigerenzer und seine Kollegen (2000) weisen darauf hin, dass zum Verständnis der Funktionsweise von Heuristiken nicht nur eine detaillierte Analyse psychologischer Prozesse notwendig ist, sondern auch ein Verständnis davon, in welcher

Umwelt die Heuristiken funktionieren sollen. Das bedeutet zuerst einmal, dass Heuristiken unter bestimmten Bedingungen sehr gut funktionieren und unter anderen Bedingungen zu katastrophalen Ergebnissen führen können. Um die tatsächliche Funktionsweise zu verstehen, müssen also die relevanten Umweltaspekte identifiziert und deren Verbreitung erhoben werden, um festzustellen, wann und wo bestimmte Heuristiken zu welchen Ergebnissen führen. So ist die Wiedererkennungsheuristik ein sehr einfacher Prozess, mittels der man aus verschiedenen Alternativen die eine auswählt, die man kennt. Wenn man beispielsweise einschätzen soll, welche Städte größer als andere sind, dann ist die Wiedererkennungsheuristik genau dann brauchbar, wenn man überwiegend große Städte kennt und wenig Wissen über die kleinen Städte hat. Wenn man also zu entscheiden hat, ob Islamabad oder Hyderabad die größere Stadt ist, dann erkennen viele Versuchspersonen den Namen Islamabad und wählen korrekterweise diese. Die Wiedererkennungsheuristik funktioniert nicht gut, wenn man zu wenige der Antwortalternativen und zu viele der Alternativen kennt. Sie funktioniert insbesondere dann sehr gut, wenn das Wiedererkennen mit dem infrage stehenden Kriterium korreliert ist. Heuristiken funktionieren dann gut, wenn sie auf Regelmäßigkeiten aufbauen, die mit dem tatsächlichen Erfolgskriterium verbunden (korreliert) sind. Wenn diese Korrelationen nicht gegeben sind oder sogar in eine andere Richtung gehen, dann führen Heuristiken zu falschen Ergebnissen.

3.9 Zusammenfassung

Menschliches Denken kann in Intuition sowie bewusstes und kontrolliertes Denken unterschieden werden. Menschliche Intuition besteht aus den grundlegenden Prozessen der Kategorisierung und dem Abruf von gespeichertem Wissen in Form von Schemata. Durch Heuristiken gelangen wir zu Entscheidungen und Urteilen mittels schneller und kognitiv wenig aufwendigen Entscheidungsprozeduren.

Literatur

Anderson, J. R., Kline, P. J., & Beasley, C. M. (1979). A general learning theory and its application to schema abstraction. In G. H. Bower (Hrsg.), *The psychology of learning and motivation* (S. 236–318). New York: Academic.

Bartlett, F. C. (1932). *Remembering*. Cambridge: Cambridge University Press.

Bruckmüller, S., Hegarty, P., & Abele, A. E. (2012). Framing gender differences: Linguistic normativity affects perceptions of power and gender stereotypes. *European Journal of Social Psychology, 42*, 210–218.

Carli, L. L. (1999). Cognitive reconstruction, hindsight, and reactions to victims and perpetrators. *Personality and Social Psychology Bulletin, 25*, 966–979.

Corneille, O., Klein, O., Lambert, S., & Judd, C. M. (2002). On the role of familiarity with units of measurement in categorical accentuation: Tajfel and Wilkes (1963) revisited and replicated. *Psychological Science, 13*, 380–383.

Cosmides. (1989). The logic of social exchange: Was natural selection shaped how humans reason? Studies with the Wason selection task. *Cognition, 31*, 187–276.

Devine, P. G. (1989). Stereotypes and prejudice: Their automatic and controlled components. *Journal of Personality and Social Psychology, 56*, 5–18.

Gigerenzer, G. (2000). *Adaptive thinking: Rationality in the real world*. Oxford: Oxford University Press.

Gilbert & Hixon. (1991). The trouble of thinking: Activation and application of stereotypic beliefs. *Journal of Personality and Social Psychology, 60*, 509–517.

Hegarty & Chryssochoou. (2005). Why 'our' policies set the standard more than 'theirs': Category norms and generalization between European Union countries. *Social Cognition, 23*, 491–528.

Kahneman, D. (2003). A perspective on judgment and choice: Mapping bounded rationality. *American Psychologist, 58*, 697–720.

Kahneman, D., & Tversky, A. (1982). On the study of statistical intuitions. In D. Kahneman, P. Slovic, & A. Tversky (Hrsg.), *Judgment under uncertainty: Heuristics and biases* (S. 493–508). New York: Cambridge University Press.

Kahneman, D., Tversky, A., & Slovich, P. (1982). *Judgment under uncertainty: Heuristics and biases*. Cambridge: Cambridge University Press.

Kahneman, D., Schkade, D. A., & Sunstein, C. R. (1998). Shared outrage and erratic awards: The psychology of punitive damages. *Journal of Risk and Uncertainty, 16*, 49–86.

Kelley, H. H. (1950). The warm-cold variable in first impressions of persons. *Journal of Personality, 18*, 431–439.

Koranyi, N., Gast, A., & Rothermund, K. (2013). "Although quite nice, I was somehow not attracted by that person." Attitudes toward romantically committed opposite-sex others are immune to positive evaluative conditioning. *Social Psychological and Personality Science, 4*, 403–410.

Markman, E. M. (1989). *Categorization and naming in chil- dren: Problems of induction.* Boston: MIT Press.

Millikan, R. (1998). A common structure for concepts of individuals, stuffs, and real kinds: More mama, more milk and more mouse. *Behavioral and Brain Sciences, 22*, 55–65.

Müller-Lyer, F. C. (1889). Optische Urteilstäuschungen. *Archiv für Physiologie, 2 (Suppl.)*, 263–270.

Payne, B. K. (2001). Prejudice and perception: The role of automatic and controlled processes in misperceiving a weapon. *Journal of Personality Social Psychology, 81*, 181–192.

Peterson, C. R., & Beach, L. R. (1967). Man as an intuitive statistician. *Psychological Bulletin, 68*, 29–46.

Schwarz, N., Bless, H., Strack, F., Klumpp, G., Rittenauer-Schatka, H., & Simons, A. (1991). Ease of retrieval as information: Another look at the availability heuristic. *Journal of Personality and Social Psychology, 61*, 195–202.

Seavey, C., Katz, P., & Zalk, S. (1975). Baby X: The effect of gender labels on adult responses to infants. *Sex Roles, 1,* 103–109.

Smith, E. E., & Medin, D. L. (1981). *Concepts and categories.* Cambridge: Harvard University Press.

Strack, F., & Deutsch, R. (2005). Reflection and impulse as determinants of conscious and unconscious motivation. In J. Forgas, K. Williams, & S. Laham (Hrsg.), *The psychology of action: Linking motivation and cognition to behavior* (S. 579–596). New York: Guilford.

Tajfel, H., & Wilkes, A. L. (1963). Classification and quantitative judgement. *British Journal of Psychology, 54,* 101–114.

Einstellungen 4

> **Zusammenfassung**
>
> Gordon Allport (1935), einer der Gründerväter der modernen Sozialpsychologie, bezeichnete das Konstrukt der „Einstellung" als „the most distinctive and indispensable concept in [...] social psychology". Bis heute hat dieses Konstrukt wenig von seiner frühen Attraktivität verloren. Die Erfassung von Einstellungen ist ein verbreitetes Ziel der Meinungs- und Umfrageforschung. Hier geht es beispielsweise um Einstellungen gegenüber politischen Parteien, gesellschaftlich relevanten Vorhaben (z. B. dem Klimaschutz) oder einfach nur gegenüber dem Kauf bestimmter Konsumprodukte. Auf der Grundlage dieser Einstellungen verspricht man sich, vorhersagen zu können, welche Partei Personen bei der nächsten Bundestagswahl wählen, welches Auto sie kaufen oder ob sie zugunsten des Klimaschutzes auf ein eigenes Auto verzichten. Der vermutete Zusammenhang zwischen Einstellungen und Verhalten begründet auch das Interesse daran, herauszufinden, wie Einstellungen entstehen und wie sie sich ändern oder auch manipulieren lassen.

4.1 Was sind Einstellungen?

4.1.1 Drei(?) Komponenten

Sprechen wir im Alltag von Menschen mit fremdenfeindlichen Einstellungen, haben wir schnell ein facettenreiches Bild im Kopf. Dies sind Menschen, die von der Überlegenheit der eigenen ethnischen Gruppe überzeugt sind, Verachtung für Fremdes empfinden und Personen anderer Herkunft beschimpfen. Tatsächlich gehen zahlreiche Ansätze in der Einstellungsforschung davon aus, dass sich Einstellungen gegenüber bestimmten Einstellungsobjekten (z. B. gegenüber

Fremden) in drei unterschiedlichen Formen niederschlagen: In Gedanken (Kognitionen), Gefühlen (Affekt), und Verhalten (Rosenberg und Hovland 1960). Möchte man also die Einstellung einer Person gegenüber Fremden einschätzen, so können alle drei Komponenten darüber Auskunft geben. Im Gegensatz zu diesem Drei-Komponenten-Modell der Einstellung hat sich in jüngerer Zeit überwiegend eine reduzierte Einstellungsdefinition durchgesetzt, in der Verhalten nicht als gleichwertiges Bestimmungsstück von Einstellungen sondern vielmehr als abhängige Variable verstanden wird, die selbst durch affektiv-kognitive Einstellungen erklärt werden soll. Gemäß einer solchen reduzierten Definition handelt es sich bei einer Einstellung um die *Bewertung eines Einstellungsobjekts* (z. B. Banaji und Heiphertz 2010). Einstellungen lassen sich aus dieser Perspektive also auf positive oder negative *affektive Reaktionen* gegenüber einem Einstellungsobjekt reduzieren, wobei eine Vielzahl unterschiedlicher *Einstellungsobjekte* denkbar ist (z. B. Personengruppen, Ideologien oder Verhaltensweisen). In der Forschung zur Fremdenfeindlichkeit beispielsweise findet sich diese affektive Konzeption von Einstellungen im Begriff des *Vorurteils* wieder, während sozial geteiltes „Wissen" – also Kognitionen – über fremde Gruppen durch den Begriff des *Stereotyps* beschrieben werden (s. Kap. 9).

4.1.2 Stabilität und Veränderbarkeit

Sprechen wir im Alltag von „Menschen mit fremdenfeindlichen Einstellungen", unterstellen wir implizit eine hohe Stabilität von Einstellungen. Tatsächlich gibt es Hinweise, dass 40 bis 50 % der Varianz auf allgemeinen ideologische Einstellungen (d. h., konservativ vs. liberal) durch Vererbung erklärt werden können (Banaji und Heiphetz 2010). Die Stabilität von Einstellungen ist in der Forschungsliteratur allerdings nicht unumstritten. Stattdessen nehmen beispielsweise Schwarz und Bohner (2001) an, dass Einstellungen von Situation zu Situation neu konstruiert werden. Einstellungen sind demzufolge Reaktionen auf die Anforderungen einer bestimmten Situation. Fremdenfeindliche Einstellungen können beispielsweise dann ansteigen, wenn Personen meinen, durch ethnische Minderheiten bedroht zu sein (z. B. Esses et al. 1998). Gleichzeitig kann Kontakt mit Angehörigen fremder Gruppen, wenn er häufig genug und nicht bedrohlich ist, Vorurteile gegenüber diesen Gruppen reduzieren (Pettigrew und Tropp 2006). Bei Einstellungen handelt es sich also nur bedingt um stabile Persönlichkeitseigenschaften, sondern vielmehr um veränderliche – und teilweise aus einer Situation heraus konstruierte – Reaktionen.

4.1.3 Explizite und implizite Einstellungen

Eine wichtige Unterscheidung ist jene zwischen expliziten und impliziten Einstellungen. In unserem Alltagsverständnis gehen wir zumeist davon aus, dass Personen sich ihrer Einstellungen bewusst sind und diese willentlich ändern oder beibehalten können. So sollte eine Person, die allgemeine fremdenfeindliche Meinungen äußert, durch gründliches Nachdenken erkennen, dass eine allgemeine Verachtung gegenüber Fremden inhaltlich unbegründet und menschlich ungerecht ist und sich zukünftig neutral oder gar positiv gegenüber Fremden „einstellen". Auf *explizite Einstellungen* trifft dies zu. Sie sind dem Bewusstsein und damit auch der unmittelbaren willentlichen Kontrolle zugänglich.

Problematischer ist dies im Falle *impliziter Einstellungen*. Diese werden definiert als *„introspectively unidentified (or inaccurately identified) trace of past experience that mediates [...] object evaluative judgments"* (Greenwald und Banaji 1995, S. 5). Die implizite Einstellung einer Person gegenüber ethnischen Fremdgruppen sollte demnach also auf vergangenen Erfahrungen beruhen. Diese können direkter oder indirekter Natur sein. Haben Personen in der Vergangenheit also oft fremdenfeindliche Sprüche gehört oder registriert, dass andere Personen distanziert mit Fremden umgehen, so kann dies genauso zur Bildung einer (negativen) impliziten Einstellung gegenüber Fremden beitragen (vgl. Kap. 3 und 9), wie direkte positive oder negative Begegnungen mit Angehörigen fremder Gruppen. Bewertungen und Verhaltensweisen Anderer können auf diese Weise dazu beitragen, dass sich implizite Einstellungen, wie beispielsweise Vorurteile gegenüber bestimmten Gruppen in großen Gesellschaften quasi unmerklich millionenfach vermehren und somit oft in hohem Maße sozial geteilt sind. Deshalb haben auch Gutmeinende oft Vorurteile gegenüber Fremden, ohne es selbst zu wollen oder auch nur zu wissen. Letzteres beinhaltet der erste Teil der Definition impliziter Einstellungen: Diese können nicht durch Introspektion – also durch Selbstbeobachtung eigener innerer Zustände – erschlossen werden. Dennoch wurden in jüngerer Zeit zahlreiche Verfahren entwickelt, nicht nur explizite sondern auch implizite Einstellungen zu messen.

4.2 Wie werden Einstellungen gemessen?

Soziale Einstellungen zu messen, stellt eines der klassischen Betätigungsfelder für Sozial- und Verhaltenswissenschaftlerinnen und -wissenschaftler dar. Oft interessieren diese sich für das Auftreten von relevanten Einstellungen (z. B. gegenüber Fremden, dem Umweltschutz oder Konsumprodukten) in der

Gesamtbevölkerung. Ebenfalls ist eine akkurate Messung von Einstellungen beispielsweise dann nötig, wenn Einstellungen verändert werden sollen und eine Erfolgskontrolle von Änderungsmaßnahmen ansteht. Geben eine Kommune oder private Spender beispielsweise Geld für ein Programm zur Reduktion fremdenfeindlicher Einstellungen aus, so sollten die versprochenen Einstellungsänderungen auch nachgewiesen werden (Evaluation).

4.2.1 Direkte Messung expliziter Einstellungen

Es liegt nahe, Personen einfach nach ihren Einstellungen (z. B. gegenüber Fremden) zu fragen. Auf diesem Prinzip der Selbstauskunft beruht die Mehrzahl der klassischen Verfahren der Einstellungsmessung. Das wohl bekannteste – und auch heute noch maßgebende – Verfahren ist die nach ihrem Urheber benannte Likert-Skala (Likert 1932). Jede an Psychologie interessierte Person hat eine solche Skala vermutlich bereits einmal gesehen. Das Messinstrument besteht aus einer Sammlung von Aussagen, denen die Probandinnen und Probanden in unterschiedlichem Umfang zustimmen bzw. die sie ablehnen können. Negative Einstellungen gegenüber Fremden (ein Thema, das Likert selbst bereits in den 30er Jahren des vergangenen Jahrhunderts untersucht hat), könnten beispielsweise über die Zustimmung bzw. Ablehnung gegenüber den in Abb. 4.1 dargestellten Aussagen erfasst werden. Die Probandinnen und Probanden werden hierbei gebeten, jenen Skalenpunkt (von 1 = „lehne ich stark ab" bis 7 = „stimme ich stark zu") anzukreuzen, der am ehesten ihrer Einschätzung der Aussage entspricht.

Das Konstruktionsprinzip einer Likert-Skala ist im Kap. 2 näher beschrieben.

Rating-Skalen des Likert-Typs stellen nicht das einzige klassische Format dar. Auch das sogenannte „Semantische Differenzial" (Osgood et al. 1957) findet nach wie vor häufige Anwendung. Hierbei werden Personen gebeten, ein Einstellungsobjekt auf unterschiedlichen bipolar skalierten Dimensionen einzuschätzen (Beispiele s. Abb. 4.2). Die individuellen Werte werden dann über alle Bewertungsdimensionen aufsummiert.

Obwohl die vorgestellten Selbstberichtsmaße eine bewährte und ökonomische Methode zur Erfassung expliziter Einstellungen darstellen, stoßen sie in vielen Fällen an Grenzen. Im Wesentlichen ergeben sich zwei Probleme: Erstens *wollen* Personen in vielen Situationen ihre Einstellungen gegenüber „heiklen" Einstellungsobjekten nicht preisgeben und zweitens *können* Personen oftmals gar nicht vollständig über ihre (teilweise impliziten) Einstellungen berichten (Banaji und Heiphetz 2010).

4.2 Wie werden Einstellungen gemessen?

„Ich finde Fremde sehr sympathisch."

	Stimme stark zu	Stimme zu	Unentschieden	Lehne ab	Lehne stark ab
Wert	(1)	(2)	(3)	(4)	(5)

"Mit Fremden möchte ich lieber nichts zu tun haben."

	Stimme stark zu	Stimme zu	Unentschieden	Lehne ab	Lehne stark ab
Wert	(1)	(2)	(3)	(4)	(5)

"Ich mag Deutsche lieber als Fremde."

	Stimme stark zu	Stimme zu	Unentschieden	Lehne ab	Lehne stark ab
Wert	(1)	(2)	(3)	(4)	(5)

Abb. 4.1 Mögliche Items einer Likert-Skala zur Erfassung von Einstellungen gegenüber Fremden. (Adaptiert von Wenzel et al. 2003. Copyright © 2003 by SAGE Publications. Adapted by Permission of SAGE Publications)

				Fremde				
Gut	+3	+2	+1	0	-1	-2	-3	Schlecht
Angenehm	+3	+2	+1	0	-1	-2	-3	Unangenehm
Warm	+3	+2	+1	0	-1	-2	-3	Kalt

Abb. 4.2 Beispiel für ein Semantisches Differenzial zum Einstellungsobjekt „Fremde"

4.2.2 Non-reaktive Verfahren

Das erstgenannte Problem beruht auf der *sozialen Erwünschtheit* bzw. Unerwünschtheit bestimmter Einstellungen. So sind fremdenfeindliche Einstellungen heute in Mitteleuropa aus gutem Grund gesellschaftlich geächtet. Dies bedeutet aber auch, dass Personen, die dennoch fremdenfeindlich empfinden, dies in vielen Fällen nicht zugeben werden – sei es aus Scham vor sich selbst oder aus Furcht vor der Bewertung durch Andere. Diesem Problem der *Reaktivität* – also der Veränderung von Messergebnissen durch unterschiedliche Einflüsse der Untersuchungssituation – kann durch die garantierte Anonymität von Einstellungsbefragungen nur begrenzt begegnet werden. Vielversprechender sind hier *non-reaktive Verfahren* (für eine Übersicht siehe Fritsche und Linneweber 2006), die es Versuchspersonen unmöglich machen, die eigene Messung zu beeinflussen. Dies wird in einigen dieser Verfahren dadurch realisiert, dass Personen gar nicht wissen, dass sie Teil einer Studie sind. So können Verhaltensweisen von Menschen im öffentlichen Raum beobachtet, Archivdaten oder Verhaltensspuren (z. B. im Internet oder in Hausmülleimern) ausgewertet werden. Die Einstellungen dieser Personen müssen dann allerdings oft indirekt erschlossen werden.

Forschende können jedoch auch gezielt Situationen schaffen, in denen sie Personen die Möglichkeit geben, ein spezifisches Verhalten zu zeigen, das im Vorhinein als Indikator einer bestimmten Einstellung definiert wurde. Ein klassisches Beispiel für dieses Vorgehen ist Stanley Milgrams *„lost letter technique"* (Milgram et al. 1965). Um die Einstellungen gegenüber unterschiedlichen Religionsgemeinschaften in einem Viertel non-reaktiv zu erfassen, verteilten die Forscher in diesem Viertel zahlreiche frankierte und entweder an eine christliche oder eine muslimische Gemeinde adressierte Briefe, die scheinbar auf dem Weg zum Postkasten „verloren" worden waren. Als Maß der relativen Einstellung zählten die Forschenden einfach, wie viele dieser Briefe tatsächlich bei der jeweiligen Gemeinde eingegangen und folglich von Passanten eingeworfen worden waren. Ein weiteres klassisches Vorgehen non-reaktiven Messens ist es, bei den Probandinnen und Probanden den Eindruck zu erwecken, ein Messinstrument sei nicht manipulierbar. Macht man Testpersonen beispielsweise glauben, dass sie während der Beantwortung von Einstellungsfragen an einen Lügendetektor angeschlossen sind, reduziert dies die Tendenz zu sozial erwünschten Antworten (Jones und Sigall 1971: *bogus pipeline technique*).

4.2.3 Die Messung impliziter Einstellungen

Oft kennen Personen ihre Einstellungen selbst nur unzureichend. Dies sollte besonders in solchen Inhaltsbereichen der Fall sein, in denen explizite und implizite Einstellungen typischerweise nicht deckungsgleich sind. Explizite fremdenfeindliche Einstellungen beispielsweise werden heute in Mitteleuropa von einer zunehmenden Zahl Menschen ehrlich abgelehnt. Gleichzeitig finden sich selbst im Verhalten politisch aufgeklärter und toleranter Personen immer wieder Hinweise auf negative Einstellungen gegenüber Fremdgruppen. Studien zum *„Police Officer's Dilemma"* zeigen beispielsweise, dass weiße US-amerikanische Studierende in einem Videospiel eher dazu neigten auf bewaffnete schwarze als auf bewaffnete weiße Zielpersonen zu schießen (Correll et al. 2002). Die Stärke dieses Effekts erwies sich als vollkommen unabhängig von den expliziten Einstellungen gegenüber Schwarzen, die die Versuchspersonen angaben. Für ein weniger extremes Beispiel, nämlich dem nonverbalen Verhalten in ethnisch gemischten Interaktionen, fand sich ein ähnliches Muster. Das Ausmaß nonverbaler Ablehnung von Weißen gegenüber Schwarzen war unbeeinflusst von den expliziten Einstellungen der Versuchspersonen (Dovidio et al. 2002). Erhöhte Aggressionsbereitschaft und abweisendes nonverbales Verhalten gegenüber Fremdgruppen können stattdessen auf negative *implizite* Einstellungen gegenüber Fremden zurückgeführt werden (z. B. Dovidio et al. 2002).

Aber wie ist es möglich, implizite Einstellungen unmittelbar zu erfassen? Seit den späten 1980er Jahren wurden zahlreiche Verfahren zur Messung impliziter Einstellungen entwickelt (für einen Überblick: Banaji und Heiphetz 2010). Das wohl bekannteste dieser Verfahren ist der Implicit Association Test (IAT; Greenwald et al. 1998). Er beruht – wie die meisten anderen dieser Verfahren auch – auf der Erfassung von Reaktionszeiten im rechnergestützten Experiment und misst die gedankliche Assoziation eines Einstellungsobjekts (z. B. Angehörige fremder Gruppen) mit positiven oder negativen Inhalten. In einem IAT zu Einstellungen gegenüber Ost- und Westdeutschland beispielsweise (Kühnen et al. 2001) werden die Versuchspersonen zuerst gebeten, eine Reihe ostdeutscher und westdeutscher Städte so schnell wie möglich durch Drücken einer bestimmten Tastatur-Taste (z. B. „z") dem Osten oder durch Drücken einer bestimmten anderen Taste (z. B. „-") dem Westen zuzuordnen. In einem zweiten Durchgang werden sie gebeten, verschiedene Begriffe (z. B. Freude, Ärger) durch Drücken auf eine der beiden Tasten entweder als positiv (z. B. „z") oder als negativ (z. B. „-") zu klassifizieren. Im dritten Durchgang werden den Teilnehmenden sowohl Städte als auch evaluative Begriffe präsentiert. Die Aufgabe besteht nun darin, eine bestimmte Taste („z") zu drücken, wenn entweder ein westdeutscher Ort oder ein positiver Begriff präsentiert wird. Die andere Taste („-") soll beim Erscheinen eines ostdeutschen Orts oder eines negativen Begriffs gedrückt werden. Personen mit einer positiven impliziten Einstellung gegenüber Westdeutschland sollte diese Aufgabe recht leicht fallen. Schwieriger sollte es für diese Personen allerdings im letzten Durchgang werden. Hier wechselt die Zuordnung: Nun soll die gleiche Taste („z") für westdeutsche Städte und negative Begriffe gedrückt werden und die andere Taste („-") für ostdeutsche Städte und positive Begriffe. Der individuelle Einstellungswert ergibt sich aus der Subtraktion der durchschnittlichen Reaktionszeit im letzten – vermutlich schwierigeren – Durchgang von der des vorletzten – leichten – Durchgangs[1]. Ein hoher negativer Wert zeigt eine schnellere Reaktionszeit für die Assoziation von Westdeutschland mit positiven Inhalten als für die Paarung von Westdeutschland mit negativen Inhalten an. Dies würde als positive implizite Einstellung gegenüber Westdeutschland (und eine negative implizite Einstellung gegenüber Ostdeutschland) interpretiert werden. Probieren Sie diesen (oder einen anderen) IAT doch selbst einmal aus: https://implicit.harvard.edu/implicit/germany/.

4.2.4 Physiologische Maße

Implizite Einstellungen können sich nicht nur in Reaktionszeiten, sondern auch in basalen körperlichen Reaktionsmustern niederschlagen. So wurde gezeigt, dass positive oder negative Einstellungen gegenüber Objekten oder Personen zu unmerklichen elektrischen Aktivierungen jener Gesichtsmuskeln führen, die entweder Lächeln (positiv) oder Stirnrunzeln (negativ) erzeugen (Elektromyografie: EMG; Cacioppo et al. 1986). Andere physiologische Maße setzen auf die Erfassung neuronaler Aktivität mit der Einstellungsreaktionen zeitlich hochauflösend abgebildet werden können (z. B. durch die Messung ereigniskorrelierte Potenziale [ERP] oder Daten der funktionalen Magnetresonanztomografie [fMRI]). Da diese Verfahren sehr aufwendig sind und sie für die meisten Fragestellungen der Einstellungsforschung bislang keine höhere Aussagekraft besitzen als etablierte implizite Maße (z. B. Reaktionszeittests), finden sie in der Einstellungsforschung derzeit eher selten Verwendung. Dennoch wird in sie die Hoffnung gelegt, mehr über die physiologischen Grundlagen von Einstellungen und deren Repräsentation zu erfahren (Banaji und Heiphetz 2010).

---

[1]Die Reihenfolge, in der der „leichte" und der „schwierige" Durchgang angeboten werden, wird über die Versuchspersonen hinweg variiert, um Effekte der Reihenfolge als Erklärung der Ergebnisse auszuschließen.

4.2.5 Zusammenfassung

Einstellungen können entweder auf direktem beziehungsweise explizitem oder indirektem beziehungsweise implizitem Wege erfasst werden. Letztgenannte Verfahren bieten sich insbesondere dann an, wenn die Gefahr besteht, dass Antworten durch deren Ausmaß sozialer Erwünschtheit verzerrt werden oder Forschende an jenem impliziten Teil der Einstellungen von Personen interessiert sind, der der Introspektion verschlossen bleibt.

4.3 Beeinflussen Einstellungen das Verhalten?

Einer der wichtigsten Gründe, weshalb sich Forschende während der vergangenen achtzig Jahre intensiv mit der Erfassung sozialer Einstellungen befasst haben, ist deren unterstellte Bedeutung für die Verhaltenssteuerung. Positive oder negative Einstellungen gegenüber Objekten sind für Menschen wichtig, um zu entscheiden, ob ein Objekt aufgesucht oder gemieden werden soll (vgl. Funktionen von Einstellungen, z. B. Katz 1960). Dementsprechend sollte es möglich sein, aus den Einstellungen einer Person deren Verhalten vorherzusagen. Diese – auch im Alltagsverständnis populäre Annahme – wird deutlich, wenn Politiker oder Aktivisten beispielsweise fordern, der globalen Umweltkrise durch die Förderung des Umweltbewusstseins der Bevölkerung zu begegnen. Es besteht die Hoffnung, dass eine positive Einstellung gegenüber der Umwelt und dem Umweltschutz dazu führt, dass Menschen sich umweltschonend verhalten, also z. B. Reisen eher mit der Bahn als mit dem Flugzeug unternehmen, den täglichen Energieverbrauch im Haushalt reduzieren oder weniger Rindfleisch essen. Ist diese Hoffnung berechtigt?

Sozialpsychologinnen und Sozialpsychologen können diese Frage mit einem klaren „Kommt-Drauf-An" beantworten. Grundsätzlich können die Einstellungen einer Person nicht mit deren Verhalten gleichgesetzt werden, und auch der statistische Zusammenhang von Einstellungen und Verhalten nimmt sich in vielen Fällen eher enttäuschend aus. Meta-Analysen zum Zusammenhang zwischen Umwelteinstellungen und Umweltverhalten zeigen beispielsweise eine mittlere Korrelation von $r = ,37$ bis $r = ,42$ (Bamberg und Möser 2007), was bedeutet, dass lediglich 14 bis 18 % der Varianz im Umweltverhalten durch persönliche Einstellungen vorhergesagt wird.

4.3.1 Das Korrespondenzprinzip

Die vergleichsweise geringe Vorhersagekraft von Einstellungen kann sowohl methodisch als auch inhaltlich erklärt werden. Die amerikanischen Sozialpsychologen Icek Aizen und Martin Fishbein haben hier Pionierarbeit geleistet. Sie stellen fest, dass Einstellungen umso eher mit Verhalten assoziiert sind, je situationsspezifischer sie definiert werden (Ajzen und Fishbein 1977). Gemäß ihres „Korrespondenzprinzips" sollten sich Einstellungs- und Verhaltensmessungen auf das gleiche Verhaltensziel (also z. B. eine Reise mit der Bahn), die gleiche Handlung (z. B. das Antreten der Reise), den gleichen Kontext (z. B. im Urlaub) und den gleichen Zeitpunkt (z. B. im kommenden Winter) beziehen, also hinsichtlich dieser Merkmale „korrespondieren". Ob eine Person im kommenden Winter eine Urlaubsreise mit der Bahn (und nicht mit dem Flugzeug) unternehmen wird, sollte sich also durch ihrer Einstellung gegenüber dem *Antreten einer Urlaubsreise mit der Bahn im kommenden Winter* vorhersagen lassen und weniger durch ihren *allgemeine* Einstellung zum Umweltschutz.

Neben diesem methodischen Ansatz haben Ajzen und Fishbein die Forschung zur Vorhersage von Verhalten durch Einstellungen in den vergangenen drei Jahrzehnten im Wesentlichen durch ein *theoretisches* Modell bestimmt: Die *Theorie des geplanten Verhaltens* (Ajzen 1991; Ajzen und Fishbein 2005). Die zwei Kernideen dieser Theorie sind, dass a) die persönliche Einstellung Verhalten lediglich indirekt – vermittelt über die Verhaltens*absicht* bzw. -*intention* – beeinflusst und b) die Einstellung konzeptuell von anderen – verwandten – Prädiktoren des Verhaltens getrennt werden sollte. Werden diese konzeptuell abgegrenzten Prädiktoren in Untersuchungen gezielt mit erhoben, so sollte sich der Anteil erklärter Varianz im Verhalten deutlich erhöhen.

4.3.2 Theorie des geplanten Verhaltens

Die Theorie des geplanten Verhaltens ist in Abb. 4.3 schematisch dargestellt. Von rechts nach links gelesen, nehmen Ajzen und Fishbein (2005) an, dass Verhalten lediglich durch die Verhaltensintention direkt vorhergesagt wird. Der Einfluss der Einstellung auf Verhalten hingegen ist demnach lediglich indirekter Natur. Stattdessen sollte sich die Einstellung gegenüber einem Verhalten zunächst nur in einer entsprechenden Absicht niederschlagen, das Verhalten auch auszuführen. Die Modellierung dieses Zwischenschritts trägt dem Umstand Rechnung, dass Menschen in der Regel nicht völlig frei darin sind, ihre Absichten auch tatsächlich in die Tat umzusetzen. Wenn also beispielsweise die Bahn im Winter wegen

4.3 Beeinflussen Einstellungen das Verhalten?

unterfinanzierter Wartung der Weichen gar nicht fährt, würde dies dazu führen, dass auch eine verantwortungsbewusste Umweltschützerin ihren Urlaub absagt – und dies trotz ihrer äußerst positiven Einstellung und Intention gegenüber der Bahnreise. Auch wenn die Einstellung der Umweltschützerin in diesem Fall in keinem Zusammenhang mit ihrem letztendlichen Verhalten gestanden hat, sollte sich der Einfluss ihrer Einstellung im Modell immer noch wiederfinden, und zwar als Effekt der Einstellung auf die Verhaltens*intention*.

Die Verhaltensintention wird neben der Einstellung auch durch die subjektive Norm und die wahrgenommene Verhaltenskontrolle einer Person vorhergesagt (mittlere Spalte in Abb. 4.3). Die *Einstellung* gegenüber einem Verhalten wird in der Theorie als das Ergebnis einer persönlichen Kosten-Nutzen-Rechnung beschrieben. In diese Rechnung gehen zum einen verhaltensbezogene Überzeugungen ein, also alle möglichen Konsequenzen eines Verhaltens, die sich die Person vorstellen kann. Wie in Abb. 4.4 dargestellt, können diese im Fall einer Bahnreise ganz vielfältig sein. Für jede dieser möglichen Konsequenzen wird die subjektive Wahrscheinlichkeit betrachtet, mit der diese Konsequenz auch eintritt. Ebenfalls wird jeder dieser Konsequenzen eine Bewertung zugeordnet (von sehr

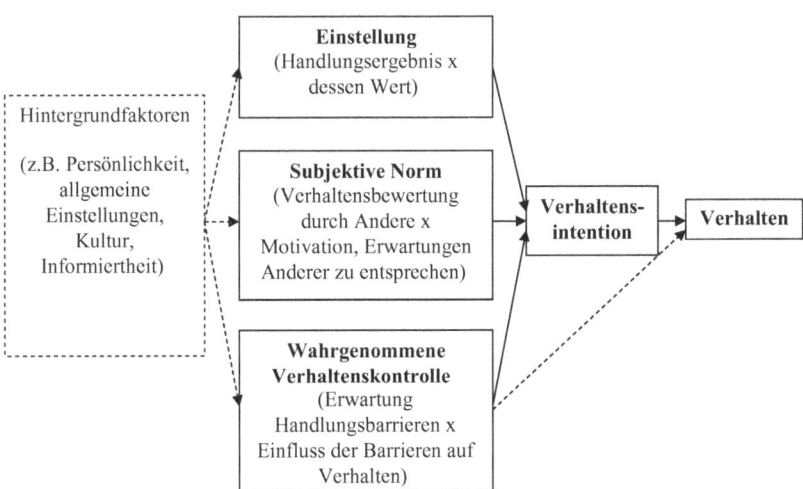

Abb. 4.3 Die Theorie geplanten Verhaltens. (Nach Ajzen und Fishbein 2005, S. 194. Republished with permission of Taylor & Francis, from The influence of attitudes on behavior, Ajzen, I., & Fishbein, M. (2005). In D. Albarracín, B. T. Johnson, & M. P. Zanna (Eds.), The handbook of attitudes. Copyright © 2005; permission conveyed through Copyright Clearance Center, Inc.)

Antizipierte Verhaltenskonsequenzen (von -3 = sehr unwahrscheinlich bis +3 = sehr wahrscheinlich)		Zugeschriebener Wert (von -3 = sehr schlecht bis +3 = sehr gut)	Produkt
CO_2-Einsparung	+3	+3	+9
Ruhe zum Lesen im Zug	+2	+2	+4
Erhöhter Zeitaufwand	+3	-1	-3
Einstellung (Summe): +10			

Abb. 4.4 Einstellung als Erwartung-mal-Wert-Konstrukt in der Theorie des geplanten Verhaltens

positiv bis sehr negativ) und Wahrscheinlichkeit und Bewertung werden multipliziert („Erwartung-mal-Wert-Modell"). Die Einstellung ergibt sich schließlich aus der Summe der Produkte aller möglichen Konsequenzen.

Auch die subjektive Norm sowie die wahrgenommene Verhaltenskontrolle werden nach dem Erwartung-mal-Wert-Prinzip konstruiert. Die *subjektive Norm* ergibt sich aus der Wahrnehmung der handelnden Person, wie sehr bedeutsame Andere in ihrem sozialen Umfeld (Freund, Mutti oder Peers in der Umweltgruppe) das fragliche Verhalten gutheißen oder ablehnen würden, multipliziert mit ihrer Bereitschaft, den Wünschen der jeweiligen bedeutsamen Anderen zu entsprechen. Die *wahrgenommene Verhaltenskontrolle* beschreibt die subjektive Wahrscheinlichkeit, dass bestimmte Handlungsbarrieren eintreten (z. B. Zugausfälle oder Urlaubssperren im Job), multipliziert mit der Einschätzung, in welchem Ausmaß die jeweilige Barriere geeignet wäre, mögliche Handlungspläne zum Scheitern zu bringen. Wie für die Einstellung und die subjektive Norm wird auch für die wahrgenommene Verhaltenskontrolle angenommen, dass diese die Verhaltensintention vorhersagt: Wenn unsere Umweltschützerin annimmt, dass die Wahrscheinlichkeit einer Urlaubssperre im Winter hoch ist und diese sie vermutlich an ihrer Reise hindern würde, sollte auch ihre Absicht sinken, die Reise überhaupt anzutreten. Gleichzeitig zeigt ein gestrichelter Pfeil in Abb. 4.3 an, dass die wahrgenommene Verhaltenskontrolle auch den Zusammenhang von Verhaltensintention und Verhalten mitbestimmt. Dies sollte zumindest dann der Fall sein, wenn Personen in der Lage sind, ihre tatsächliche Kontrolle über das Verhalten akkurat einzuschätzen und ihre wahrgenommene daher auch ihre *tatsächliche* Verhaltenskontrolle widerspiegelt (Ajzen und Madden 1986). Wenn unsere Freundin also richtigerweise vermutet hat, dass die Bahn zum geplanten Zeitpunkt ihrer Reise nicht fährt, so wird sie nicht mit ihr in den Winterurlaub fahren. Selbst dann nicht, wenn ihre Verhaltensintention maximal ist.

Die linke Spalte der Abb. 4.3 weist darauf hin, dass es messbare Hintergrundfaktoren gibt, die ihrerseits Einstellung, subjektiver Norm und wahrgenommener Verhaltenskontrolle zugrunde liegen können. Unter diesen Hintergrundfaktoren finden sich beispielsweise die allgemeinen Einstellungen wieder, die eine Person z. B. gegenüber dem Umweltschutz hat. Gleichsam können kulturelle Vorstellungen darüber, wie sehr man den Wünschen seiner Eltern entsprechen sollte, Einfluss auf die subjektive Norm nehmen. Welcher Hintergrundfaktor auf welche Variable in welcher Weise wirkt, sollte von Fall zu Fall unterschiedlich sein.

Die Vorhersagekraft der in der Theorie des geplanten Verhaltens postulierten Variablen ist mittlerweile sehr gut belegt. Und zwar hinsichtlich so unterschiedlicher Fragen, wie beispielsweise, wann Personen anstatt des Autos das Rad benutzen (Bamberg und Lüdemann 1996), unter welchen Umständen sie regelmäßig zum Seminar erscheinen (Ajzen und Madden 1986) oder wann sie beim Sex Kondome verwenden (Albarracín et al. 2001). Dies macht sie – vor allem für anwendungsorientierte Forschung – über die Fachgrenzen hinaus als psychologische Variante der *Rational-Choice*-Theorien attraktiv, wenn es um die Erklärung und Prognose von Verhalten geht. Auf der Homepage von Icek Ajzen finden sich Anleitungen zur Erstellung praxisnaher Fragebögen auf Grundlage der Theorie: http://www.people.umass.edu/aizen/.

4.3.3 Handeln wir immer „rational"?

Allerdings wird die Theorie auch kritisiert. Der Hauptpunkt ist hierbei, dass man bezweifeln kann, dass Menschen ihr Verhalten stets als rationale Entscheider planen und abwägen. Anstatt wie ein gewissenhafter Buchhalter unterschiedliche Verhaltenskonsequenzen an deren Bewertungen zu gewichten und diese gegeneinander abzuwägen, handeln Personen oft scheinbar spontan und ohne viel geistigen Aufwand. Russell Fazio (1990) hat daher Modellen der rationalen Wahl als alternativen Ansatz das „MODE"-Modell gegenübergestellt, das erklärt, wie – und weshalb – Personen im Alltag oft auf viel weniger elaborierte Weise ihre Verhaltensentscheidungen treffen.

Nicht immer sind Menschen motiviert, oder haben im alltäglichen Verhaltensstrom die Gelegenheit, gründlich über Entscheidungen nachzudenken. Unterschiedliche Verhaltenskonsequenzen einzuschätzen und zu gewichten und auf dieser Grundlage dann eine Verhaltensentscheidung zu treffen, ist kognitiv „kostspielig" und in vielen Situationen schlicht unmöglich. Ein morgendlicher Einkauf könnte sich beispielsweise schnell bis in den späten Nachmittag ausdehnen, würde man die Konsequenzen jeder Kaufentscheidung auf das Gründlichste abwägen, so wie es die Theorie des geplanten Verhaltens nahelegt. Stattdessen muss es manchmal schnell gehen.

Doch auch in diesen Situationen können Einstellungen Einfluss auf unser Verhalten nehmen. Allerdings handelt es sich hierbei nicht um Einstellungen, die in der Situation gebildet werden, sondern um solche, die Menschen durch wiederholte mentale Beschäftigung mit einem Einstellungsobjekt entwickelt haben. Wenn ich also bereits viel darüber nachgedacht habe, dass Rindfleisch besonders klimaschädlich ist, sollte Rindfleisch in meinem Gedächtnis mit einer negativen Bewertung assoziiert sein. Fazio (1990) argumentiert, dass dann, wenn sich eine starke Assoziation eines Einstellungsobjekts mit einer positiven oder negativen Bewertung im Gedächtnis etabliert hat, diese „starke Einstellung" unser spontanes Verhalten gegenüber dem Einstellungsobjekt leiten kann. Sie tut dies, indem sie eine Interpretation der Verhaltenssituation nahelegt, die mit der Einstellung kongruent ist. Wenn ich also im Lebensmittelladen an der Fleischtheke stehe, sollte ich dies wegen meiner starken negativen Einstellung gegenüber Rindfleisch als Vermeidungssituation wahrnehmen und das Fleisch nicht kaufen (und stattdessen zügig zum Gemüsestand weitergehen).

Der Einfluss allgemeiner Einstellungen auf Verhalten kann sich unmerklich und ohne kognitiven Aufwand – also automatisch – vollziehen. Dies ist vor allem dann zu erwarten, wenn Menschen nicht motiviert oder nicht in der Lage sind, gründlich über eine Verhaltensentscheidung nachzudenken. Während ich mich beim Einkaufen kurz vor Ladenschluss also auf „Autopilot" befinde, sollten chronisch verfügbare negative Einstellungen gegenüber Rindfleisch meine Konsumentscheidung beeinflussen. Sitze ich jedoch mit viel Muße über einer bedeutsamen Entscheidung, wie z. B. der Gestaltung des nächsten Winterurlaubs, sollte diese eher auf Grundlage einer Abwägung verschiedener Verhaltenskonsequenzen vonstattengehen und sich daher eher auf Grundlage eines *rational-choice*-Modells, wie der Theorie des geplanten Verhaltens (Ajzen 1991) vorhersagen lassen.

4.4 Zusammenfassung

Einstellungen sind – gemäß einer Minimaldefinition – Bewertungen von Objekten und Verhaltensweisen. Neben bewussten – expliziten – Einstellungen konnten auch implizite Einstellungen nachgewiesen werden, die dem Bewusstsein nicht zugänglich und nur durch indirekte oder „implizite" Verfahren messbar sind. Sowohl explizite als auch implizite Einstellungen können sich auf das Verhalten von Menschen auswirken, wenngleich dieser Einfluss über Situationen hinweg schwanken kann und von weiteren Variablen (z. B. sozialen Normen und Kontrollerwartungen) abhängt. In der Sozialpsychologie gibt es besonders deshalb ein hohes Interesse an Einstellungen, da sich diese oft auf soziale Objekte (z. B. Fremde) oder sozial relevante Verhaltensweisen (z. B. Umweltschutz) beziehen. Neben der Vorhersage sozialen Verhaltens durch Einstellungen gilt ein besonderes Augenmerk der Veränderung von Einstellungen. Immer neue Generationen von Sozialpsychologinnen und Sozialpsychologen haben es sich zum Ziel gesetzt, Wege zu finden, wie prosoziales Verhalten (z. B. Umweltschutz) gefördert und antisoziales Verhalten (z. B. Intoleranz) reduziert werden kann. Gleichzeitig versuchen beispielsweise Werbetreibende seit jeher den Absatz ihrer Produkte zu verbessern. Die Veränderung von Einstellungen, wie z. B. die Erhöhung des „Umweltbewusstseins", die „Toleranzerziehung" oder die „Imagekampagne", gilt hier oftmals als ein Schlüssel zu Verhaltensänderungen. Im folgenden Kapitel werden wir uns mit Versuchen der Einflussnahme und der Veränderung von Einstellungen und Verhalten genauer beschäftigen.

Literatur

Ajzen, I. (1991). The theory of planned behaviour. *Organizational Behavior and Human Decision Processes, 50,* 179–211.
Ajzen, I., & Fishbein, M. (1977). Attitude-behavior relations: A theoretical analysis and review of empirical research. *Psychological Bulletin, 84,* 888–918.
Ajzen, I., & Fishbein, M. (2005). The influence of attitudes on behavior. In D. Albarracín, B. T. Johnson, & M. P. Zanna (Hrsg.), *The handbook of attitudes* (S. 173–221). Mahwah: Erlbaum.
Ajzen, I., & Madden, T. J. (1986). Prediction of goal-directed behavior: Attitudes, intentions, and perceived behavioral control. *Journal of Experimental Social Psychology, 22,* 453–474.
Albarracín, D., Johnson, B. T., Fishbein, M., & Muellerleile, P. A. (2001). Theories of reasoned action and planned behavior as models of condom use: A meta-analysis. *Psychological Bulletin, 127,* 142–161.

Allport, G. W. (1935). Attitudes. In C. Murchison (Hrsg.), *A handbook of social psychology* (S. 798–844). Worcester: Clark University Press.

Bamberg, S., & Lüddemann, C. (1996). Eine Überprüfung der Theorie des geplanten Verhaltens in zwei Wahlsituationen mit dichotomen Handlungsalternativen: Rad vs. PKW und Container vs. Hausmüll. *Zeitschrift für Sozialpsychologie, 27,* 32–46.

Bamberg, S., & Möser, G. (2007). Twenty years after Hines, Hungerford, and Tomera: A new meta-analysis of psycho-social determinants of pro-environmental behaviour. *Journal of Environmental Psychology, 27,* 14–25.

Banaji, M. R., & Heiphetz, L. (2010). Attitudes. In S. T. Fiske, D. T. Gilbert, & G. Lindzey (Hrsg.), *Handbook of Social Psychology* (S. 353–393). Hoboken: Wiley.

Cacioppo, J. T., Petty, R. E., Losch, M. E., & Kim, H. S. (1986). Electromyographic activity over facial muscle regions can differentiate the valence and intensity of affective reactions. *Journal of Personality and Social Psychology, 50,* 260–268.

Correll, J. P., Park, B., Judd, C. M., & Wittenbrink, B. (2002). The police officer's dilemma: Using ethnicity to disambiguate potentially threatening individuals. *Journal of Personality and Social Psychology, 83,* 1314–1329.

Dovidio, J. F., Kawakami, K., & Gärtner, S. L. (2002). Implicit and explicit prejudice and interracial interaction. *Journal of Personality and Social Psychology, 82,* 62–68.

Esses, V. M., Jackson, L. M., & Armstrong, T. L. (1998). Intergroup competition and attitudes immigrants and immigration: An instrumental model of group conflict. *Journal of Social Issues, 54,* 699–742.

Fazio, R. H. (1990). A practical guide to the use of response latency in social psychological research. In C. Hendrick & M. S. Clark (Hrsg.), *Research methods in personality and social psychology* (S. 74–97). Thousand Oaks: Sage.

Fritsche, I., & Linneweber, V. (2006). Nonreactiove methods in psychological research. In M. Eid & E. Diener (Hrsg.), *Handbook of multimethod measurements in psychology* (S. 189–203). Washington: American Psychological Association.

Greenwald, A. G., & Banaji, M. R. (1995). Implicit social cognition: Attitudes, self-esteem, and stereotypes. *Psychological Review, 102,* 4–27.

Greenwald, A. G., McGhee, D. E., & Schwartz, J. L. K. (1998). Measuring individual differences in implicit cognition: The implicit association test. *Journal of Personality and Social Psychology, 74,* 1464–1480.

Jones, E. E., & Sigall, H. (1971). The bogus pipeline: A new paradigm for measuring affect and attitude. *Psychological Bulletin, 76,* 349–364.

Katz, D. (1960). The functional approach to the study of attitudes. *Public Opinion Quarterly, 24,* 163–204.

Kühnen, U., Schießl, M., Bauer, N., Paulig, N., Pöhlmann, C., & Schmidthals, K. (2001). How robust is the IAT? Measuring and manipulating implicit attitudes of East- and West-Germans. *Zeitschrift für Experimentelle Psychologie, 48,* 135–144.

Likert, R. (1932). A technique for the measurement of attitudes. *Archives of Psychology, 140,* 1–55.

Milgram, S., Mann, L., & Harter, S. (1965). The lost letter technique – A tool of social research. *Public Opinion Quarterly, 29,* 437–438.

Osgood, C. E., Suci, G. J., & Tannenbaum, P. H. (1957). *The measurement of meaning.* Oxford: Univer. Illinois Press.

Pettigrew, T. F., & Tropp, L. R. (2006). A meta-analytic test of intergroup contact theory. *Journal of Personality and Social Psychology, 90,* 751–783.
Rosenberg, M. J., & Hovland, C. I. (1960). Cognitive, affective, and behavioral components of attitude. In M. J. Rosenberg, C. I. Hovland, W. J. McGuire, R. P. Abelson, & J. W. Brehm (Hrsg.), *Attitude organization and change: An analysis of consistency among attitude components* (S. 1–14). New Haven: Yale University Press.
Schwarz, N., & Bohner, G. (2001). The construction of attitudes. In A. Tesser & N. Schwarz (Hrsg.), *Blackwell handbook of social psychology* (Bd. 1, S. 436–457). Intraindividual processes Oxford: Blackwell.
Wenzel, M., Mummendey, A., Weber, U., & Waldzus, S. (2003). The ingroup as pars pro toto: Projection from the ingroup onto the inclusive category as a precursor to social discrimination. *Personality and Social Psychology Bulletin, 29,* 461–473.

Vom Ich und vom Wir: Das Selbst und die soziale Identität

5

> **Zusammenfassung**
> Ihr Selbstkonzept ermöglicht es Menschen, zu erkennen, wo sie stehen und wer sie sind. Der Austausch mit der sozialen Umwelt stellt eine der wichtigsten Quellen des Selbstkonzepts dar, welche im Kapitel vorgestellt werden. Hierbei geht es um die Selbstwahrnehmung durch Beobachtung des Selbst oder der Reaktionen Anderer, um soziale Vergleiche sowie um soziale Identität und Selbstkategorisierung. Anschließend beschäftigen wir uns damit, wie das „motivierte Selbst" Menschen in ihrem Verhalten und Denken über sich selbst antreibt („Selbstregulation"). Dabei erörtern wir die Grundbedürfnisse nach Selbstwert, Unsicherheitsreduktion, Kontrolle und Erhaltung des Selbst.

Wer sind Sie? Nehmen Sie sich einen Stift und Papier und notieren Sie spontan einige Stichpunkte. Es fällt Ihnen sicherlich Einiges ein. In der Regel finden wir es leicht, Dinge über uns selbst zu berichten. Dies liegt daran, dass das „Selbst" den zentralen Referenzrahmen für unser Handeln und Denken darstellt und die Grundlage für das Navigieren im sozialen Raum bildet. Sollten Sie beispielsweise notiert haben, dass Sie „Romantiker/in" sind, so kann diese Selbstbeschreibung Ihr Handeln in bestimmten Situationen beeinflussen. Sie werden sich im Kino eher für die neuste romantische Komödie und gegen den Actionfilm entscheiden. Haben Sie sich hingegen als „Studierende/r der Psychologie" beschrieben, bleiben Sie heute Abend vielleicht ganz zu Hause und lesen ein spannendes Fachbuch. Häufig definieren wir unser Selbst durch die Zugehörigkeit zu bestimmten *Gruppen,* wie beispielsweise jener der Psychologiestudierenden. Dies geht in der Regel mit einer Abgrenzung gegenüber „Fremdgruppen", wie beispielsweise BWL-Studierenden, einher und strukturiert somit unsere soziale Welt.

Obgleich das „Selbst" mit seinen Wahrnehmungen, Gedanken, Gefühlen und Motivationen den Alltag meist unmerklich als Subjekt („I") steuert, handelt es sich beim Selbst ebenfalls um ein Objekt unserer Wahrnehmung („me"). Um zu wissen, wer sie (und Andere) sind, entwickeln Menschen ein Selbstkonzept und ihre Identität. Mit diesen Begriffen werden wir uns gleich näher beschäftigen. Danach beantworten wir die Frage, wie Menschen überhaupt zu ihrem Wissen über sich selbst kommen und erörtern die entscheidende Rolle der sozialen Umwelt bzw. der *sozialen Identität* als Quelle des Selbstkonzepts. Abschließend geht es darum, wie Wunschvorstellungen und Bedürfnisse Einfluss darauf nehmen, wie wir uns selbst sehen und darstellen und wie unser Selbst unser Handeln bestimmt.

5.1 Das Selbstkonzept

In der Sozialpsychologie hat die Forschung zu Selbstkonzept und Identität – beide Begriffe werden meist synonym gebraucht – seit dem Ende der 1970er Jahre stark zugenommen. Als eine der Begründerinnen dieser Entwicklung gilt die amerikanische Sozialpsychologin Hazel Markus (1977) und ihre Forschung zu sogenannten „Selbstschemata". Selbstschemata werden definiert als „kognitive Generalisierungen über das Selbst, die aus vergangenen Erfahrungen abgeleitet sind und die Verarbeitung selbstbezogener Informationen [...] organisieren und lenken" (S. 64). Beispielsweise kann das Selbstschema eines Menschen stark dadurch geprägt sein, dass er oder sie sich in seinem oder ihrem Wesen und Tun entweder als unabhängig oder als abhängig von den Einflüssen Anderer empfindet (*interdependent* vs. *independent self;* Markus und Kitayama 1991; für einen aktuellen Überblick s. Cross et al. 2011).

Hintergrundinformation: Wie Selbstschemata unser Denken lenken – Ein Experiment
Markus (1977) untersuchte, wie sich ein starkes Selbstschema als unabhängige oder abhängige Person auf die Informationsverarbeitung auswirkt. In einer ersten Erhebung unterschied sie hochschematische Personen (jene mit extrem hohen oder extrem niedrigen Werten auf einer bipolaren Unabhängigkeits-Abhängigkeitsskala) von solchen ohne klar ausgeprägtes Unabhängigkeits-Abhängigkeits-Selbstschema (mittlere Werte). Drei bis vier Wochen später wurden diese Personen erneut eingeladen und gebeten, jeweils durch Drücken eines von zwei Knöpfen anzugeben, ob ein präsentiertes Adjektiv auf sie zutrifft oder nicht. Hochschematische konnten diese Zuordnungsaufgabe dann mit höherer Geschwindigkeit lösen, wenn ein Adjektiv eingeschätzt werden sollte das ihrem Selbstschema entsprach (im Vergleich zur Reaktionszeit auf nicht entsprechende Adjektive). Beispielsweise

reagierten hochschematisch Unabhängige auf unabhängigkeitsbezogene Adjektive (z. B. „individualistisch") schneller als auf abhängigkeitsbezogene Adjektive (z. B. „konform"). Für gering schematische Personen zeigten sich keine Unterschiede. Selbstschemata können die Informationsverarbeitung über das Selbst also offenbar erleichtern.

Selbstschemata sind nach Markus über die Zeit relativ stabil und änderungsresistent. Demgegenüber steht die Erkenntnis, dass das Selbstbild von Personen stark über Situationen hinweg variieren kann. Beispielsweise baten Norbert Schwarz et al. (1991) die Teilnehmenden eines Experiments, ihre persönliche Durchsetzungsfähigkeit einzuschätzen. Vorher sollten sie entweder sechs oder zwölf Beispiele für eigenes durchsetzungsstarkes Verhalten nennen. Während es Personen recht leicht fallen sollte, sechs Beispiele aus dem Gedächtnis abzurufen, sollte sich bei der Suche nach zwölf Beispielen eher das Gefühl einstellen, dass es schwierig ist, hinreichend Beispiele für die eigene Durchsetzungsfähigkeit zu finden (s. Urteilsheuristiken, Kap. 3). Dementsprechend schätzten die Personen in der Bedingung mit zwölf Beispielen ihre eigene Durchsetzungsfähigkeit deutlich geringer ein als die Personen in der sechs-Beispiele-Bedingung. Offenbar sind unsere Selbstdefinitionen nicht immer stabil sondern hängen stark von der konkreten Situation ab, in der wir uns befinden. Das Selbstkonzept *(self-concept)* lässt sich daher allgemein als das *Wissen einer Person über sich selbst* definieren, *das sowohl durch akkumulierte vergangene als auch aktuelle, situative Erfahrungen bestimmt wird.*

5.2 Wer bin ich? – Quellen des Selbstkonzepts

Woher wissen wir eigentlich, wer wir sind? Auf den ersten Blick mag diese Frage absurd klingen, denn schließlich sind wir selbst unsere treuesten Begleiter. Trotzdem gibt es einen Unterschied zwischen dem wahrnehmenden, denkenden, fühlenden, und handelnden Selbst (im Englischen „*I*"), also dem Selbst als Subjekt, und dem Selbst als *Objekt unseres Wissens* („*me*"; James 1890), wie es beispielsweise durch das Selbstkonzept repräsentiert ist. Selbst zu handeln heißt noch nicht, sich selbst zu kennen. Personen, die sich Anderen gegenüber häufig rücksichtslos benehmen, sehen sich nur äußerst selten auch selbst als rücksichtslose Menschen. Das Gleiche kann für Personen gelten, die häufig romantische Dinge tun, sich selbst aber nie als Romantiker bezeichnen würden. Wie aber gelangen Menschen zu einem Bild über sich selbst?

5.2.1 Selbstwahrnehmung

Die gründliche Beobachtung von Personen hilft, deren Eigenschaften zu erschließen. Dass dies auch auf die *eigene* Person zutrifft, ist die zentrale Annahme der *Selbstwahrnehmungstheorie* (Bem 1972). Insbesondere in Situationen, in denen Menschen noch wenig über einen bestimmten Aspekt ihres Selbst wissen oder vorhandenes Wissen mehrdeutig oder schwer zu interpretieren ist, sollten sie durch die Beobachtung ihres eigenen Verhaltens auf Eigenschaften des Selbst schließen. Beobachten Sie beispielsweise, dass Sie selbst mit Anderen rüde umspringen, so sollte dies für Sie den Rückschluss nahelegen, dass Sie eine rücksichtslose Person sind. Allerdings beziehen Personen auch die wahrgenommenen *Umstände* ihres Verhaltens in ihre Schlussfolgerungen mit ein. So könnten Sie wahrnehmen, dass jeweils Umstände vorlagen, die Ihr eigenes rüdes Verhalten entschuldigen („Mein Chef verlangt von mir, dass ich in dieser Weise mit meinen Mitarbeitern umgehe") oder gar rechtfertigen („Jeder hätte in dieser Situation ein deutliches Wort gesucht"). Derartige Erklärungen beziehungsweise Ursachenzuschreibungen („Attributionen") Ihres rüden Verhaltens würden verhindern, dass Sie sich selbst als rücksichtslose Person einschätzen[1].

Hintergrundinformation: Der Korrumpierungseffekt
Eine bekannte Demonstration des Prozesses der Selbstwahrnehmung sind die Forschungen zum sogenannten „Korrumpierungseffekt" (auch *overjustification effect* genannt; Lepper et al. 1973). Hier wird das Ausbleiben intrinsischer Motivation – also das Handeln aus eigenem Antrieb – bei versprochener Belohnung erklärt: Erhielten Kinder eine versprochene Belohnung für eine ursprünglich intrinsisch attraktive Tätigkeit (z. B. Malen mit bunten Filzstiften), so verloren Sie das Interesse an dieser Tätigkeit im Vergleich zu Kindern, denen keine Belohnung versprochen worden war. Offenbar hatten nur jene Kinder aus der Beobachtung ihres Verhaltens den Schluss gezogen, dass sie selbst dieses Verhalten (Malen mit Filzstiften) mögen, die es sich nicht durch die externe Belohnung erklären konnten, dass sie gemalt hatten. Die anderen wurden durch die Belohnung „korrumpiert".

5.2.2 Reaktionen Anderer

Dass sich Sozialpsychologinnen und Sozialpsychologen mit dem Selbstkonzept beschäftigen, liegt nicht nur daran, dass das Selbstkonzept soziales Handeln bestimmt. Umgekehrt wäre auch menschliche Selbsterkenntnis ohne die

---

[1] Mithilfe der Selbstwahrnehmungstheorie wurde auch versucht zu erklären, weshalb Menschen ihre Einstellungen ändern, nachdem Sie etwas getan haben, das ihren ursprünglichen Einstellungen widerspricht. Wir diskutieren dies in Kap. 8.

(vorgestellte) Anwesenheit Anderer undenkbar. Nach William James (1890), der innerhalb der Psychologie als einer der Ersten das Konzept eines „sozialen Selbst" (*a human's „recognition by his [or her] mates"*; S. 293) expliziert hat, wurde diese Idee zunächst in der amerikanischen Soziologie weiterentwickelt. Charles H. Cooley (1902) und George H. Mead (1934) prägten den Begriff des *„looking-glass self"* („Spiegel-Selbst") und die Vorstellung, dass Menschen ihre persönlichen Eigenschaften daraus erschließen, wie Andere auf das eigene Verhalten reagieren. Nennt eine Freundin Sie „rücksichtslos", ermöglicht Ihnen dieser Blick in den sozialen „Spiegel", Ihr Selbst akkurater einzuschätzen.

5.2.3 Sozialer Vergleich

Ein weiterer Weg auf dem Andere uns Selbsterkenntnis ermöglichen, ist der soziale Vergleich mit diesen Anderen. Die Frage, ob Sie Romantikerin oder rücksichtslos sind, lässt sich ohne soziale Vergleichsstandards nicht beantworten. Schließlich kann weder für Romantizismus noch für Rücksichtslosigkeit ein absoluter Null- oder Endpunkt bestimmt werden. Um das Ausmaß Ihrer romantischen Neigung oder auch Ihrer Rücksichtslosigkeit zu ermitteln, könnten Sie sich jedoch mit Ihrer besten Studienfreundin vergleichen. Gemäß Leon Festingers (1954) Theorie des sozialen Vergleichs *(social comparison theory)* suchen Menschen *Vergleiche mit ähnlichen Anderen,* um ihr Bedürfnis nach Selbsterkenntnis zu befriedigen. Vergleiche mit *unähnlichen* Anderen sollten hingegen wenig aussagekräftig („nicht diagnostisch") sein. Würden Sie sich beispielsweise mit einem bekannten Extrem-Romantiker, wie dem Serienhelden Ted Mosby *(„How I met your mother"),* oder einem äußerst rücksichtslosen späten arabischen Despoten vergleichen, wüssten Sie hinterher nicht viel mehr darüber, wie romantisch oder rücksichtslos Sie nun eigentlich selbst sind (fast jeder ist weniger romantisch als Ted Mosby und weniger rücksichtslos als die prominenten Despoten).

Wie wir unsere Vergleichsobjekte auswählen hängt allerdings nicht nur von der Diagnostizität der resultierenden Vergleiche ab. Neuere Befunde zeigen, dass aufwendiges Nachdenken über den richtigen Vergleichsstandard von Menschen oft abgekürzt und stattdessen auf persönliche Routinestandards zurückgegriffen wird (für einen Überblick s. Mussweiler 2006). Auch suchen wir im Alltag oft gezielt Vergleichsobjekte, die anderen Motiven als dem der Selbsterkenntnis dienen. Beispielsweise führt das Bedürfnis nach möglichst *positiver* Selbstbewertung (Selbstwert-Bedürfnis; s. u.) zu Vergleichen mit weniger positiven Anderen. Solche Abwärtsvergleiche können das subjektive Wohlbefinden von Menschen erhöhen (Wills 1981). Sind Personen jedoch eher an der tatsächlichen Verbesserung ihrer Lage interessiert, sollten Aufwärtsvergleiche mit Bessergestellten präferiert werden. So können Vergleiche mit Superstars dann zu Bemühungen um Selbstverbesserung führen, wenn deren Erfolg erreichbar erscheint (Lockwood und Kunda 1997).

Interessanterweise kann der soziale Vergleich mit Anderen nicht nur zu einer Kontrastierung der eigenen Person mit dem Vergleichsstandard (Ted Mosby, Despot, etc.) führen. Auch eine Assimilation der Selbstwahrnehmung an eine Vergleichsperson ist möglich (Mussweiler 2006). Beispielsweise könnten Sie Ihr eigenes Talent im Fußball höher einschätzen, wenn Sie im Ausland auf die beispiellosen Erfolge einer der Ikonen des deutschen Frauenfußballs (z. B. Birgit Prinz) angesprochen werden. Die Tatsache, dass Birgit Prinz und Sie der gleichen sozialen Gruppe („Deutsche") angehören, sollte zur Folge haben, dass Sie in der Vergleichssituation eher über die Ähnlichkeiten als die Unterschiedlichkeiten zwischen Frau Prinz und Ihnen nachdenken (z. B. darüber, dass Sie im Urlaub auch schon mal Fußball gespielt haben) und deshalb die kognitive Verfügbarkeit ähnlicher Eigenschaften ansteigt. Gemäß dem *selective accessibility model* von Thomas Mussweiler tritt die Assimilation der Selbstwahrnehmung an den Standard einer Vergleichsperson als unweigerliche Konsequenz dieser gedanklichen Suche nach Ähnlichkeiten (z. B. wegen gemeinsamer Gruppenzugehörigkeit) auf.

5.2.4 Soziale Identität und Selbstkategorisierung

Dass das Selbstkonzept eines Menschen ein durch und durch soziales Produkt ist, wurde in kaum einer psychologischen Theorie so konsequent zu Ende gedacht, wie in Henri Tajfels und John Turners (1979) Theorie der sozialen Identität (*social identity theory;* s. auch Kap. 9) und der darauf aufbauenden Selbstkategorisierungstheorie (*self-categorization theory;* Turner et al. 1987). Die Autoren nehmen an, dass das situative Selbstkonzept von Menschen im Wesentlichen durch die Zugehörigkeit zu sozialen Gruppen bzw. Kategorien und die Unterscheidung zwischen Eigen- und Fremdgruppen bestimmt ist. Über unsere Ähnlichkeit mit der eigenen Gruppe (ingroup) und unsere Verschiedenheit von „den Anderen" (outgroup) erkennen wir, wer wir sind.

Menschen lassen sich in unterschiedlicher Weise gruppieren. Wie die Schichten einer Zwiebel umgeben das Individuum unterschiedlich inklusive gedankliche Möglichkeiten kollektiver Zugehörigkeit. Eine Psychologiestudentin, nennen wir sie Maria Müller, könnte sich in einer Situation entweder beispielsweise als individuelle Person, als Psychologiestudierende oder als Studierende definieren. Je nachdem bestimmen unterschiedliche Vergleichsobjekte ihre Selbstdefinition:

5.2 Wer bin ich? – Quellen des Selbstkonzepts

Die personale Selbstkategorisierung hat Vergleiche mit anderen Einzelpersonen zur Folge, z. B. mit der Kommilitonin *Kathi Meyer*. Die Kategorisierung als Psychologiestudierende führt zur Abgrenzung von Physikstudierenden, während eine Selbstkategorisierung als Studierende einen kontrastiven Vergleich mit Auszubildenden anregen würde (s. Abb. 5.1). Welche Kategorien hier für die Kategorisierung der eigenen Person und Anderer relevant sind, sollte sich in der Regel von Situation zu Situation verändern. Wenn Sie beispielsweise an einer von der Psychologie- und der Physikfachschaft gemeinsam veranstalteten Party teilnehmen, ist die in dieser Situation naheliegende Einteilung jene in Psychologie- und Physikstudierende. Diese Kategorisierung sollte insbesondere dann *salient* sein – also in der Wahrnehmung herausstechen – wenn sich alle „Psychos" so verhalten, wie man das von „typischen" Studierenden der Psychologie erwarten würde (z. B. Gespräche über Persönlichkeitsstörungen beginnen; *normative fit*) und die beiden Gruppen sich

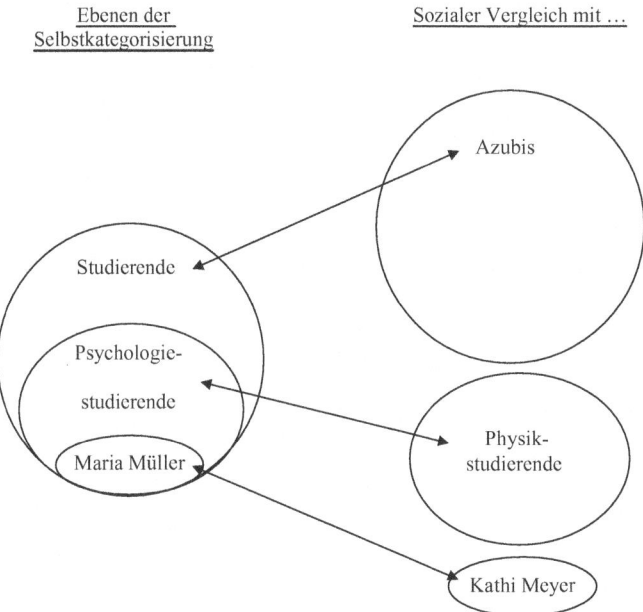

Abb. 5.1 Mögliche Ebenen der Selbstkategorisierung und dazugehörige mögliche Objekte des sozialen Vergleichs als Quellen der Selbsterkenntnis am Beispiel der fiktiven Psychologiestudentin Maria Müller

auch auf weiteren Merkmalen unterscheiden (z. B., wenn sich beide Gruppen zu Beginn in unterschiedlichen Ecken des Saals aufhalten; *structural fit*). Über diese *situativen* Determinanten von Selbstkategorisierung hinaus haben Menschen selbstverständlich ebenfalls oft überdauernde *persönliche Präferenzen* für die Verwendung bestimmter Kategorien. Personen, die sich stark mit der Gruppe der Psychologiestudierenden identifizieren und sich beispielsweise im Fachschaftsrat für deren spezifische Interessen einsetzen, sollten in besonderem Maße dazu neigen, die Leute bei der Party in „Psychos" und Physiker einzuteilen.

In einer Situation, in der eine Selbstkategorie – beispielsweise „wir Studierende der Psychologie" – salient ist (z. B. bei der Psycho-Physiker-Party), kann etwas Erstaunliches geschehen: Die Definition des Selbst kann sich vorübergehend gründlich ändern, und aus Individuen („ich") werden Gruppenmitglieder („wir"). Soziale Selbstkategorisierung führt nach Turner et al. (1987) dazu, dass Menschen Ihr Selbst darüber definieren, dass sie Mitglieder einer bestimmten Eigengruppe *(ingroup)* sind und nicht mehr über die individuellen Merkmale ihrer Person. Gleichzeitig übernehmen Menschen das wahrgenommene Stereotyp ihrer Gruppe als Selbstbeschreibung, ein Prozess, der als „Selbststereotypisierung" *(self-stereotyping)* bezeichnet wird: Während Sie sich am Nachmittag beim Treffen mit anderen Kommilitoninnen und Kommilitonen noch von ihrer ganz individuellen Seite gezeigt haben, sollte Ihr Denken und Handeln abends auf der Psycho-Physiker-Party stärker vom Psychologen-Stereotyp beeinflusst sein. Ihre Kommilitonin Maria Müller würde also auf die Frage, „Wer bist Du" in Abhängigkeit von der für sie gerade salienten Selbstkategorie ganz unterschiedlich antworten (s. Abb. 5.2).

	Ich bin ...	
Saliente Selbstkategorisierung	Maria Müller (vor der Psycho-Physiker-Party)	Studentin der Psychologie (während der Party)
Mögliche Selbstbeschreibungen	• Ich tanze gern • Bin romantisch • Hab Angst vor Spinnen • Fahre gern zu Games-Conventions	• Ich interessiere mich für Therapie • Will mit Kindern arbeiten • „Profiler" ist meine Lieblingsserie • Engagiere mich ehrenamtlich bei der Telefonseelsorge

Abb. 5.2 Selbststereotypisierung: Selbstkategorisierung als Individuum oder Gruppenmitglied ändert das situative Selbstkonzept von Maria Müller

5.2 Wer bin ich? – Quellen des Selbstkonzepts

Selbststereotypisierung bei der Einschätzung eigener Fähigkeiten

Sinclair et al. (2006) demonstrierten das Phänomen der Selbststereotypisierung für die Selbsteinschätzung eigener Fähigkeiten. Weiße US-amerikanische Studentinnen und Studenten schätzten ihre Fähigkeiten in Mathematik und Sprache ein. Alle Teilnehmenden erhielten eine von zwei zufällig zugeordneten Versionen eines Fragebogens auf dessen ersten vier Seiten zu Beginn soziodemografische Informationen abgefragt wurden. Beide Versionen waren nahezu identisch, unterschieden sich jedoch hinsichtlich einer der soziodemografischen Fragen. Die eine Hälfte der Teilnehmenden wurde gebeten, das eigene Geschlecht anzugeben, die andere Hälfte sollte die eigene ethnische Herkunft *(White American)* eintragen. Diese experimentelle Manipulation der salienten Eigengruppe hatte Auswirkungen auf die Selbsteinschätzung der Versuchspersonen (s. Abb. 5.3). War die Geschlechtsgruppe (und nicht die ethnische Gruppe) salient, so schätzten Männer Ihre mathematischen Fähigkeiten höher ein, während Frauen diese als geringer einschätzen. Für die Einschätzung der sprachlichen Fähigkeiten zeigte sich ein umgekehrtes Bild: Bei Frauen erhöhte die Salienz der Geschlechtsgruppe ihre wahrgenommenen sprachlichen Fähigkeiten, bei Männern verringerte sie diese. Dieses Muster wird mit den unterschiedlichen gesellschaftlichen Stereotypen erklärt, die über Männer und Frauen existieren. Demnach besitzen Männer hohe mathematische und Frauen hohe sprachliche Fähigkeiten. In Situationen, in denen Männer und Frauen ihr Selbst über ihre Geschlechtskategorie definieren, greifen sie auf diese Stereotype zurück, um sich selbst zu beschreiben.

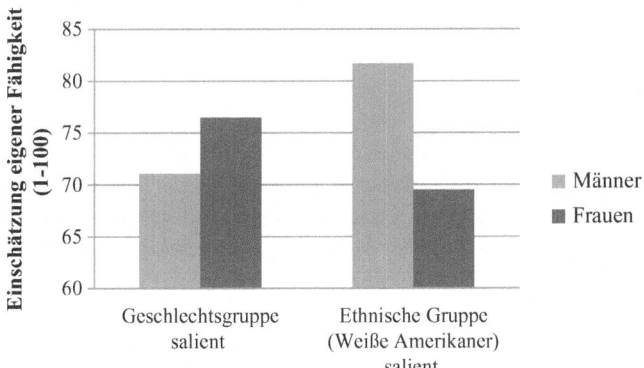

Abb. 5.3 Selbsteinschätzung sprachlicher Fähigkeiten. (Aus: Sinclair et al. 2006. This material originally appeared in English as Sinclair, S., Hardin, C. D., & Lowery, B. S. (2006). Self-stereotyping in the context of multiple social identities. Journal of Personality and Social Psychology, 90, 529–542. Copyright © 2006 by the American Psychological Association. Translated and reproduced with permission of the publisher and the author. The American Psychological Association is not responsible for the accuracy of this translation. The official citation that should be used in referencing this material is Sinclair et al., 2006. The use of APA information does not imply endorsement by APA)

5.2.5 Zwischenfazit

Ihr Selbstkonzept ermöglicht es Menschen, sich in der sozialen Welt zu verorten und dort zu handeln. Gleichzeitig ist unser Wissen über uns selbst allerdings nicht nur das Resultat *individueller* Selbstwahrnehmung sondern zu einem großen Teil Produkt der *sozialen Umwelt* und deren Wahrnehmung, sei es durch die Reaktionen Anderer, den sozialen Vergleich mit ihnen oder die Kategorisierung als Gruppenmitglied.

5.3 Wer will ich sein? – Das motivierte Selbst

Bislang haben wir das Selbst im Wesentlichen als Produkt sozialer Wahrnehmungs- und Schlussfolgerungsprozesse betrachtet und somit eine *kognitive Perspektive* auf das Selbst eingenommen. Menschen sind aber weit mehr als kühle Rechenmaschinen, die die Eindrücke ihrer Umwelt nach den immer gleichen Regeln und Gewichtungen verarbeiten. Welche Regeln und Gewichtungen wann und in welchem Umfang beachtet werden, hängt entscheidend von den momentanen Zielen und Bedürfnissen einer Person ab *(motivationale Perspektive)*. Ein Beispiel ist die „motivierte" Auswahl bestimmter sozialer Vergleichsobjekte, die oft vom Bedürfnis nach einem positiven Selbstwert geprägt ist. In Situationen, in denen dieses Bedürfnis hoch ist – beispielsweise wenn Ihnen Ihre Freundin vorwirft, rücksichtslos zu sein – werden Sie geneigt sein, das Ausmaß Ihrer eigenen Rücksichtslosigkeit mit jenem solcher Personen zu vergleichen, die als *besonders* rücksichtslos gelten (Baschar al-Assad oder der tyrannische Chef der Freundin). Im Ergebnis werden Sie selbst sich dann als wenig rücksichtslos einschätzen und den Vorwurf Ihrer Freundin zurückweisen.

In der Forschung zur motivierten sozialen Kognition werden neben dem Bedürfnis nach Selbstwert weitere psychische Grundmotive menschlichen Sozialverhaltens diskutiert, die sich darauf auswirken, welches Selbst wir uns wünschen. Die wichtigsten dieser basalen Bedürfnisse werden wir im Folgenden vorstellen.

5.3.1 Das Bedürfnis nach Selbstwert

Das Bedürfnis danach, das Selbst als etwas Positives zu sehen, wird oft als ein psychologisches Grundbedürfnis betrachtet (Pittman und Zeigler 2007). Ein wichtiges Argument hierfür sind umfangreiche Befunde, dass positive Illusionen über

5.3 Wer will ich sein? – Das motivierte Selbst

das Selbst mit erhöhter seelischer Gesundheit einhergehen (Taylor und Brown 1988). Menschen scheint es einfach besser zu gehen, wenn sie sich selbst in einem positiven Licht sehen.

In Situationen, in denen der Selbstwert von Personen bedroht ist, sollten daher psychische Prozesse ablaufen, die dazu dienen, den individuellen Selbstwert zu stabilisieren oder zu erhöhen (z. B. die Wahl von Abwärtsvergleichen). Zahlreiche Beispiele dazu, wie unterschiedliche psychische Tendenzen im Dienst des Selbstwert-Managements stehen, finden sich in der Forschung zur Selbstbestätigungstheorie (*self-affirmation theory;* Steele 1988; für einen aktuelleren Überblick: Sherman und Cohen 2006). Es ist die Kernannahme dieser Theorie, dass die Bedrohung des Selbstwerts in einer spezifischen Domäne (z. B. Rücksichtslosigkeit) durch die Bestätigung des Selbstwerts in einer anderen Domäne (z. B. romantisch sein) ausgeglichen werden kann. Dem liegt die Vorstellung zugrunde, dass Selbstwert sich aus ganz unterschiedlichen Eigenschaften des Selbst (Rollen, Werte, Gruppenidentitäten, zentrale Überzeugungen, Ziele, Beziehungen) gewinnen lässt und dass Menschen motiviert sind, einen hohen Selbstwert aufrecht zu erhalten, oder genauer, *„to affirm adaptive and moral adequacy as well as a positive self-image"* (Steele 1988, S. 281; s. Beispiel: Der Selbstbestätigungseffekt).

Beispiel: Der Selbstbestätigungseffekt im Experiment
In einem typischen Experiment zum „Selbstbestätigungseffekt" untersuchten David Sherman und KollegInnen (Sherman et al. 2007) die Mitglieder eines Volleyballteams, unmittelbar nachdem diese ihr letztes Spiel entweder gewonnen oder verloren (Selbstwertbedrohung) hatten. Sie wurden gefragt, inwieweit sie persönlich für das Abschneiden ihres Teams verantwortlich wären. In der Kontrollgruppe zeigte sich die erwartete selbst-defensive Tendenz: Die Verlierer sahen einen geringeren persönlichen Beitrag zum Spielresultat als die Mitglieder der Gewinnermannschaft. In einer Experimentalbedingung wurde vorher *Selbstbestätigung* induziert: Die Teilnehmenden wurden gebeten, 10 unterschiedliche persönliche Werte (z. B. Sinn für Humor, Religion, Freundschaften) nach deren persönlicher Bedeutsamkeit zu ordnen und anschließend drei Gründe für die hohe Bedeutsamkeit des für sie wichtigsten Werts nennen. Diese Manipulation zeigte eine erstaunliche Wirkung auf die Selbst-Defensivität der Verlierer. Diese schrieben sich selbst deutlich mehr persönliche Verantwortung für das Spielergebnis zu als die Verlierer in der Kontrollgruppe und unterschieden sich im Ausmaß der persönlich übernommenen Verantwortung nicht mehr von der Gewinnermannschaft (s. Abb. 5.4).

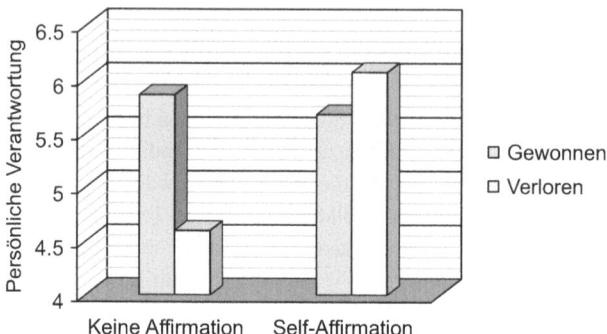

Abb. 5.4 Übernahme persönlicher Verantwortung in Abhängigkeit vom Spielergebnis und der Möglichkeit zur Selbstbestätigung (*self-affirmation;* nach Sherman et al. 2007. Copyright © 2007 by SAGE Publications. Adapted by Permission of SAGE Publications)

Offenbar macht die Bestätigung des eigenen Selbstwerts auf anderen Dimensionen der Selbstbeschreibung Menschen gegen Selbstbedrohung (schlechte Leistung im Spiel) immun, weshalb selbst-defensive Verantwortungszuschreibungen unnötig werden.

5.3.2 Unsicherheitsreduktion

Wären Menschen ausschließlich durch das Bedürfnis nach möglichst vorteilhafter Selbstwahrnehmung getrieben, würde ihnen dies im Alltag den Blick auf mögliche Probleme oder Unvollkommenheiten verstellen. Um in unterschiedlichen Situationen aber angemessen handeln zu können, ist – neben einer guten Einschätzung der Situation – insbesondere akkurates Wissen über das Selbst vonnöten. So sollte ich mir vor Aufnahme eines Gesangsstudiums nicht nur über die Ansprüche der Ausbildungseinrichtung sondern auch über meine Musikalität im Klaren sein und vor dem Eingehen einer romantischen Partnerschaft nicht nur über die Qualitäten des potenziellen Partners sondern auch über meine eigenen Gefühle. Eine ausschließlich positiv gefärbte Weltsicht könnte hier mittelfristig zu Problemen führen. Etwaige Unsicherheiten über den Zustand des Selbst oder der Welt zu reduzieren, beziehungsweise das Selbst und dessen Umwelt angemessen erklären zu können, gilt daher ebenfalls als psychologisches Grundmotiv (van den Bos 2009). Dementsprechend hat sich gezeigt, dass Menschen unter Selbstkonzept-Unsicherheit versuchen, diese Unsicherheit zu verringern.

5.3 Wer will ich sein? – Das motivierte Selbst

Eine Lebenssituation, die durch erhöhte Selbstkonzeptunsicherheit geprägt sein kann, ist für viele Studierende beispielsweise das erste Studiensemester an einer Hochschule. Alte Rollenerwartungen, persönliche Präferenzen oder sonstige Lebensumstände haben am neuen Ort und in der neuen Rolle keine Gültigkeit mehr. Ein effektiver Weg, Unsicherheit über das Selbst in einer solchen Lebenssituation zu reduzieren, ist die Mitgliedschaft in einer Gruppe mit klaren Regeln und klarer Gestalt (Gruppen mit klar definierten Prototypen; Hogg 2007). Über den weiter oben bereits beschriebenen Mechanismus der Selbststereotypisierung kann die Identifikation bzw. Selbstdefinition als Gruppenmitglied Personen ein Gefühl der Selbstkonzeptsicherheit zurückgeben. Diese Annahme trifft Michael Hogg (2007) in seiner *Unsicherheits-Identitätstheorie,* die auf Grundlage der Theorie der sozialen Identität (Tajfel und Turner 1979) entwickelt wurde. Studentische Vereinigungen und Gruppen können – besonders im angelsächsischen Raum – so etwas bieten. So zeigen Sussman und Hogg (1999; zitiert nach Hogg 2000), dass die Selbstkonzeptunsicherheit US-amerikanischer Studienanfängerinnen und -anfängern zu Beginn des Semesters positiv mit der Intention korrelierte, einer studentischen Vereinigung beizutreten. Am Ende des Semesters konnte durch die Identifikation mit einer solchen Vereinigung das Ausmaß der verbleibenden Selbstkonzeptunsicherheit statistisch vorhergesagt werden. Bei hoher Identifikation war die Unsicherheit signifikant reduziert.

In der jüngeren Forschungsliteratur werden zahlreiche weitere soziale Kognitionen und Verhaltensweisen diskutiert, für die ebenfalls angenommen wurde, dass sie wahrgenommene Unsicherheit über das Selbst und dessen Umwelt reduzieren können. Hierzu zählen beispielsweise allgemeiner ideologischer Eifer (McGregor und Marigold 2003), der Glaube an eine gerechte Welt (van den Bos 2009), die Rechtfertigung herrschender sozialer Systeme (Kay et al. 2008) und politischer Konservatismus (Jost et al. 2003; s. aber Greenberg und Jonas 2003).

Eine spezifische Form der Selbstkonzeptunsicherheit stellt das Phänom der „kognitiven Dissonanz" (Festinger 1957; für einen Überblick z. B. Aronson 1992) dar. Dissonanz tritt dann ein, wenn Menschen Widersprüche zwischen selbstbezogenen Kognition feststellen (z. B. „Ich rauche" und „Rauchen ist schlecht für meine Gesundheit") und diese Widersprüche einen aversiven Erregungszustand hervorrufen. Die Versuche, solche Widersprüche aufzulösen – und damit auch das unangenehme Dissonanzerleben – können menschliches Verhalten, wie z. B. die Änderung von Einstellungen („Rauchen ist gar nicht so schädlich") erklären. In Kap. 8 zum sozialen Wandel werden wir erneut auf diese äußerst einflussreiche Theorie eingehen.

5.3.3 Kontrolle

Menschen verstehen sich selbst als handelnde Subjekte. Sich hingegen als fremd bestimmt und den Wellen des Schicksals ausgeliefert zu sehen, macht auf Dauer krank. Die Wahrnehmung, Kontrolle über sich selbst und die eigene Umwelt zu haben und eigene Ziele verfolgen zu können, ist daher nicht nur eine Grundvoraussetzung menschlicher Gesundheit, sondern stellt auch einen zentralen Aspekt menschlicher Selbstdefinition dar (Preston und Wegner 2005). So sollten Menschen nicht nur das Bedürfnis haben, die Welt zu erklären (Unsicherheitsreduktion), sondern ihnen wird es auch immer darum gehen, die Welt selbst – und in ihrem eigenen Sinn – *beeinflussen* zu können (Kontrolle oder auch *Self-Efficacy;* Bandura 1986; für eine Übersicht verschiedener Begriffe siehe Skinner 1996). Dieses grundlegende Bedürfnis nach Kontrolle zeigt sich zum Beispiel darin, dass Menschen in Situationen objektiven Kontrollmangels (z. B. Lotterie) dennoch Kontrolle wahrnehmen. In ihren Studien zu Kontrollillusionen fand Ellen Langer (1975) beispielsweise Hinweise darauf, dass Personen ungeöffnete Lotterielose dann für wertvoller hielten, wenn sie diese vorher selbst gezogen hatten (im Gegensatz zu Losen, die eine andere Person für sie gezogen hatte). Nehmen Menschen einen Mangel an Kontrolle über die eigenen Lebensumstände wahr, so kann dies zu reduziertem Wohlbefinden, verminderter körperlicher Gesundheit und sogar zu verkürzter Lebenserwartung führen (Langer und Rodin 1976), während hohe wahrgenommene Kontrolle den Umgang mit belastenden Situationen verbessern und Leistungsfähigkeit und Wohlbefinden von Menschen erhöhen kann (für einen Überblick s. Fritsche et al. 2017).

Interessante Unterschiede zwischen Menschen mit hoher und geringer Kontrolle finden sich auch in den neueren Forschungen zu den Auswirkungen sozialer Macht (Kontrolle über Andere und deren Handlungsergebnisse) auf die Informationsverarbeitung (Guinote 2007). Personen, die machtvolle Rollen ausfüllen (z. B. Chefs) sind demnach eher in der Lage, Informationen selektiv – in Übereinstimmung mit situativen Zielen und Motiven – zu verarbeiten als Personen in machtlosen Rollen. Machtlose hingegen sind bei der Informationsverarbeitung eher unflexibel und verarbeiten alle Informationen gleichermaßen gründlich. Diese „bottom-up"-Verarbeitung kann gelegentlich von Vorteil sein, z. B. wenn es darum geht, unerwartete Details einer Situation oder eines Stimulus wahrzunehmen, also beispielsweise, die einzelnen Bäume eines Waldes zu beschreiben. Allerdings scheinen machtvolle Personen ebenfalls zu detaillierter Verarbeitung in der Lage zu sein, jedenfalls dann, wenn die Aufgabe in einer Situation dies verlangt. Umgekehrt gelingt es Machtlosen allerdings nicht, sich in gleichem Maße auf eine globale Verarbeitung einzulassen, d. h., sie sehen „den Wald vor lauter

Bäumen nicht" (Guinote 2007). Die Wahrnehmung des Selbst als kontrollierend oder durch Andere kontrolliert kann also weitreichende Folgen für Informationsverarbeitung und Verhalten haben.

Eine wichtige Grundlage menschlicher Kontrolle ist die Wahrnehmung persönlicher Freiheit. Jack Brehms (Brehm 1966; für einen aktuelleren Überblick s. Miron und Brehm 2006) Reaktanztheorie ist eine Theorie über die Freiheit und darüber, wie Menschen sich gegen wahrgenommene Freiheitseinschränkungen zur Wehr setzen *(reactance)*. Die hohe Bedeutsamkeit persönlicher Freiheit äußert sich darin, dass die Einschränkung erwarteter Wahlmöglichkeiten die subjektive Attraktivität einer verwehrten Option erhöht. Beispielsweise könnten Sie erwarten, im Kino zwischen verschiedenen Filmen desselben Genres – beispielsweise zwei romantischen Komödien – wählen zu können. Bei Eintreffen stellen Sie jedoch fest, dass der eine Film in dieser Woche nicht mehr läuft. Der ausgefallene Film sollte Sie nun plötzlich viel mehr reizen, als er es getan hätte, wenn er heute gelaufen wäre. Natürlich gibt es bedeutsamere Formen der Freiheitseinschränkung als ein ausgefallener Kinofilm (z. B. die Einschränkung politischer Freiheiten in der ehemaligen DDR) und auch die beobachteten Folgen unerwarteter Freiheitseinschränkungen sind vielfältiger (z. B. Aggression gegen die freiheitseinschränkende Instanz; s. Brehm und Brehm 1981).

In Situationen mangelnder Kontrolle können Menschen versuchen, diese Kontrolle auf direktem Wege wieder herzustellen, also beispielsweise die Wiederaufnahme des Films fordern oder für die Realisierung politischer Freiheiten demonstrieren. Wenn solche *primäre Kontrolle* (die Anpassung der Umwelt an das Selbst) nicht möglich ist, nutzen Menschen Wege *sekundärer Kontrolle* (Rothbaum et al. 1982), die ein Gefühl allgemeiner Kontrolle wiederherstellen helfen und die Anpassung des Selbst an die Umwelt ermöglichen (s. Skinner 2007). Hierzu zählt das Bemühen, einer unkontrollierbaren Situation Sinn zuzuschreiben (interpretative Kontrolle), unkontrollierbare Ereignisse zumindest vorherzusagen (prädiktive Kontrolle), das Glück auf seine Seite zu ziehen (illusorische Kontrolle) oder durch Assoziation mit mächtigen Anderen deren hohe Kontrolle auf die eigene Person abfärben zu lassen (stellvertretende Kontrolle). In jüngerer Zeit gibt es auch Befunde, die zeigen, dass Menschen sich durch die Veränderung ihrer Selbstdefinition vor Gefühlen mangelnder Kontrolle zu schützen versuchen. So führte das Nachdenken über persönlichen Kontrollmangel zu stärkerem Handeln als Gruppenmitglied (soziale Identität). Die personale Identität trat folglich in den Hintergrund. In Situationen begrenzter persönlicher Kontrolle scheint die Selbstdefinition als Gruppenmitglied das Gefühl wiederherstellen zu können, dass Kontrolle vom Selbst ausgeht („Yes, we can!"; Fritsche et al. 2011).

5.3.4 Selbsterhaltung und das Ende des Selbst

Menschen sehen sich selbst in der Regel als zeitstabile Entitäten. Ich gehe davon aus, dass ich noch derselbe bin, wenn ich morgen früh aufwache. Wenn das nicht so wäre, wäre soziales Leben unmöglich (Chandler und Proulx 2008). Niemand könnte über die Situation hinaus planen und handeln, da die eigenen Eigenschaften und Präferenzen und jene der Anderen nicht vorhersehbar wären und auch niemand Verantwortung übernehmen würde für die Dinge, die sie oder er am Vortag getan hat oder in der Zukunft tun wird. Obwohl viele der in diesem Kapitel vorgestellten Befunde zeigen, dass unsere Selbstdefinition von Situation zu Situation stark variieren kann, konstruieren Menschen ihr Selbst daher als kontinuierlich über die Zeit (Sani 2008). Wahrgenommene Selbstkontinuität kann dabei entweder durch die Vorstellung entstehen, dem Menschen wohne ein unveränderlicher Kern inne, der über die Zeit – trotz vieler peripherer Veränderungen – stabil bleibt, oder dadurch, dass wir eigene Veränderungen als eine Folge aufeinander bezogener und zusammenhängender Ereignisse begreifen. Gelingt es Menschen nicht, ihr Selbst als kontinuierlich zu sehen, kann sich dies nicht nur negativ auf ihre Fähigkeit auswirken, ihren sozialen Alltag effektiv zu meistern und zu gestalten, sondern es kann auch zu einem Zustand wahrgenommener „Zukunftslosigkeit" des Selbst führen, welcher in der Forschung mit erhöhter Suizidneigung in Verbindung gebracht wurde (Chandler und Proulx 2008).

Die ultimative Bedrohung der Selbstkontinuität ist die Einsicht in die Sterblichkeit der eigenen Person und somit die Endlichkeit des personalen Selbst. Gemäß der *Terror-Management-Theorie* (Greenberg et al. 1997) schützen sich Menschen vor diesem „existenziellen Schrecken" durch kulturelle und selbstbezogene Angstpuffer. Demnach ermöglichen es uns geteilte kulturelle Weltsichten, unser Leben als bedeutungsvoll, geordnet und andauernd wahrzunehmen, und sie versprechen denen (symbolische) Unsterblichkeit, die die Standards der Kultur erfüllen. So mögen die einen in ihren Werken, die anderen auf Denkmälern und wieder andere in den Erzählungen ihrer Lieben weiterleben. Teil der Kultur zu sein – also entsprechend ihrer sozialen Normen zu leben – sollte sich in einem erhöhten Selbstwert niederschlagen, welcher das Potenzial existenziellen Schreckens bei Menschen reduzieren sollte. Die – zunächst etwas spekulativ anmutende – Theorie wurde empirisch geprüft. In zahlreichen Experimenten (Burke et al. 2010) zeigte sich, dass Personen, die gebeten wurden, über ihren eigenen Tod nachzudenken (oder auf andere Weise an ihre Sterblichkeit erinnert wurden) dazu neigten, kulturelle Weltsichten sowie ihren persönlichen Selbstwert in stärkerem Maße zu verteidigen. Beispielsweise vergaben amerikanische Richter dann deutlich höhere Strafen für eine Prostituierte, wenn sie vorher an ihren eigenen

Tod erinnert wurden („Mortalitätssalienz"; Rosenblatt et al. 1989) und Studierende schrieben nach Mortalitätssalienz Erfolge eher sich selbst zu und distanzierten sich von eigenen Misserfolgen (Mikulincer und Florian 2002).

Beispiel: Fußballweltmeister!

Passanten, die im Vorfeld des Endspiels um die Fußballweltmeisterschaft 2002 an einer viel frequentierten Straße in Sichtweite zum Magdeburger Südfriedhof und einem Bestattungsinstitut befragt wurden (Mortalitätssalienz-Gruppe), schrieben Deutschland im Mittel ebenso große Chancen auf den Titel zu wie der brasilianischen Mannschaft. In einer parallelen Stichprobe vor einem benachbarten Einkaufszentrum (Kontrollgruppe) waren die Befragten damals deutlich realistischer und hielten einen Sieg Brasiliens für wahrscheinlicher (Jonas et al. 2005, s. Abb. 5.5). Brasilien gewann das Spiel mit 2:0.

Castano et al. (2002) erweiterten die Terror-Management-Theorie um ein wichtiges Element: Die soziale Identität. Demnach stellt weniger die Verteidigung kultureller Weltsichten als das Aufgehen des Individuums in einer eigenen Gruppe, bzw. die Definition des Selbst über das „wir" einen Weg dar, Unsterblichkeit des Selbst wahrzunehmen (und weniger die Verteidigung kultureller Weltsichten).

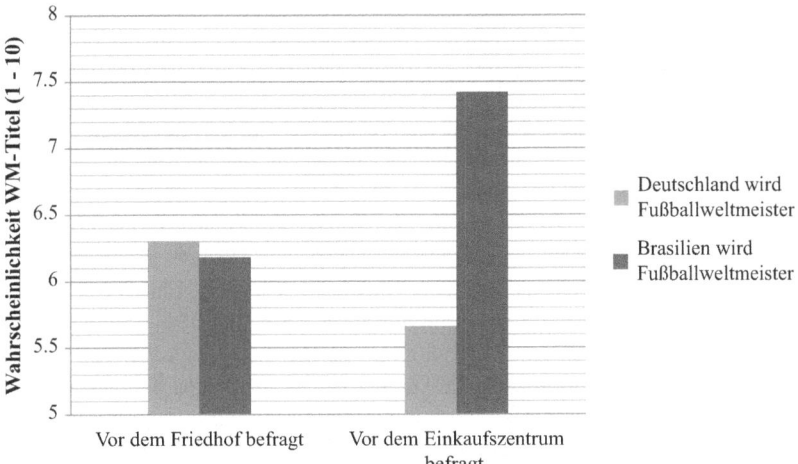

Abb. 5.5 So beeinflusst Mortalitätssalienz, für wie hoch deutsche Passantinnen und Passanten die Wahrscheinlichkeit des WM-Titels für Deutschland oder Brasilien halten; Skala von 1 (sehr gering) bis 10 (sehr hoch) (Jonas et al. 2005)

Schließlich wird es die Gruppen der Psychologiestudierenden, der Romantiker/innen und leider auch die der Rücksichtslosen auch nach dem Tod einzelner Mitglieder noch geben. Wenn „ich" auch sterbe, so leben „wir" doch weiter.

5.3.5 Selbstregulation

Auf den vorangehenden Seiten haben wir vier psychologische Grundmotive diskutiert, die selbstbezogenes Denken und Handeln bestimmen. Menschen streben nach einem Selbstkonzept, das die Bedürfnisse nach Selbstwert, Unsicherheitsreduktion, Kontrolle und Kontinuität befriedigt. Ein weiteres zentrales Motiv, auf das wir an anderer Stelle genauer eingehen werden, ist das Bedürfnis nach Zugehörigkeit (Baumeister und Leary 1995; s. Kap. 6).

Gemeinsam mit aktuellen spezifischen Zielen bestimmen diese Motive, wie wir sein möchten. Technisch gesprochen geben sie einen Sollwert vor, den das Selbst erreichen soll. Beispielsweise liegt der Sollwert für „Rücksichtslosigkeit" bei den meisten Menschen sehr niedrig. Die Forschung zur sogenannten Selbstregulation befasst sich mit der Frage, wie Menschen mit Diskrepanzen zu diesem Sollwert umgehen. Hier zeigen sich zwei grundlegend verschiedene Strategien (Higgins 1997: *regulatory focus theory*): Im „Promotion-Focus" konzentrieren sich Menschen im Wesentlichen darauf, ihre Ideale und andere positiv formulierte Endzustände (Gewinne) zu erreichen (z. B., ein rücksichts*voller* Mensch zu sein), während sie im „Prevention-Focus" darauf aus sind, ihre Pflichten zu erfüllen und negativ formulierte Endzustände (Verluste) zu vermeiden (z. B. versuchen, kein rücksichts*loser* Mensch zu sein). Entsprechend lassen sich Personen im Promotion-Fokus insbesondere durch mögliche Gewinne zu Verhalten motivieren und sind bei Verfolgung solcher „Promotion-Ziele" zufriedener während Personen im Prevention-Fokus durch die Vermeidung von Verlusten angesprochen werden können. Menschen können – je nach Art einer Herausforderung („Sei rücksichtsvoll!" vs. „Sei nicht rücksichtslos!") – zwischen beiden regulatorischen Foci wechseln, eine gewisse Grundpräferenz für einen der beiden Foci scheinen viele Menschen jedoch mitzubringen (Promotion- vs. Preventionorientierung). Unterschiedliche Selbstregulationsprozesse können helfen zu verstehen, durch welche Anreize Menschen in unterschiedlichen Situationen oder bei unterschiedlichen chronischen Orientierungen motiviert sind zu handeln.

Diese Regulation des Selbst durch das Selbst kostet Kraft. In Studien zur *ego-depletion* zeigte sich, dass Aktivitäten, die Selbstkontrolle erfordern (z. B. die Kontrolle von Emotionen oder die absichtsvolle Steuerung der Aufmerksamkeit) nachfolgend die Leistungsfähigkeit von Personen senkten (Schmeichel et al.

2003) bzw. nachfolgende Akte der Selbstkontrolle (z. B. Diät halten) behinderten (für einen Überblick s. Baumeister et al. 2007; für eine kritische Studie zur Replizierbarkeit der Effekte s. Lurquin et al. 2016). Es scheint, man sollte sich seine Kräfte zur Selbstkontrolle also gut einteilen.

5.4 Zusammenfassung

Das Selbstkonzept ermöglicht uns Orientierung und Handeln in der sozialen Welt. Gleichzeitig stellt die soziale Welt eine der zentralen Quellen unseres Selbstwissens dar (z. B. Reaktionen Anderer, soziale Vergleiche, Selbstkategorisierung als Gruppenmitglied). Neben diesen kognitiven Grundlagen des Selbstkonzepts wird unsere Vorstellung von uns selbst in mindestens ebenso großem Maße durch psychologische Motive (Selbstwert, Unsicherheitsreduktion, Kontrolle und Selbstkontinuität) beeinflusst. Die Forschung zur Selbstregulation untersucht, auf welchen Wegen diese selbstbezogenen Motive und persönlichen Ziele unser Handeln steuern.

Literatur

Aronson, E. (1992). The return of the repressed: Dissonance theory makes a comeback. *Psychological Inquiry, 3,* 303–311.
Bandura, A. (1986). The explanatory and predictive scope of self-efficacy theory. *Journal of Social and Clinical Psychology, 4,* 359–373.
Baumeister, R. F., & Leary, M. R. (1995). The need to belong: Desire for interpersonal attachments as a fundamental human motivation. *Psychological Bulletin, 117,* 497–529.
Baumeister, R. F., Vohs, K. D., & Tice, Dianne M. (2007). The strength model of self-control. *Current Directions in Psychological Science, 16,* 351–355.
Bem, D. J. (1972). Constructing cross-situational consistencies in behavior: Some thoughts on Alker's critique of Mischel. *Journal of Personality, 40,* 17–26.
Brehm, J. W. (1966). *A theory of social reactance.* Oxford: Academic.
Brehm, S. S., & Brehm, J. W. (1981). *Psychological reactance. A theory of freedom and control.* Oxford: Academic.
Burke, B. L., Martens, A., & Faucher, E. H. (2010). Two decades of terror management theory: A meta-analysis of mortality salience research. *Personality and Social Psychology Review, 14,* 155–195.
Castano, E., Yzerbyt, V., Paladino, M., & Sacchi, S. (2002). I belong, therefore, I exist: Ingroup identification, ingroup entitativity, and ingroup bias. *Personality and Social Psychology Bulletin, 28,* 135–143.
Chandler, M. J., & Proulx, T. (2008). Personal persistence and persistent peoples: Continuities in the lives of individual and whole cultural communities. In F. Sani (Hrsg.), *Self continuity: Individual and collective perspectives* (S. 213–226). New York: Psychology.

Cooley, C. H. (1902). *Human nature and the social order*. New York: Scribner's.
Cross, S. E., Hardin, E. E., & Gercek-Swing, B. (2011). The what, how, why, and where of self-construal. *Personality and Social Psychology Review, 15*, 142–179.
Festinger, L. (1954). A theory of social comparison processes. *Human Relations, 7*, 117–140.
Festinger, L. (1957). *A theory of cognitive dissonance*. Stanford: Stanford University Press.
Fritsche, I., Jonas, E., & Kessler, T. (2011). Collective reactions to threat: Implications for intergroup conflict and solving societal crises. *Social Issues and Policy Review, 5*, 101–136.
Fritsche, I., Jonas, E., & Frey, D. (2017). Das Bedürfnis nach Kontrolle als soziale Motivation. In H.-W. Bierhoff & D. Frey (Hrsg.), *Enzyklopädie der Psychologie: Bd. C/VI/1. Selbst und soziale Kognition*. Göttingen: Hogrefe (im Druck).
Greenberg, J., & Jonas, E. (2003). Psychological motives and political orientation: The left, the right, and the rigid: Comment on Jost et al. (2003). *Psychological Bulletin, 129*, 376–382.
Greenberg, J., Solomon, S., & Pyszczynski, T. (1997). Terror management theory of self-esteem and cultural worldviews: Empirical assessments and conceptual refinements. In M. P. Zanna (Hrsg.), *Advances in experimental social psychology* (S. 61–139). San Diego: Academic.
Guinote, A. (2007). Power affects basic cognition: Increased attentional inhibition and flexibility. *Journal of Experimental Social Psychology, 43*, 685–697.
Higgins, E. T. (1997). Beyond pleasure and pain. *American Psychologist, 52*, 1280–1300.
Hogg, M. A. (2000). Subjective uncertainty reduction through self-categorization: A motivational theory of social identity processes. *European Review of Social Psychology, 11*, 223–255.
Hogg, M. A. (2007). Uncertainty-identity theory. In M. P. Zanna (Hrsg.), *Advances in experimental social psychology* (S. 69–126). San Diego: Academic.
James, W. (1890). *The principles of psychology*. New York: Holt.
Jonas, E., Fritsche, I., & Greenberg, J. (2005). Currencies as cultural symbols – An existential psychological perspective on reactions of Germans toward the Euro. *Journal of Economic Psychology, 26*, 129–146.
Jost, J. T., Glaser, J., Kruglanski, A. W., & Sulloway, F. J. (2003). Political conservatism as motivated social cognition. *Psychological Bulletin, 129*, 339–375.
Kay, A. C., Gaucher, D., Napier, J. L., Calla, M. J., & Laurin, K. (2008). God and the government: Testing a compensatory control mechanism for the support of external systems. *Journal of Personality and Social Psychology, 95*, 18–35.
Langer, E. J. (1975). The illusion of control. *Journal Of Personality And Social Psychology, 32(2)*, 311–328. doi: 10.1037/0022-3514.32.2.311.
Langer, E. J., & Rodin, J. (1976). The effects of choice and enhanced personal responsibility for the aged: A field experiment in an institutional setting. *Journal of Personality and Social Psychology, 34*, 191–198.
Lepper, M. R., Greene, D., & Nisbett, R. E. (1973). Undermining children's intrinsic interest with extrinsic reward: A test of the 'overjustification' hypothesis. *Journal of Personality and Social Psychology, 28*, 129–137.
Lockwood, P., & Kunda, Z. (1997). Superstars and me: Predicting the impact of role models on the self. *Journal of Personality and Social Psychology, 73*, 91–103.

Lurquin, J. H., Michaelson, L. E., Barker, J. E., Gustavson, D. E., von Bastian, C. C., Carruth, N. P., & Miyake, A. (2016). No evidence of the ego-depletion effect across task characteristics and individual differences: A pre-registered study. *Plos ONE, 11(2)*.

Markus, H. R. (1977). Self-schemata and processing information about the self. *Journal of Personality and Social Psychology, 35*, 63–78.

Markus, H. R., & Kitayama, S. (1991). Culture and the self: Implications for cognition, emotion, and motivation. *Psychological Review, 98*, 224–253.

McGregor, I., & Marigold, D. C. (2003). Defensive zeal and uncertain self: What makes you so sure? *Journal of Personality and Social Psychology, 85*, 838–852.

Mead, G. H. (1934). *Mind, self and society: From the standpoint of a social behaviorist*. Oxford: University of Chicago Press.

Mikulincer, M., & Florian, V. (2002). The effects of mortality salience on self-serving attributions – Evidence for the function of self-esteem as a terror management mechanism. *Basic and Applied Social Psychology, 24*, 261–271.

Miron, A. W., & Brehm, J. W. (2006). Reaktanztheorie – 40 Jahre später. *Zeitschrift für Sozialpsychologie, 37*, 9–18.

Mussweiler, T. (2006). Sozialer Vergleich. In H.-W. Bierhoff & D. Frey (Hrsg.), *Handbuch der Sozialpsychologie und Kommunikationspsychologie* (S. 103–112). Göttingen: Hogrefe.

Pittman, T. S., & Zeigler, K. R. (2007). Basic human needs. In A. W. Kruglanski & E. T. Higgins (Hrsg.), *Handbook of basic principles* (S. 473–489). New York: Guilford.

Preston, J., & Wegner, D. M. (2005). Ideal agency: The perception of self as an origin of action. In A. Tesser, J. V. Wood, & D. A. Stapels (Hrsg.), *On building, defending and regulating the self: A psychological perspective* (S. 103–125). New York: Psychology.

Rosenblatt, A., Greenberg, J., Solomon, S., Pyszczynski, T., & Lyon, D. (1989). Evidence for terror management theory: I. The effects of mortality salience on reactions to those who violate or uphold cultural values. *Journal of Personality and Social Psychology, 57*, 681–690.

Rothbaum, F., Weisz, J. R., & Snyder, S. S. (1982). Changing the world and changing the self: A two-process model of perceived control. *Journal of Personality and Social Psychology, 42*, 5–37.

Sani, F. (2008). *Self continuity: Individual and collective perspectives*. New York: Psychology.

Schmeichel, B. J., Vohs, K. D., & Baumeister, Roy. F. (2003). Intellectual performance and ego depletion: Role of the self in logical reasoning and other information processing. *Journal of Personality and Social Psychology, 85*, 33–46.

Schwarz, N., Bless, H., Strack, F., Klumpp, G., Rittenauer-Schatka, H., & Simons, A. (1991). Ease of retrieval as information: Another look at the availability heuristic. *Journal of Personality and Social Psychology, 61*, 195–202.

Sherman, D. K., & Cohen, G. L. (2006). The psychology of self-defense: Self-affirmation theory. In M. P. Zanna (Hrsg.), *Advances in experimental social psychology* (S. 183–242). San Diego: Academic.

Sherman, D. K., Kinias, Z., Major, B., Kim, H., & Prenovost, M. (2007). The group as a resource: Reducing biased attributions for group success and failure via group affirmation. *Personality and Social Psychology Bulletin, 33*, 1100–1112.

Sinclair, S., Hardin, C. D., & Lowery, B. S. (2006). Self-stereotyping in the context of multiple social identities. *Journal of Personality and Social Psychology, 90,* 529–542.

Skinner, E. A. (1996). A guide to constructs of control. *Journal of Personality and Social Psychology, 71,* 549–570.

Skinner, E. A. (2007). Secondary control critiqued: Is it secondary? Is it control? Comment on morling and evered (2006). *Psychological Bulletin, 166,* 911–916.

Steele, C. M. (1988). The psychology of self-affirmation: Sustaining the integrity of the self. In L. Berkowitz (Hrsg.), *Social psychological studies of the self: Perspectives and programs* (S. 261–302). San Diego: Academic.

Tajfel, H., & Turner, J. C. (1979). An integrative theory of intergroup conflict. In W. G. Austin & S. Worchel (Hrsg.), *The social psychology of intergroup relations* (S. 33–47). Monterey: Brooks/Cole.

Taylor, S. E., & Brown, J. D. (1988). Illusion and well-being: A social psychological perspective on mental health. *Psychological Bulletin, 103,*193–210.

Turner, J. C., Hogg, M. A., Oakes, P. J., Reicher, S. D., & Wetherell, M. S. (1987). *Rediscovering the social group: A self-categorization-theory.* Cambridge: Blackwell.

Van den Bos, K. (2009). The social psychology of uncertainty management and system justification. In J. T. Jost, A. C. Kay, & H. Thorisdottir (Hrsg.), *Social and psychological bases of ideology and system justification* (S. 185–209). New York: Oxford University Press.

Wills, T. A. (1981). Downward comparison principles in social psychology. *Psychological Bulletin, 90,* 245–271.

Interpersonale Beziehungen und Interaktionen

Zusammenfassung

In diesem Kapitel betrachten wir Prozesse der Interaktion zwischen Personen sowie deren Beziehungen untereinander. Wir gehen davon aus, dass Gesellung (Affiliation) und Zugehörigkeit ein menschliches Grundbedürfnis darstellen und sozialer Ausschluss von Menschen als bedrohlich erlebt wird. Wir befassen uns dann mit den Prozessen zwischenmenschlicher Anziehung („Was macht mich attraktiv?"). Schließlich stellen wir mit der Forschung zu prosozialem und aggressivem Verhalten zwei klassische Forschungsfelder der Sozialpsychologie interpersonaler Interaktion dar.

Wo spielt sich unser soziales Leben ab? In den vorangegangenen Kapiteln haben wir viele Beispiele dafür gegeben, dass in der Sozialpsychologie beschriebene Prozesse allein im Kopf des oder der Einzelnen ablaufen können (z. B. Identifikation mit Gruppen, soziale Vergleiche, soziale Einstellungen). Diese Perspektive der sozialen Kognitionsforschung ist für die moderne Sozialpsychologie zwar sehr wichtig, beschreibt das soziale Leben aber bestenfalls zur Hälfte. Die Bedeutung des sozialen Kontexts für das menschliche Denken und Handeln offenbart sich – auch für Laien – ganz offensichtlich in konkreten *sozialen Interaktionen* (wenn Sie z. B. Ihrem Nachbarn helfen oder sich mit ihm streiten) und in der Vielzahl unserer zwischenmenschlichen *Beziehungen* (z. B. Freundschaften, Liebesbeziehungen, Feindschaften).

In soziale Beziehungsnetzwerke eingebunden zu sein, erscheint als eines der zentralen menschlichen Bedürfnisse. Insbesondere in Bedrohungssituationen wird dies offenbar. Ein absoluter Klassiker ist hierbei das Wartezimmer-Experiment von Stanley Schachter aus dem Jahr 1959 (s. Kasten 1), in dem Schachter zeigte, dass Bedrohung allgemeine Gesellungstendenzen *(Affiliation)* von Menschen erhöhen kann.

Hintergrundinformation: Flucht ins Wartezimmer – Stanley Schachters klassisches Experiment

„Erlauben Sie mir, mich vorzustellen. Ich bin Dr. Gregor Zilstein aus der Abteilung Neurologie und Psychiatrie der Medizinischen Fakultät. Ich habe Sie alle heute hierher gebeten, damit Sie als Versuchspersonen an einem Experiment zu den Effekten elektrischer Schocks teilnehmen. […] Die Schocks werden schmerzhaft sein. Wenn wir etwas herausfinden möchten, das der Menschheit wirklich hilft, müssen wir – wie Sie sich vorstellen können – intensive Schocks verwenden".

Auf diese Weise wurde eine Hälfte der Versuchspersonen in Stanley Schachters (1959) berühmtem Wartezimmer-Experiment begrüßt. Der anderen Hälfte versicherte „Dr. Zilstein", dass die Schocks ihre Bezeichnung nicht verdienten, und alles ganz harmlos sei. Anschließend wurden alle Teilnehmenden gebeten, noch eine Weile zu warten, bis das Experiment beginnen sollte. Sie wurden gefragt, ob sie lieber in einem Wartezimmer gemeinsam mit anderen Teilnehmenden oder allein warten möchten oder ob es ihnen egal sei. Was hätten Sie getan? Im Ergebnis war es den meisten Leuten dann egal, wenn sie zu der Gruppe gehörten, die vorher von der Harmlosigkeit des Schockexperiments überzeugt worden war (Bedingung „geringe Angst"). Ganz anders zeigte es sich für die erschreckten Versuchspersonen (Bedingung „hohe Angst"). Diese wollten mehrheitlich gemeinsam mit Anderen warten (s. Abb. 6.1).

Unter Bedrohung suchen Menschen die Gesellschaft Anderer auf. Allerdings vorwiegend die Gesellschaft *ähnlicher* Anderer, wie Schachters Nachfolgestudien zeigten: Hier zog es die erschreckten Personen insbesondere dann ins Wartezimmer, wenn die anderen Wartenden zukünftige Teilnehmende des gleichen Experiments waren (und nicht beliebige andere Wartende). Schachters berühmte Schlussfolgerung lautete daher verkürzt: *Misery loves company, but miserable only!*

Die große Bedeutung, die das Zusammensein und -leben mit anderen Menschen für uns hat, zeigt sich auch im hohen Ausmaß prosozialen und moralischen Verhaltens,

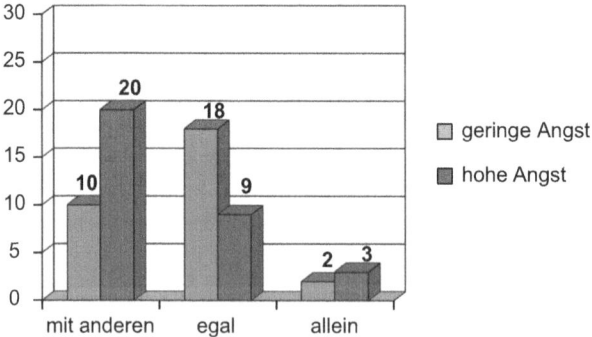

Abb. 6.1 Präferenz für das Warten allein oder gemeinsam mit Anderen als Funktion erlebter Bedrohung

das wir im Alltag – nicht nur in Notsituationen – spontan zeigen (z. B. dem älteren Nachbarn Hilfe beim Tragen der Einkäufe anbieten). Die gleiche Tendenz findet ihren Ausdruck in unseren negativen Reaktionen auf aggressives oder rücksichtsloses Verhalten, dem wir in der Regel mit Unverständnis und Bestrafung begegnen. Sowohl prosoziale als auch aggressive Interaktionen gehören zu den klassischen Forschungsbereichen der Sozialpsychologie, auf die wir daher in den hinteren Abschnitten dieses Kapitels zurückkommen werden.

6.1 Affiliation und das Bedürfnis nach Zugehörigkeit

6.1.1 Definitionen

Wenn Menschen sich einer Person oder mehreren Anderen zugesellen oder mit diesen interagieren, spricht man von *Affiliation* (Leary 2010). Es handelt sich hierbei also um eine vergleichsweise unverbindliche und vorübergehende Form der zwischenmenschlichen Beziehung. Dies unterscheidet Affiliation von dauerhaften Bindungen zu spezifischen Bindungspartnern (z. B. Mikulincer et al. 2005) und sogenannten *engen Beziehungen (close relationships)*, wie z. B. Eltern-Kind-Beziehungen, Freundschaften oder Liebesbeziehungen. Enge Beziehungen werden gemäß Clark und Lemay (2010) oft darüber charakterisiert, dass a) eine hohe gegenseitige Abhängigkeit zwischen Interaktionspartnern besteht (d. h., die Gedanken, Gefühle und Verhaltensweisen des Einen beeinflussen jene des Anderen), die von gewisser Dauerhaftigkeit ist. Auch besteht zwischen den Partnern b) ein hohes Ausmaß an Intimität und die Motivation, den jeweils Anderen bei Bedarf zu unterstützen, ohne dass dafür eine Gegenleistung erwartet wird. Schließlich gibt es in engen Beziehungen die Tendenz, c) die andere Person gedanklich in das Selbst einzuschließen (*inclusion of the other in the self*; Aron et al. 2004).

6.1.2 Weshalb wir Zugehörigkeit brauchen

Affiliation und das Eingebundensein in enge Beziehungen hatten für Menschen im Laufe ihrer evolutionären Entwicklung große Vorteile (Baumeister und Leary 1995). Sozialität ermöglichte nicht nur den Schutz vor Feinden (z. B. schaurige Höhlenbären) oder widrigen Umweltgegebenheiten (z. B. im eiszeitlichen Europa), sondern auch die optimierte Ausbeutung der Umwelt zum Nutzen der Mitglieder von Gruppen und Beziehungsnetzwerken (z. B. gemeinschaftliche

Mammutjagd). Und auch für menschliche Fortpflanzung sind Affiliation, enge Beziehungen und Gruppenzugehörigkeit zentral: Nicht nur bei der Partnerwahl, sondern auch bei der Fürsorge für Kinder, die ohne effektive Gemeinschaften nur schwer vorstellbar war und ist. Erhöhte Affiliationstendenzen unter Bedrohung, wie sie beispielsweise in Schachters (1959) Wartezimmerstudien auftraten, scheinen eine intuitive Reaktion auf bedrohliche Situationen darzustellen (Leary 2010), die in vielen Studien gefunden wurde und die zeigt, wie bedeutsam Gesellung für die Erfüllung menschlicher Bedürfnisse ist. Schachter selbst erklärte seine Befunde damit, dass Affiliation mit ähnlichen Anderen es Personen einerseits durch soziale Vergleiche ermöglicht, die Sicherheit darüber zu erhöhen, ob eigene Wahrnehmungen und Gedanken angemessen sind (*uncertainty reduction;* s. Kap. 5) und Angst dadurch zu reduzieren, dass man über eine bedrohliche Situation sprechen, Unterstützung erhalten oder sich in Anwesenheit Anderer ablenken kann.

Zugehörigkeit zu Gruppen und Beziehungsnetzwerken kann die negativen Folgen erlebter psychischer Belastung durch unterschiedliche Formen der sozialen Unterstützung abschwächen und die seelische und körperliche Gesundheit im Allgemeinen stärken. Lynch (1979) fand beispielsweise eine höhere Lebenserwartung für verheiratete als für unverheiratete Personen. In Studien von Haslam, O'Brien, Jetten, Vormedal und Penna (2005) zeigten Mitglieder so unterschiedlicher Berufsgruppen, wie Minenräumer und Barkeeper geringere Stresssymptomatik, wenn sie hoch mit ihrer jeweiligen Berufsgruppe identifiziert waren. Dieser Effekt konnte dadurch erklärt werden, dass Hochidentifizierte sich in stärkerem Maße durch ihre Gruppe unterstützt fühlten. Was es heißt, wenn das Gefühl der Zugehörigkeit selbst bedroht ist, zeigen Untersuchungen zu den Folgen sozialen Ausschlusses (*social exclusion*) und von Ausgrenzung (*ostracism*). In Experimenten von Kipling Williams (2007) wurden Versuchspersonen gebeten, sich in einem Online-Computerspiel ("Cyberball"; s. Abb. 6.2) gemeinsam mit zwei anderen Mitspielerinnen/-mitspielern einen Ball zuzuwerfen. Tatsächlich waren die Spielfiguren der vermeintlichen Mitspieler programmiert, die eigentliche

Abb. 6.2 Kip Williams berühmtes Cyberball-Spiel zur experimentellen Manipulation sozialen Ausschlusses. (Mit freundlicher Genehmigung von Kipling D. Williams)

Versuchsperson vom Spiel auszuschließen. Das heißt, nach wenigen Spielzügen warfen sich die beiden „Mitspieler" den Ball nur noch gegenseitig zu. In Übereinstimmung mit Williams Theorie fühlten sich die Versuchspersonen anschließend nicht nur in geringerem Maße zugehörig, sondern auch ihr Selbstwert, ihr Kontrollgefühl und das Gefühl sinnvoller Existenz gingen zurück. Offenbar depriviert sozialer Ausschluss unsere wesentlichen psychologischen Grundbedürfnisse (s. Kap. 5). Angesichts dessen ist es nicht verwunderlich, dass Menschen unter Bedingungen sozialen Ausschlusses um die Herstellung neuer Beziehungen bemüht sind. Auf subtile Weise fand sich diese Neigung in einer Studie von Lakin et al. (2008), in der Personen, die im Cyberball-Spiel ausgegrenzt worden waren, dazu neigten, einen neuen Interaktionspartner nachzuahmen *(Mimikry)*, insbesondere dann, wenn dieser der eigenen Gruppe angehörte. Falls Sie selbst einmal Cyberball spielen möchten, können Sie sich das Programm hier herunterladen: http://www1.psych.purdue.edu/~willia55/Announce/cyberball.htm.

Auf Grundlage dieser und ähnlicher Befunde postulierten Baumeister und Leary (1995), dass Menschen ein evolutionär verankertes Bedürfnis nach Zugehörigkeit *(need to belong)* besitzen: Menschen streben danach, „ein Mindestmaß an dauerhaften, positiven, und bedeutsamen interpersonalen Beziehungen aufzubauen und aufrechtzuerhalten" (S. 497).

6.1.3 Was macht mich attraktiv? (oder: Die Entstehung enger Beziehungen)

Die Überschrift dieses Abschnitts ist ein *Eye Catcher*. Natürlich wollen wir wissen, was uns selbst für potenzielle Interaktions- oder Beziehungspartner attraktiv macht (das ist ein weiterer Beleg für die zentrale Bedeutung sozialer Zugehörigkeit!). Entsprechend vielfältig ist die sozialpsychologische Forschung zu den Determinanten zwischenmenschlicher Attraktion. Wir können hier zwischen a) Merkmalen der Person, b) Merkmalen der Relation zwischen Personen sowie c) Merkmalen der Situation unterscheiden.

a) Die körperliche Schönheit einer Person wird in der Alltagssprache oft mit deren Attraktivität gleichgesetzt. Und tatsächlich gelten körperlich schöne Personen als besonders begehrte Interaktions- und Beziehungspartner. Es scheint die Heuristik zu gelten, „was schön ist, ist auch gut". Immerhin mag körperliche Schönheit in unserer evolutionären Geschichte ein Hinweis auf körperliche Gesundheit gewesen sein (Thornhill und Gangestad 1999). Doch was ist schön? In der Forschung zur Schönheit von Gesichtern (Rhodes 2006) zeigt sich, dass Menschen symmetrische und geschlechtstypische Gesichter besonders attraktiv finden und – auf den ersten Blick überraschend – *durchschnittliche* Gesichter. Langlois und Roggman (1990) legten zufällig ausgewählte Fotos von amerikanischen Studierenden im Computer übereinander und errechneten Durchschnittsgesichter *(morphing)*. Je mehr Einzelgesichter in einem solchen Durchschnittsgesicht enthalten waren, desto attraktiver wurde das Gesicht eingeschätzt.

Ob körperlich (oder auf andere Weise) hoch attraktive Personen auch tatsächlich immer die Partner der Wahl sind, ist allerdings umstritten. Schließlich kann das Zusammenleben mit einem hochattraktiven Partner zu Aufwärtsvergleichen (s. Kap. 5) führen, die den subjektiven Wert der eigenen Person mindern (für einen Überblick s. Clark und Lemay 2010).

b) Die Merkmale einer Person machen ihn oder sie also nicht automatisch als Partner oder Partnerin in einer Beziehung attraktiv. Statt lediglich eine Partnerin oder einen Partner zu suchen, die oder der einen möglichst hohen allgemeinen „Marktwert" hat, achten Menschen bei ihrer Wahl mindestens ebenso sehr auf eine hohe Passung („gleich und gleich gesellt sich gern"). Einer der am besten abgesicherten Befunde der Beziehungsforschung ist daher auch, dass *Ähnlichkeit* zwischen Personen (z. B. hinsichtlich Einstellungen) zu einer hohen gegenseitigen Anziehung führt (Byrne und Griffitt 1973). Untersuchungen zeigen, dass bereits rudimentäre Hinweise auf Ähnlichkeit (z. B. dasselbe Geburtsdatum) zur Wahrnehmung von Zusammengehörigkeit führen können (Miller et al. 1998).

c) Menschen werden oft durch Zufälle zusammengeführt. Beispielsweise entschied die zufällige Verteilung von Erstsemestern auf die Appartments eines Studierendenwohnheims darüber, wer sich mit wem befreundete: Freundschaften entwickelten sich eher zwischen direkten als zwischen indirekten Wohnungsnachbarn (Festinger et al. 1950). Räumliche Nähe mag Beziehungen aus unterschiedlichen Gründen fördern (Vertrautheit, hohe Verfügbarkeit, Erwartungen künftiger Interaktionen). In jedem Fall zeigen diese Befunde, dass über Freundschaft und Liebe zwischen Menschen nicht immer nur deren (relative) persönliche Merkmale, sondern manchmal eben einfach günstige Rahmenbedingungen entscheiden. Das ist zwar tendenziell unromantisch, aber immerhin empirisch belegt (für einen aktuellen Überblick über weitere „unromantische" Ergebnisse aus der Beziehungsforschung s. z. B. Clark und Lemay 2010).

6.2 Prosoziales Verhalten: Der Mensch ist gut!

In dem Ausmaß, in dem Menschen positive soziale Beziehungen und die Zugehörigkeit zu Gruppen anstreben, steigt auch ihre Tendenz, sich entsprechend sozialer Normen und Werte und im Sinne des Wohlergehens Anderer zu verhalten (*prosoziales Verhalten*; s. Dovidio et al. 2006). Schließlich ist dies eines der wirksamsten Mittel, sich die Zuneigung Anderer zu sichern (s. Kap. 8). Gleichzeitig wurde in der Forschung diskutiert, ob Menschen sich auch ohne dieses – im Kern eigennützige – Motiv prosozial verhalten. Daniel Batson und seine Kolleginnen und Kollegen (Batson und Shaw 1991) haben zahlreiche Belege dafür gesammelt, dass es „wahren" *Altruismus* gibt – ein Verhalten also, das letztendlich darauf abzielt, das Wohlergehen einer anderen Person zu erhöhen. Wahrer Altruismus tritt gemäß Batsons *Empathie-Altruismus-Hypothese* dann auf, wenn Menschen das Leid anderer Personen nachempfinden und dann deren Situation verbessern wollen. Diese empathische Emotion kann beispielsweise dann entstehen, wenn Menschen die Perspektive einer leidenden Person übernehmen oder sie sich der anderen Person als ähnlich wahrnehmen.

Hintergrundinformation: Das Elaine-Experiment (Batson et al. 1981)
44 Psychologiestudentinnen der Universität Kansas wurden gebeten, eine angebliche zweite Versuchsperson im Nebenraum („Elaine") über einen Monitor dabei zu beobachten, wie diese starke Elektroschocks erhält. Bereits bei den ersten beiden Elektroschocks lassen Elaines Gesichtsausdruck, ihre Körperbewegungen und rückgemeldete körperliche Erregungswerte darauf schließen, dass Elaine extrem leidet. In der Mitte des zweiten Schockdurchgangs bricht die Versuchsleiterin daher ab und fragt Elaine, ob es Ihr gut ginge. Elaine berichtet von einer traumatischen Kindheitserfahrung mit Elektroschocks. Allerdings meint Elaine, sie wolle versuchen, weiter zu machen, da sie wisse, wie wichtig das Experiment sei. Jetzt schlägt die Versuchsleiterin vor, dass sie die andere (die eigentliche) Versuchsperson fragen könne, ob sie für Elaine einspringt. Was hätten Sie getan?
  Die Bereitschaft der Versuchspersonen, anstelle von Elaine acht weitere Elektroschocks entgegen zu nehmen, hing von zwei experimentell manipulierten Rahmenbedingungen bzw. Faktoren ab: Ihrer wahrgenommenen Ähnlichkeit mit Elaine (hoch/gering) und der Möglichkeit, der Situation zu entfliehen (leicht/schwierig). In der Bedingung hoher wahrgenommener Ähnlichkeit hatten die Teilnehmerinnen vor Beginn des Elektroschockversuchs Elaines angebliche Antworten auf Fragen zu persönlichen Präferenzen lesen dürfen, die ihren eigenen – im Vorfeld des Versuchs erhobenen – Antworten sehr ähnlich waren (wenn die Versuchsperson als Lieblingszeitschrift beispielsweise ein Nachrichtenmagazin angegeben hatte, so fand sich auch auf Elaines angeblichem Fragebogen ein Nachrichtenmagazin). In der Versuchsbedingung geringer Ähnlichkeit waren Elaines Antworten sehr unähnlich (z. B. Versuchsperson: „Newsweek"; Elaine: „Cosmopolitan"). Unter Bedingungen hoher Ähnlichkeit sollte die empfundene Empathie für Elaine besonders hoch, bei

geringer Ähnlichkeit jedoch eher gering gewesen sein. Hinsichtlich des zweiten Faktors (Flucht leicht/schwierig) hatte die Hälfte der Teilnehmerinnen die Möglichkeit, die Situation ohne Gesichtsverlust zu verlassen, indem die Versuchsleiterin ihnen erklärte, dass sie – wie zu Beginn des Versuchs angekündigt – nur zwei Versuchsdurchgänge beobachten müsse und daher jetzt einfach gehen könne (Bedingung „Flucht leicht"). Den übrigen Teilnehmerinnen war vorher gesagt worden, dass in jedem Fall die restlichen Schockdurchgänge von einer Person beobachtet werden müssten („Flucht schwierig").

In Übereinstimmung mit den Annahmen der Empathie-Altruismus-Hypothese senkte eine leichte Fluchtmöglichkeit die Bereitschaft der Teilnehmerinnen, mit Elaine die Rollen zu tauschen nur dann, wenn Elaine als ihnen unähnlich dargestellt worden war (Empathie gering). War das empathische Potenzial durch eine hohe wahrgenommene Ähnlichkeit mit Elaine jedoch künstlich erhöht, so erklärten sich die Teilnehmerinnen auch bei leichter Fluchtmöglichkeit in hohem Maße zum Rollentausch bereit. Aus diesen Ergebnissen schlossen die Autorinnen und Autoren, dass wahrhaft altruistische Hilfe dann auftreten kann, wenn Personen Empathie empfinden.

Die Forschungen zum psychologischen Altruismus wurden dafür kritisiert, dass sich auch hinter diesen scheinbar selbstlosen Verhaltensweisen eine letztlich eigennützige Rationalität verstecken kann. So könnten Personen, die einer notleidenden Person helfen, dies nur deshalb tun, weil dies ihr *eigenes* negatives Befinden reduziert oder sie damit ihre soziale Verpflichtung erfüllen (und dafür Belohnungen zu erwarten haben oder auch einer Strafe oder Selbstwertbedrohung bei Nicht-Helfen entgehen). Die Diskussion zur Rolle altruistischer Motivation für empathische Hilfeleistung dauert noch an (s. Batson und Shaw 1991). Dazu haben Batson und Kolleginnen und Kollegen eine Reihe provokanter Experimente durchgeführt, in denen einzelne mögliche Eigennutzmotive prosozialen Verhaltens (z. B. die Reduktion des eigenen Unwohlseins, das entsteht, wenn man das Leid einer anderen Person mit ansehen muss) dann in den Hintergrund traten, wenn in Menschen Empathie ausgelöst wurde (s. Hintergrundinformation „Elaine-Experiment"). Doch selbst wenn sich am Ende tatsächlich herausstellen sollte, dass Personen bei empathischen Empfindungen „lediglich" aus psychologischem Eigennutz helfen, wirft dies dennoch ein Schlaglicht auf die grundlegend prosoziale Natur des Menschen. Schließlich bestreiten auch die Vertreterinnen und Vertreter der „egoistischen" Erklärungen nicht, dass das Leid Anderer in uns aversive Emotionen auslöst oder das Nicht-Helfen Schuldgefühle. Diese hohe Prosozialität des Menschen liegt vermutlich darin begründet, dass soziale Verbände bzw. Gruppen die „primäre Selektionsumwelt" des Menschen darstellen (Brewer und Caporael 2006). Das heißt, ob eine Person sich fortpflanzen und ihre Gene weitergeben kann, hängt weniger von ihrer Anpassung an die natürlichräumliche Umwelt sondern eher davon ab, ob sie *soziale* Standards ihrer Gruppe erfüllt (z. B. anderen Leuten helfen oder ehrlich sein). Daher sollten beispielsweise negative Empfindungen im Angesicht des Leids Anderer und die darauf folgende „egoistische" Motivation, diese eigenen Empfindungen abzuschalten zu erhöhter Hilfeleistung führen und daher für Menschen evolutionär adaptiv sein. Selbst wenn also diese evolutionären Mechanismen hinter scheinbar altruistischen Akten stecken, so haben sie immerhin dazu geführt, dass Menschen heute hoch moralische und einander helfende Wesen sind (für einen Überblick s. Haidt und Kesebir 2010).

6.2.1 Gerechtigkeit(en)

Vorstellungen darüber, was gut und was böse ist, bestimmen unser alltägliches Verhalten in sozialen Kontexten, wie z. B. bei Verteilungsfragen. Stellen Sie sich vor, Sie könnten einen Geldbetrag von EUR 100 beliebig zwischen sich selbst und einer anderen Person aufteilen, ohne, dass die andere Person ein Mitspracherecht hat, wie der Betrag aufgeteilt wird und ohne, dass sie Ihnen gegenüber Sanktionsmöglichkeiten hätte. Was würden Sie tun? Würden Sie gemäß ökonomischer Rationalität handeln, sollten Sie das gesamte Geld für sich behalten und die andere Person leer ausgehen lassen, denn schließlich sollte diese Lösung Ihren persönlichen Gewinn maximieren. Stattdessen wählt die Mehrheit der Teilnehmenden in derartigen Versuchen zum sogenannten „Diktatorspiel" eine Verteilung, bei der auch die andere Person einen Teil des Geldes erhält (im Mittel geben Versuchspersonen der anderen Person EUR 28 ab, fällen also eine ökonomisch „irrationale" Entscheidung; Engel 2011). Dies zeigt, wie sehr Vorstellungen von Gerechtigkeit unser Denken und Handeln bestimmen. Hierbei können unterschiedliche Prinzipien der Verteilungsgerechtigkeit, wie Gleichheit (alles wird zu gleichen Teilen verteilt), Equity (jede Person wird gemäß ihres individuellen Beitrags bei der Verteilung berücksichtigt) oder Bedürfnis (wer etwas benötigt, der bekommt es) zur Anwendung kommen (Deutsch 1975). Welche dieser Verteilungsprinzipien wir im Alltag tatsächlich anwenden, hängt maßgeblich davon ab, wie wir unsere Beziehung zum jeweiligen Gegenüber definieren. So zeigten beispielsweise Clark und Mills (1979), dass die Anwendung des Equity-Prinzips die gegenseitige Anziehung in Austauschbeziehungen (z. B. zwischen Geschäftspartnern) erhöht, nicht aber in solchen, in denen die gegenseitige Sorge für das Wohlergehen des Anderen im Mittelpunkt steht (*communal relationships*; z. B. Familien). In letzteren führt nur die Anwendung des Bedürfnisprinzips zu erhöhter Sympathie für das Gegenüber. Der amerikanische Sozialpsychologe Alan Fiske (1992) nimmt an, dass Menschen vier unterschiedliche Beziehungstypen (bzw. -modellen) unterscheiden, die unter Anderem mit unterschiedlichen Verteilungsprinzipien einhergehen: Communal sharing (alle Personen werden gleich behandelt), authority ranking (eine vertikale Rangordnung bestimmt Verteilungen), equality matching (Verteilungsunterschiede ergeben sich aus unterschiedlichen Beiträgen) und market pricing (Verteilungen folgen dem „Marktwert" einer Person).

Gerechtigkeitsvorstellungen bestimmen unser Denken und Handeln nicht nur in Verteilungssituationen. Vielmehr werden auch Entscheidungsprozeduren hinsichtlich ihrer Gerechtigkeit bewertet (prozedurale Gerechtigkeit; Tyler 2000). Allein der Umstand, bei einer Entscheidung nach der eigenen Meinung gefragt worden zu sein („voice"), führt dazu, dass Personen auch solche Verteilungsentscheidungen akzeptieren, die für sie selbst zum Nachteil sind.

Der hohe Stellenwert von Gerechtigkeit kann auf unterschiedliche Weise erklärt werden. Die gerechte Behandlung der eigenen Person zeigt, dass man selbst ein anerkanntes Mitglied der eigenen Gruppe ist und ermöglicht gleichzeitig eine hohe Identifikation mit der eigenen Gruppe (Tyler und Lind 1992). Zudem lässt die Überzeugung, dass es in der Welt gerecht zugeht, die Umwelt vorhersehbar und beherrschbar erscheinen (van den Bos 2001; Kay et al. 2008).

6.2.2 Hilfeleistung in Notsituationen

Sind Andere in Not, ist unsere Reaktion ein Lackmustest unserer Moralität. Leider scheitern wir allzu oft und leisten keine Hilfe, obwohl diese nötig wäre. Medienberichte über den Mord an Kitty Genovese, denen zufolge diese unmittelbar vor ihrem eigenen Haus unter den Augen und Ohren von mindestens 38 Nachbarn im New Yorker Stadtteil Queens umgebracht wurde, ohne dass zunächst jemand die Polizei verständigte, waren Anlass für umfangreiche sozialpsychologische Forschungsarbeiten zum Unterlassen von Hilfeleistung in Notsituationen. Hierbei gerieten vor allem Kontextfaktoren in den Blick, die tatsächliches prosoziales Verhalten in Alltagssituationen verhindern können. In einem spektakulären Experiment von John Darley und Daniel Batson (1973) lasen Studierende der Theologie die Parabel vom barmherzigen Samariter und wurden anschließend gebeten, sich direkt zu einem zweiten Versuchsraum in einem anderen Gebäude zu begeben. Am Weg lag ein Mann in schäbiger Kleidung hustend am Boden. Tatsächlich bemühten sich die meisten der angehenden Theologen (65 %) zu helfen. Allerdings nur dann, wenn ihnen gesagt worden war, sie seien nicht in Eile. Waren sie vorher gebeten worden, sich zu beeilen, sank die Rate der Hilfeleistung dramatisch: Nur 10 % der potenziellen „Samariter" halfen. Offenbar ist menschliches Hilfeverhalten in vielen Situationen stark von äußeren Bedingungen und weniger von moralischen Überzeugungen der Handelnden abhängig.

Ein weiterer Kontextfaktor ist die Anwesenheit Anderer. Wie im Mordfall Kitty Genovese, wurde in zahlreichen Laborexperimenten beobachtet, dass die steigende Anzahl von Zeugen in einer Notsituation dazu führt, dass insgesamt später geholfen wird und die Wahrscheinlichkeit sinkt, dass einzelne Zeugen überhaupt eingreifen (*bystander*-Effekt). In einem „Kommunikationsexperiment" (Darley und Latané 1968), in dem die Teilnehmenden in Einzelkabinen saßen und nur durch eine stehende Audioverbindung miteinander kommunizierten, gaben 85 % der Versuchspersonen dem Versuchsleiter Bescheid, als eine andere Versuchsperson scheinbar einen epileptischen Anfall erlebte. Derart hohe Hilfeleistungsraten wurden allerdings nur dann erreicht, wenn *keine* weiteren Versuchspersonen am Versuch teilnahmen. Die Hilfeleistung sank auf 62 %, sobald eine weitere (eingeweihte) Versuchsperson beteiligt war und gar auf nur 31 % bei vier weiteren Beteiligten. Diese Befunde zum *bystander*-Effekt sind zunächst kontraintuitiv, glaubt man doch, nachts auf stärker belebten Straßen sicherer zu sein, als auf eher spärlich frequentierten. Dass das Gegenteil wahr sein könnte, mag daran liegen, dass a) die Anwesenheit zunächst untätiger Anderer bei Beobachtenden zu der Überzeugung führen könnte, dass gar kein Notfall vorliegt (z. B. könnten sie einen körperlichen Angriff als Rauferei unter Freunden missdeuten; *pluralistische Ignoranz*), b) die Anwesenheit anderer Zeugen die wahrgenommene eigene Verantwortung, einzugreifen, reduziert („die Anderen könnten auch etwas tun"; *Verantwortungsdiffusion*) und c) der Einzelne in Anwesenheit Anderer die Befürchtung hat, sich mit seinem Hilfeleistungsversuch zu blamieren (Bewertungsangst).

Jüngst haben Levine und Manning (2013) eine etwas optimistischere (und differenziertere) Analyse des Bystander-Effekts vorgestellt. Aufbauend auf dem Umstand, dass in den meisten einschlägigen Experimenten die Bystander Fremde waren, argumentieren sie, dass die Anwesenheit weiterer Beobachter Hilfeleistung dann befördern kann, wenn diese sich als Teil einer gemeinsamen Gruppe wahrnehmen und Hilfeleistung als gruppendienlich oder für diese Gruppe als normativ verstanden wird. Tatsächlich stieg in einem Experiment die intendierte Hilfeleistung von Beobachterinnen gegenüber einer Frau, die von einem Mann angegriffen wurde, wenn diese nicht alleine waren sondern sich in einer Gruppe von drei Personen befanden, die mehrheitlich oder ausschließlich aus Frauen bestand. Für männliche Teilnehmer zeigte sich der umgekehrte Effekt: Hier sank die Bereitschaft zur Hilfeleistung bei Anwesenheit einer männlich dominierten Gruppe ab. Zukünftige Forschung muss zeigen, inwieweit die erlebte Gemeinschaft von Gruppen dazu beitragen kann, dass Menschen in Notsituationen helfen (s. auch Kap. 8).

6.3 Aggressives Verhalten: Der Mensch ist schlecht!(?)

6.3.1 Definitionen aggressiven Verhaltens

Die Bedingungen unterlassener Hilfeleistung wurden auch deshalb so intensiv untersucht, weil diese Situationen unseren berechtigten Erwartungen widersprechen, dass sich Menschen gemeinschaftsdienlich verhalten. Gleiches gilt in noch stärkerem Ausmaß für aggressives Verhalten, also *die intendierte Schädigung einer anderen Person gegen deren Willen* (Baron und Richardson 1994).

Versuchen Sie sich an eine Situation zu erinnern, in der Ihnen von einer anderen Person gesagt wurde, Sie seien „aggressiv" (z. B., weil Sie gegenüber Ihrem Nachbarn laut wurden). Vermutlich wird Ihnen eine solche Selbstbeschreibung nicht besonders gefallen haben und tatsächlich sind Menschen geneigt, aggressives Verhalten eher bei Anderen als bei sich selbst zu sehen (*Perspektivendivergenz;* Mummendey 1987). Die Frage, wer sich in einer Situation denn aggressiv verhalten habe, ist unter den Beteiligten in der Regel hochumstritten und auch für eine wissenschaftliche Definition des Begriffs ist es daher nötig, dessen Werthaltigkeit zu berücksichtigen. Demnach wird eine intendierte Schädigung einer anderen Person nur dann als Aggression verstanden, wenn diese Schädigung den geltenden kulturellen oder situativen Normen widerspricht (Mummendey 1987). Das Verhalten eines Boxers, der seinen Gegner während eines Kampfes k.o. schlägt, ist daher kein Gegenstand der Aggressionsforschung.

6.3.2 Erklärungen aggressiven Verhaltens

Die Forschungen zu den Ursachen menschlicher Aggression reichen bis in die Entstehungszeit der modernen wissenschaftlichen Psychologie zurück. Die amerikanischen Psychologen Dollard et al. (1939) die sog. Frustrations-Aggressions-Hypothese vor, der zufolge jeder Aggression eine Frustration vorausgehen und jede Frustration zu Aggression führen sollte. Mit Frustrationen meinen die Autoren Ereignisse, die das erwartete Erreichen eines Ziels verhindern. Hat sich mein Nachbar also bei meiner Party über den Lärm beschwert und damit die Feier vorzeitig beendet, so sollte dies in jedem Fall zu Aggression führen. Vielstimmige Kritik an dieser Hypothese führte zu einer verallgemeinernden (und zugleich einschränkenden) Neuformulierung durch Leonard Berkowitz (1989, 1993). Demnach lässt sich der Effekt von Frustration als ein Effekt jedweder aversiver Ereignisse (z. B. Schmerz, Hitze) verallgemeinern. Allerdings – und das ist die Einschränkung – schlagen sich aversive Ereignisse nicht zwangsläufig in beobachtbarem Verhalten nieder, sondern führen vielmehr zu einer allgemeinen Aggressions*neigung*, die lt. Berkowitz fest mit negativem Affekt assoziiert ist, der wiederum auf aversive Ereignisse folgt. Ob aus der Neigung zur Aggression auch beobachtbare aggressive Verhaltensweisen entstehen, wird durch das Ergebnis elaborierter Denkprozesse bestimmt, wie beispielsweise Ursachenzuschreibungen (der Nachbar hatte nicht die Absicht, meine Party zu beenden), Ergebniserwartungen (mein Nachbar könnte einen seiner gefürchteten Nahkampftricks anwenden) oder soziale Regeln (man darf niemanden beleidigen). Gleichzeitig wird die Wahrscheinlichkeit offener aggressiver Verhaltensreaktionen durch personale (z. B. persönliche Einstellung gegenüber körperlicher Gewalt) wie auch situative Einflüsse (z. B. aggressive Hinweisreize, wie z. B. Waffen) moduliert.

Parallel zur Weiterentwicklung assoziationistischer Modelle (Assoziation zwischen Frustration bzw. negativem Affekt und Aggressionsneigung) wurde eine Vielzahl alternativer empirisch fundierter Ansätze zur Erklärung aggressiven Verhaltens vorgeschlagen. Dazu gehören biologische, lerntheoretische, sozial-kognitive und Erregungsansätze sowie die sozial-interaktionistische Perspektive.

Biologie
Frühe biologische Ansätze, wie beispielsweise die Annahme eines evolutionär adaptiven Aggressions-Instinkts (Lorenz 1966) haben sich als wenig haltbar erwiesen (z. B. Bushman 2002). Die moderne biopsychologische Aggressionsforschung findet hingegen Hinweise, dass unterschiedliche biologische Faktoren aggressive Reaktionen wahrscheinlicher machen, wie beispielsweise eine geringe körperliche Ausgangserregung, geringe Mengen des Neurotransmitters Serotonin sowie ein hohes Niveau des Hormons Testosteron (Zusammenfassung bei Buschman und Huesmann 2010).

Lernen
Lerntheoretische Erklärungen gehen davon aus, dass aggressive Verhaltensmuster in der sozialen Umwelt gelernt werden, also beispielsweise durch „schlechte" Vorbilder in der Peer-Gruppe, der Familie oder den Massenmedien. Berühmt wurden Albert Banduras (Bandura et al. 1963) „Bobo-Doll-Studien", in denen die Forscher das aggressive Spielverhalten (Verprügeln der kindsgroßen Puppe „Bobo") drei- bis fünfjähriger Kinder durch das einmalige Vorführen aggressiver Zeichentrickfilme oder entsprechendes Modellverhalten Erwachsener erhöhten.

Denken
Sozial-kognitive Ansätze betonen die Bedeutung bewusster oder unbewusster Denkprozesse für aggressives Verhalten. Ist eine Person beispielsweise überzeugt, dass aggressives Verhalten in einer Situation angemessen ist (z. B. nach einer Provokation), wird sie sich in dieser Situation auch mit höherer Wahrscheinlichkeit aggressiv verhalten. Diese Überzeugungen können beispielsweise durch gelernte „soziale Skripts" (siehe Kapitel Soziale Informationsverarbeitung) entstehen. Aber auch unbewusste Prozesse, wie das Priming durch aggressive Hinweisreize, können Aggressionswahrscheinlichkeit erhöhen. Dies zeigt beispielsweise ein klassisches Experiment von Berkowitz und LePage (1967) zum Waffeneffekt: In einem Versuch, in dem es angeblich um die Bewertung von Leistung durch Elektroschocks ging, neigten Versuchspersonen, die vorher eine hohe Zahl Elektroschocks durch eine konföderierte Person erhalten hatten (Provokation), dazu, dieser Person ebenfalls eine erhöhte Anzahl von Elektroschocks zu verabreichen (im Vergleich zu solchen, die nicht provoziert worden waren). Dieser Effekt der Provokation auf aggressives Verhalten war dann besonders stark, wenn im Versuchsraum ein Gewehr und ein Revolver lagen, die angeblich zu einem anderen Experiment gehörten. In einer Kontrollbedingung lagen dort Federballschläger. Werden Menschen in einer Situation also (ggf. subtil) auf den Gedanken gebracht, dass Aggression angemessen sein könnte, steigt auch die Wahrscheinlichkeit aggressiver Reaktionen auf aversive Bedingungen, wie beispielsweise Provokation.

Erregung
Erhöhte physiologische Erregung wurde ebenfalls mit aggressiven Reaktionen in Verbindung gebracht. In Experimenten von Zillmann (z. B. Zillmann et al. 1972) zeigte sich, dass Personen auf eine Provokation im Elektroschockexperiment dann mit der Vergabe intensiverer Elektroschocks reagierten, wenn sie vorher auf einem Home-Trainer Fahrrad gefahren waren. Ärger und aggressive Reaktionen können offenbar durch Rest-Erregung intensiviert werden, auch wenn diese Erregung nichts mit einer vorangegangenen Provokation zu tun hat.

Soziale Interaktionen
Aggression findet in *sozialen Interaktionen* statt und lässt sich in vielen Fällen als Kette von Aggression und „Gegenaggression" beschreiben. Hierbei sollte die Frage, wer sich eigentlich aggressiv – also normativ unangemessen – verhalten hat, zwischen den interagierenden Personen hoch umstritten und selbst Teil des Konflikts sein (Mummendey 1987). Darüber hinaus weisen Tedeschi und Felson

(1994) darauf hin, dass aggressives Verhalten in sozialen Interaktionen als zielgerichtet verstanden werden kann, da es entweder subjektiv der Bestrafung Anderer und somit der (Wieder)Herstellung von Gerechtigkeit, Status oder Abschreckung dient oder Andere durch aggressives Verhalten gezwungen werden sollen, eigenen Wünschen nach Ressourcen, Dienstleistungen oder Sicherheit zu entsprechen. Aus dieser sozial-interaktionistischen Perspektive ist es zweifelhaft, ob es so etwas wie „blindwütige", affektive Aggression überhaupt gibt, wie sie in Ansätzen angenommen wird, die Aggression eher als individuelle Verhaltenstendenz verstehen.

Ein allgemeines Modell
Die verschiedenen Erklärungsansätze aggressiven Verhaltens wurden im „General Aggression Model" von Anderson und Bushman (2002) zusammengefasst (Abb. 6.3). Demnach gehen aggressiven Handlungen affektive, kognitive und erregungsbezogene interne Zustände voraus, die entweder durch Merkmale der handelnden Person (z. B. hohe Reizbarkeit, negative Stimmung) oder der Situation (z. B. eine Provokation) beeinflusst werden. Negativer Affekt, wütende Gedanken und erhöhte Erregung sollten dann beispielsweise entweder bewusst gesteuertes (z. B. Planung einer Intrige) oder impulsives aggressives Verhalten (z. B. unmittelbare Beleidigung) hervorrufen, in Abhängigkeit davon, in welchem Umfang elaborierte Bewertungs- und Entscheidungsprozesse hervorgerufen werden und zu welchem Ergebnis diese kommen. Personen sollten vor allem dann

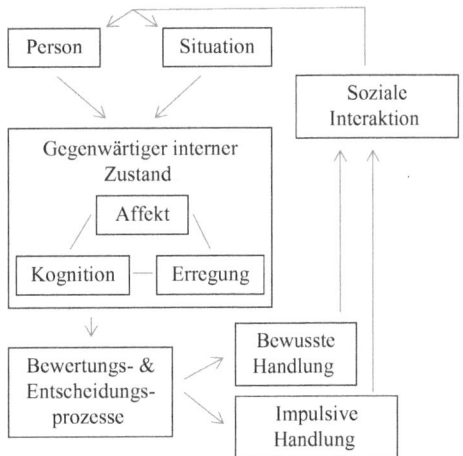

Abb. 6.3 Ein allgemeines Modell aggressiven Handelns von Anderson und Bushman (2002)

ausführlicher über eine Situation nachdenken, wenn diese hedonische Relevanz besitzt (also beispielsweise die eigene Reputation durch eine Beleidigung dauerhaft geschädigt sein könnte, das eigene Rechtsverständnis in Gefahr ist oder man es dem Gegenüber zutraut, dass er zurückschlägt). Neben der Motivation müssen Personen in einer Situation natürlich auch die Fähigkeit besitzen, ausführlich nachzudenken, was beispielsweise unter Zeitdruck oder bei kognitiver Mehrfachbelastung, wie beim Autofahren, schwierig sein könnte. Kommt eine Person zu dem Schluss, dass aggressives Handeln in der gegenwärtigen Situation gegen soziale Normen verstößt, den eigenen Zielen zuwiderläuft oder sie gar nicht in der Lage ist, der anderen Person etwas Beleidigendes entgegenzuschleudern („immer wenn ich ihn bräuchte, fällt mir kein passender böser Spruch ein"), sollte die Wahrscheinlichkeit aggressiven Verhaltens in dieser Situation sinken. Kommt es jedoch zu einer positiven Bewertung einer aggressiven Antwort und anschließend beispielsweise zu einer rüden Beleidigung, kann dies wiederum auf die Eingangsbedingungen aggressiven Verhaltens rückwirken, beispielsweise dadurch, dass der eigenen Beleidigung eine entsprechende aggressive Reaktion des Gegenüber folgte.

6.4 Zusammenfassung

Das Eingebundensein in soziale Interaktionen und Beziehungen wird von vielen Sozialpsychologinnen und Sozialpsychologen als ein menschliches Grundbedürfnis verstanden. Tatsächlich kann beispielsweise die Identifikation mit einer Gruppe die Stressverarbeitung begünstigen. Die hohe Bedeutsamkeit positiver sozialer Beziehungen findet ihren Ausdruck in prosozialem, moralischem und altruistischem Verhalten, das den erwarteten „default mode" menschlichen Verhaltens darstellt. Wird die Erwartung prosozialen Verhaltens verletzt, bedarf dies eigenständiger Erklärungen, wie sie beispielsweise in der Forschung zu unterlassener Hilfeleistung (z. B. Bystander-Effekt) oder auch der Aggressionsforschung gegeben werden.

Literatur

Anderson, C. A., & Bushman, B. J. (2002). Human aggression. *Annual Review of Psychology, 53,* 27–51.
Aron, A., Aron, E. N., Tudor, M., & Nelson, G. (2004). Close relationships as including other in the self. In H. T. Reis & C. E. Rusbult (Hrsg.), *Close relationships: Key readings* (S. 365–379). Philadelphia: Taylor & Francis.

Bandura, A., Ross, D., & Ross, S. A. (1963). Imitation of film-mediated aggressive models. *The Journal of Abnormal and Social Psychology, 66,* 3–11.

Baron, R. A., & Richardson, D. R. (1994). *Human aggression.* New York: Plenum.

Batson, C. D., & Shaw, L. L. (1991). Evidence for altruism: Toward a pluralism of prosocial motives. *Psychological Inquiry, 2,* 107–122.

Batson, C. D., Duncan, B. D., Ackerman, P., Buckley, T., & Birch, K. (1981). Is empathic emotion a source of altruistic motivation? *Journal of Personality and Social Psychology, 40,* 290–302.

Baumeister, R. F., & Leary, M. R. (1995). The need to belong: Desire for interpersonal attachments as a fundamental human motivation. *Psychological Bulletin, 11,* 497–529.

Berkowitz, L. (1989). Frustration-aggression hypothesis: Examination and reformulation. *Psychological Bulletin, 106,* 59–73.

Berkowitz, L. (1993). *Aggression: Its causes, consequences, and control.* New York: Mcgraw-Hill Book Company.

Berkowitz, L., & LePage, A. (1967). Weapons as aggression-eliciting stimuli. *Journal of Personality and Social Psychology, 7,* 202–207.

Bos, K. van den. (2001). Uncertainty management: The influence of uncertainty salience on reactions to percieved procedural fairness. *Journal of Personality and Social Psychology, 80,* 931–941.

Brewer, M. B., & Caporael, L. R. (2006). An evolutionary perspective on social identity: Revisiting groups. In M. Schaller, J. A. Simpson, & D. T. Kenrick (Hrsg.), *Evolution and social psychology* (S. 143–161). New York: Psychology Press.

Bushman, B. J. (2002). Does venting anger feed or extinguish the flame? Catharsis, rumination, distraction, anger and aggressive responding. *Personality and Social Psychology Bulletin, 28,* 724–731.

Bushman, B. J., & Huesmann, L. R. (2010). Aggression. In S. T. Fiske, D. T. Gilbert, & G. Lindzey (Hrsg.), *Handbook of social psychology* (S. 833–863). Hoboken: Wiley.

Byrne, D., & Griffith, W. (1973). *Interpersonal attraction.* Annual Review of Psychology, 24, 317–336.

Clark, M. S., & Lemay, L. R. (2010). Close Relationships. In S. T. Fiske, D. T. Gilbert, & G. Lindzey (Hrsg.), *Handbook of social psychology* (S. 898–940). Hoboken: Wiley.

Clark, M. S., & Mills, J. (1979). Interpersonal attraction in exchange and communal relationships. *Journal of Personality and Social Psychology, 37,* 12–24.

Darley, J. M., & Batson, C. D. (1973). 'From Jerusalem to Jericho': A study of situational and dispositional variables in helping behavior. *Journal of Personality and Social Psychology, 27,* 100–108.

Darley, J. M., & Latane, B. (1968). Bystander intervention in emergencies: Diffusion of responsibility. *Journal of Personality and Social Psychology, 8,* 377–383.

Deutsch, M. (1975). Equity, equality, and need: What determines which value will be used as the basis of distributive justice? *Journal of Social Issues, 31,* 137–149.

Dollard, J., Miller, N. E., Doob, L. W., Mowrer, O. H., & Sears, R. R. (1939). *Frustration and aggression.* New Haven: Yale University Press.

Dovidio, J. F., Piliavin, J. A., Schroeder, D. A., & Penner, L. (2006). *The social psychology of prosocial behavior.* Mahwah: Erlbaum.

Engel, C. (2011). Dictator games: A meta study. *Experimental Economics, 14,* 583–610.

Festinger, L., Schachter, S., & Back, K. (1950). *Social pressures in informal groups: A study of human factors in housing.* Oxford: Harper.

Fiske, A. P. (1992). The four elementary forms of sociality: Framework for a unified theory of social relations. *Psychological Review, 99,* 689–723.

Haidt, J., & Kesebir, S. (2010). Morality. In S. T. Fiske, D. T. Gilbert, & G. Lindzey (Hrsg.), *Handbook of social psychology* (S. 797–832). Hoboken: Wiley.

Haslam, S. A., O'Brien, A., Jetten, J., Vormedal, K., & Penna, S. (2005). Taking the strain: Social identity, social support, and the experience of stress. *British Journal of Social Psychology, 44,* 355–370.

Kay, A. C., Gaucher, D., Napier, J. L., Calla, M. J., & Laurin, K. (2008). God and the government: Testing a compensatory control mechanism for the support of external systems. *Journal of Personality and Social Psychology, 95,* 18–35.

Lakin, J. L., Chartrand, T. L., & Arkin, R. M. (2008). I am too just like you: Nonconscious mimicry as an automatic behavioral response to social exclusion. *Psychological Science, 19,* 816–822.

Langlois, J. H., & Roggman, L. A. (1990). Attractive faces are only average. *Psychological Science, 1,* 15–121.

Leary, M. R. (2010). Affiliation, acceptance, and belonging: The pursuit of interpersonal connection. In S. T. Fiske, D. T. Gilbert, & G. Lindzey (Hrsg.), *Handbook of social psychology* (S. 864–897). Hoboken: Wiley.

Levine, M., & Manning, R. (2013). Social identity, group processes, and helping in emergencies. *European Review of Social Psychology, 24,* 225–251.

Lorenz, K. (1966). *On aggression.* New York: Harcourt.

Lynch, J. J. (1979). *The broken heart: The medical consequences of loneliness.* New York: Basic.

Mikulincer, M., Shaver, P. R., Gillath, O., & Nitzberg, R. A. (2005). Attachment, caregiving, and altruism: Boosting attachment security increases compassion and helping. *Journal of Personality and Social Psychology, 89,* 817–839.

Miller, D. T., Downs, J. S., & Prentice, D. A. (1998). Minimal conditions for the creation of a unit relationship: The social bond between birthday mates. *European Journal of Social Psychology, 28,* 475–481.

Mummendey, A. (1987). Opponents in aggressive conflicts: Divergent interpretations and evaluations of interaction sequences. In G. R. Semin & B. Krahé (Hrsg.), *Issues in contemporary German social psychology: History, theories and application* (S. 36–54). London: Sage.

Rhodes, G. (2006). The evolutionary psychology of facial beauty. *Annual Review of Psychology, 57,* 199–226.

Schachter, S. (1959). *The psychology of affiliation: Experimental studies of the sources of gregariousness.* Palo Alto: Stanford University Press.

Tedeschi, J. T., & Felson, R. B. (1994). *Violence, aggression, and coercive actions.* Washington: APA.

Thornhill, R., & Gangestad, S. W. (1999). Facial attractiveness. *Trends in Cognitive Sciences, 3,* 452–460.

Tyler, T. R. (2000). Why do people cooperate in groups? Support for structural solutions to social dilemma problems. In M. Van Vugt, M. Snyder, T. R. Tyler, & A. Biel (Hrsg.), *Cooperation in modern society: Promoting the welfare of communities, states and organizations* (S. 64–82). New York: Routledge.

Tyler, T. R., & Lind, E. A. (1992). A relational model of authority in groups. In M. P. Zanna (Hrsg.), *Advances in experimental social psychology* (S. 115–191). San Diego: Academic.

Williams, K. D. (2007). Ostracism. *Annual Review of Psychology, 58,* 425–452.

Zillman, D., Katcher, A. H., & Milavsky, B. (1972). Excitation transfer from physical exercise to subsequent aggressive behavior. *Journal of Experimental Social Psychology, 8,* 247–259.

Prozesse und Strukturen in Kleingruppen 7

> **Zusammenfassung**
>
> Wodurch entstehen Gruppen und durch welche Merkmale zeichnen sie sich aus? In diesem Kapitel werden Merkmale und Strukturen sozialer Gruppen eingeführt. Hier wird eine Verbindung zu vorherigen Kapiteln hergestellt, indem die Rolle von sozialen Normen sowie des geteilten Wissens bei der Formierung und Stabilisierung von Gruppen hervorgehoben wird (z. B. Gruppenkohäsion, Rollendifferenzierungen, usw.). Es werden Bedingungen vorgestellt, die die Leistungsfähigkeit von Gruppen beeinflussen (z. B. Führungsverhalten). Wir werden sowohl problematische Aspekte der Leistung von Gruppen (Gruppendenken, verborgene Profile von Expertengruppen, usw.) als auch positive Aspekte des Arbeitens in Gruppen (soziale Unterstützung, Aufbau einer positiven Identität, Köhler-Effekt, usw.) diskutieren.

7.1 Einleitung

Im Alltag treffen wir uns mit anderen Menschen und schließen uns unterschiedlichen Gruppen an. In der Arbeit kooperieren wir als Teams, verbringen unsere Freizeit bei so unterschiedlichen Gemeinschaftsveranstaltungen wie Tanzen oder religiösen Ritualen, sind aktive Mitglieder unterschiedlicher Vereine, politischer Parteien und Sportarten. Nicht immer, wenn wir viele andere Menschen treffen, handelt es sich um Gruppen. So können wir beispielsweise mit Anderen im Aufzug fahren, bis jede und jeder im gewünschten Stockwerk aussteigt. Hier handelt es sich vermutlich nicht um eine Gruppenaktivität, denn man könnte auch ganz alleine sein Stockwerk erreichen. Wer bzw. ob überhaupt jemand anwesend ist, ist in einer solchen Situation purer Zufall. Sollte allerdings der Aufzug stecken bleiben, könnte es geschehen, dass die Personen im Aufzug beginnen, sich als

Gruppe zu sehen. Sie überlegen gemeinsam, wie sie aus dieser Situation heil heraus kommen können. Sie versuchen andere zu beruhigen, ihnen Mut zuzusprechen und sind gemeinsam erleichtert, wenn sie aus dem Aufzug gerettet werden. Eine der zentralen Fragen der Sozialpsychologie ist, was eine Menge von Individuen zu einer Gruppe werden lässt.

7.2 Was ist eine Gruppe?

Es lassen sich zwei verschiedene Perspektiven bei der Charakterisierung sozialer Gruppen unterscheiden: Die eine versucht zu bestimmen, wann sich Menschen als einer Gruppe zugehörig wahrnehmen und sich als Mitglieder einer Gruppe verhalten *(subjektive Perspektive)*. Eine andere Perspektive versucht Gruppen durch beobachtbare Merkmale, also von außen betrachtet, zu bestimmen *(objektive Perspektive,* da Gruppen als Objekt wahrgenommen werden). Einerseits ist für die Erklärung des Verhaltens von Gruppenmitgliedern wesentlich, dass sie sich und andere als Mitglieder einer gemeinsamen Gruppe wahrnehmen („wir" Deutschen oder „wir" Psychologinnen, beispielsweise). Dabei werden die eigene Gruppe und ihre Mitglieder meist als einander ähnlich und unterschieden von anderen Gruppen und deren Mitgliedern – also denen, die *nicht* dazu gehören – wahrgenommen. Andererseits ist es im Alltag wie auch in der Wissenschaft wichtig, von außen zu erkennen und zu bestimmen, ob eine Ansammlung von Menschen tatsächlich eine Gruppe ist (z. B. Deutsche oder Franzosen, Ober-, Mittel- oder Unterschicht, „Lumpenproletariat"). Diese objektive Definition kann beispielsweise in der Strafverfolgung eine wichtige Rolle spielen: Ist jemand ein Einzeltäter oder reflektiert die Tat die gemeinsamen Ziele, den Einfluss und die Unterstützung einer ganzen Gruppe, sodass nicht nur der einzelne Akteur, sondern auch die Mitglieder der ganzen Gruppe (z. B. einer rechtsextremen Vereinigung oder der Bevölkerung eines ganzen Landes) zur Verantwortung gezogen werden sollten?

Eine erste, sehr weite Definition von Gruppen besagt, dass Gruppen psychologisch dann bestehen, wenn sich Individuen subjektiv als Mitglieder einer Kategorie sehen, die sie mit einigen verbindet und von anderen unterscheidet (Brown 2000; Tajfel und Turner 1979). Diese Definition wird typischerweise um Faktoren ergänzt, die bestimmen, ob wir eine Ansammlung von Individuen als Gruppe wahrnehmen, wie z. B. ein gemeinsames Schicksal (die Menschen im stecken gebliebenen Aufzug), gleiche Bewegungsrichtung, räumliche Nähe und gleiche Ziele (Campbells Kriterien der „Entitativität", 1958). Eine differenziertere Definition nach Sherif (1966) besagt, dass Gruppen durch gemeinsame Rollen und

Statusbeziehungen sowie durch gemeinsame Normen, Werte und Standards, die das Gruppenverhalten regulieren, charakterisiert werden können. Das impliziert, dass Mitglieder sozialer Gruppen gemeinsames Wissen teilen, gleiche Erwartungen und gleiche Ziele haben. Die Identifikation mit einer Gruppe ist dabei ein Maß für die Stärke, mit der sich ein Individuum als Mitglied einer Gruppe sieht. Je stärker die Identifikation mit einer Gruppe, desto mehr sieht das Gruppenmitglied die Situation aus der Perspektive der Gruppe (d. h. hohe psychologische Realität der Gruppe).

Ein Problem der differenzierteren Definitionen von Gruppen ist, dass sie Gruppen durch Merkmale definieren, die dazu führen, dass sich psychologisch Gruppen bilden. Wenn Mitglieder den Eindruck haben, dass sie „im selben Boot" sitzen, also ein gemeinsames Schicksal teilen, dann nehmen sie sich eher als eine gemeinsame Gruppe wahr. Ebenso fördern gemeinsame Ziele, wie auch Kommunikation und Interaktionen die gemeinsame Wahrnehmung eine Gruppe zu sein. Schließlich ist es die gemeinsame Kategorisierung als eine Gruppe, durch die sich Gruppenmitglieder als eine Gruppe sehen. Hier werden *definierende Merkmale* von Gruppen mit *Determinanten von Gruppen* vermischt.

Gruppen können nach unterschiedlichsten Merkmalen klassifiziert werden. Ein wichtiges Merkmal ist die Größe von Gruppen. Diese kann von sehr kleinen Gruppen – etwa Arbeitsgruppen mit 3 oder 4 Mitgliedern – bis hin zu großen Gruppen reichen, wie etwa Nationen oder sogar der Menschheit als Ganze. In kleineren Gruppen finden eher Face-to-Face Interaktionen statt, wogegen in größeren Gruppen Mitglieder eher durch das Wissen, einer gemeinsamen Gruppe anzugehören zusammengehalten werden (z. B. durch gemeinsame Kategorisierung, gemeinsame Ziele oder gemeinsames Schicksal). Daneben werden formelle von informellen Gruppen unterschieden. Während formelle Gruppen Satzungen und ausdrückliche Normen haben, lassen sich informelle Gruppen durch implizite Regeln und Normen oder temporäre Absprachen charakterisieren. Formelle Gruppen sind typischerweise über die Zeit stabiler, wogegen informelle Gruppen manchmal sehr schnell wieder auseinandergehen (z. B. Lerngruppen). In der sozialpsychologischen Forschung finden wir natürliche Gruppen und experimentell erzeugte Gruppen. Beides können psychologisch reale Gruppen sein, wobei experimentelle Gruppen den Vorteil haben, dass über sie nur die Dinge bekannt sind, die im Experiment mitgeteilt werden und deren Einfluss direkt untersucht werden kann. Vermutlich die wichtigste psychologische Unterscheidung ist die zwischen Eigengruppe (ingroup) und Fremdgruppe (outgroup). Individuen sehen sich als Mitglied der Eigengruppe und identifizieren sich mit ihr. Fremdgruppen hingegen bezeichnen alle Gruppen, denen sie sich nicht zuordnen und von denen sie sich abgrenzen.

Schließlich lassen sich Gruppen auch hinsichtlich ihrer Entstehungsprozesse („Gruppenformierung") unterscheiden (Postmes und Jetten 2006). Einige Gruppen haben eine lange Geschichte, bestehen seit geraumer Zeit und es ist viel über sie bekannt (wie etwa Männer und Frauen, Psychologen versus Wirtschaftswissenschaftler usw.). Wie einzelne Mitglieder über ihre Gruppe denken, ergibt sich hier recht zwangsläufig aus diesem bekannten Wissen. Die Stereotype, Werte und Normen der Gruppe zwingen die Gruppenmitglieder in vorgegebene Strukturen, die durch soziale Kontrolle verstärkt werden (Postmes und Jetten reden hier von „top down" Prozessen der Gruppenformierung). Man tritt in diese Gruppen ein (manchmal wird man auch hineingeboren) und findet eine mehr oder weniger klare Vorstellung über diese Gruppe vor, an die man sich zu halten hat, wenn man ein „gutes" oder typisches Gruppenmitglied sein will. Weicht man von dem vorgeschriebenen Bild ab, dann ist man ein Abweichler. Andere Gruppen formieren sich durch die gemeinsame Aktivität der Mitglieder, der Beitrag aller ist wichtig, und die Vorstellung, was „uns" als Mitglieder dieser Gruppe ausmacht ist vielfältig, schillernd, manchmal sogar inkonsistent. Diese Gruppen entstehen „von unten" durch die Beiträge und das Engagement der Gruppenmitglieder („bottom-up"). Es ist hier nicht eindeutig bestimmt, was als typisch und was als abweichend gelten soll (Jans et al. 2012). Beispiele für diese Gruppen sind etwa sogenannte „grass roots movements", wie Bürgerrechtsbewegungen und Initiativen, Basisdemokratie und Breitensport, aber auch solche Gruppen wie die amerikanische Tea-Party-Bewegung oder die Dresdner Gruppe „PEGIDA". Die beiden Prozesse der Gruppenbildung (top-down versus bottom-up) erzeugen unterschiedliche Beziehungen zwischen den Gruppenmitgliedern: Während bei den top-down Prozessen Fragen der Ähnlichkeit und der Konformität zentraler sind, werden bei bottom-up Prozessen gemeinsame Aktivität und Vielfalt im Vordergrund stehen.

7.3 Verhältnis von Individuum und Gruppe

Historisch haben viele Sozialpsychologinnen und Sozialpsychologen das Verhalten von Menschen in Gruppen und großen Menschenansammlungen mit Argwohn betrachtet. Man nahm an, dass große Menschenansammlungen dazu führen, dass Individuen nicht mehr ihren Werten und Standards folgen, sondern durch den Einfluss von Demagogen zu allen möglichen Formen von unmoralischem Verhalten oder sogar zu Gewalttaten verführt werden können. So hat LeBon (1896) vor dem irrationalen Verhalten von Menschen gewarnt, das zu spontanen Massenunruhen führen kann. Die Ereignisse der Nazizeit mit den großen Propaganda Veranstaltungen und dem starken Einfluss von Demagogen scheint diese Vorstellung zu bestätigen.

7.3 Verhältnis von Individuum und Gruppe

Worin aber liegt der Unterschied zwischen dem Verhalten von Gruppen und dem von Individuen? Benötigen wir unterschiedliche Erklärungsmechanismen um deren Verhalten zu verstehen? Oder beruht alles auf denselben Prozessen? Klassische Ansätze haben hier einander entgegengesetzte Denkmodelle vorgeschlagen. Die Vorstellung eines „Gruppengeists" (group mind; LeBon 1896; McDougall 1920) besagt, dass durch den Zusammenschluss mehrerer Individuen zu einer Gruppe etwas völlig Neues entsteht, ein sogenannter Gruppengeist eben, der nicht auf die einzelnen Gruppenmitglieder und deren psychische Befindlichkeiten zurückgeführt werden kann. Dieser *überindividuelle* Gruppengeist reguliert das Verhalten der einzelnen Mitglieder. Als Beispiele werden hier typischerweise Massenbewegungen angeführt, in denen Menschen Dinge tun, die sie alleine nicht getan hätten (z. B. mit Pflastersteinen Schaufensterscheiben einschlagen). Auf der anderen Seite steht die *individualistische Perspektive*, der zufolge Gruppen nicht mehr als die Summe der einzelnen Individuen und ihrer Eigenschaften sind (Floyd Allport 1937). Beispielsweise sollte eine Gruppe aus Menschen mit antiautoritären Einstellungen demzufolge niemals autoritäre Strukturen annehmen, sowie eine Gruppe mit Nationalpatrioten allen Landsleuten gegenüber positiv eingestellt sein sollte. Nicht erst seit dem irrwitzigen Konflikt zwischen der „Volksfront von Judäa" und der „Judäischen Volksfront" im Kultfilm „Das Leben des Brian" wissen wir, dass dies ein Trugschluss ist. Die meisten Forscher nehmen heute eine Zwischenposition ein, in der einerseits die spezifische psychologische Realität von Gruppen (wie beispielsweise die Abwertung einer konkurrierenden Gruppe) anerkannt, aber keine mystische Entität, wie ein Gruppengeist angenommen wird. Die Analyseeinheit bleibt dabei das Individuum, dessen Denken allerdings durch das, was andere tun oder die Vorstellung, was denn andere tun würden (was also in der Gruppe normal wäre) beeinflusst und geformt wird. Diese Mittelposition passt sehr gut zu den oben gegebenen Definitionen von Gruppen, in denen sich einzelne Individuen als Mitglieder einer Gruppe kategorisieren und damit nicht nur ihr Verhalten den Gruppenstereotypen und -zielen anpassen, sondern dies auch von anderen erwarten und diese in Richtung der Gruppenstereotype beeinflussen (Turner et al. 1994).

Offenbar übersteigt die Realität einer Gruppe die bloße Selbstzuordnung zu einer sozialen Kategorie. Dies wurde insbesondere im Ansatz der Sozialen Identität (Tajfel und Turner 1979; Turner et al. 1994) mit dem Phänomen der „Selbststereotypisierung" beschrieben (Hogg und Turner 1987; s. Kap. 5). Wenn sich Individuen als Mitglied einer Gruppe sehen, dann verhalten sie sich gemäß dem Prototypen der Gruppe, also nach den Eigenschaften, Regeln, Standards und Idealen der Gruppe. Beispielsweise werden Individuen empathischer, wenn sie daran erinnert werden, dass sie Psychologinnen sind. Wenn dieses Wissen über die

Gruppe für die Mitglieder hinreichend geteilt ist, erhöht sich in einer Gruppensituation (also dann, wenn Gruppenzugehörigkeit im Fokus der Aufmerksamkeit steht) die Ähnlichkeit der Gruppenmitglieder (Turner et al. 1994). Das bedeutet, dass sie Ereignisse ähnlich bewerten, einander positiver bewerten und sich ähnlich verhalten. *Das besondere an Gruppen ist, dass jedes Individuum, wenn es sich subjektiv als Mitglied einer gemeinsamen Gruppe sieht, ähnliches (idealerweise gleiches) Wissen aktiviert, sich in ähnlicher Weise beschreibt und sich an ähnlichen Regeln orientiert.* Dadurch koordinieren sich Gruppenmitglieder besser und können leichter kooperieren. Da wir nicht immer von exakt gleichem Wissen ausgehen können, gibt es eine ganze Reihe von Prozessen, durch die die Ähnlichkeit des aktivierten Wissens verstärkt und manchmal auch hergestellt wird. So ist der soziale Einfluss innerhalb von Gruppen besonders stark (siehe Kapitel zu sozialem Einfluss), was gewährleistet, dass innerhalb von Gruppen nicht nur ähnliche oder gleiche Ansichten erwartet sondern auch tatsächlich vorgefunden werden (Turner 1991). Durch die gemeinsame Gruppenmitgliedschaft wird die Erwartung gemeinsame Ziele zu verfolgen und positiv von einander abzuhängen erhöht. Dadurch wird gemeinsame Kooperation wahrscheinlicher (Platow et al. 2012) werden Interaktionen positiver und dadurch eher gemeinsame Kooperation ausgelöst. Erwartungen gehen in Gruppen dem tatsächlichen Verhalten voraus und tendieren dazu, dieses Verhalten auch zu produzieren (z. B. Jones 1987; siehe auch selbsterfüllende Prophezeiungen, Merton 1948).

7.4 Prozesse innerhalb von Gruppen

Gruppen bleiben meist auch dann bestehen, wenn ihre Mitglieder wechseln. Also etwa neue Mitglieder hinzukommen und alte Mitglieder austreten. Der Eintritt von Personen in eine soziale Gruppe ist dabei ein wichtiger Prozess, der die Gruppe als Ganze deutlich beeinflussen kann. Menschen können versuchen in bestimmte Gruppen aufgenommen zu werden (z. B. Bewerbung auf eine Mitarbeiterstelle) oder sie werden ihnen einfach zugewiesen. Eine interessante Beobachtung hierbei ist, dass selbst dann wenn Personen einer Gruppe zugewiesen werden (z. B. bei Zwangsrekrutierung zum Militär oder die Zuweisung von Schülern zu bestimmten Klassen), diese beginnen ihre Gruppe hoch zu schätzen, sodass man sich manchmal gar nicht mehr vorstellen kann, in anderen alternativen Gruppe zu sein (Roger Brown). Prozesse der *Initiation* können dazu führen, dass man die Gruppen, in die man eintritt, besonders schätzt und sich ihnen verbunden fühlt. So zeigen etwa Studien, dass Versuchspersonen, die eine schwerere Aufnahmeprüfung machen mussten um in eine Gruppe zu kommen, diese

7.4 Prozesse innerhalb von Gruppen

Gruppen später als positiver und die Mitglieder als attraktiver bewerteten, als Versuchspersonen, die eine leichtere Prüfung durchzustehen hatten. Gerard und Mathewson (1966) teilten Versuchspersonen auf zwei Bedingungen auf, eine mit stärkeren und eine mit schwächeren Stromschocks. Es wurde zudem ein weiterer Faktor variiert. In jeder Bedingung erfuhr die eine Hälfte der Versuchspersonen, dass sie die Stromschocks überstehen sollten, um in eine Diskussionsgruppe zu gelangen. Der anderen Hälfte der Versuchspersonen wurde dies nicht mitgeteilt. Die Ergebnisse (Abb. 7.1) zeigen, dass die Versuchspersonen, die starke Stromschocks erhielten, um in die Diskussionsgruppe zu gelangen, diese im Vergleich zu den anderen drei Bedingungen am positivsten bewerteten und die anderen Mitglieder am attraktivsten fanden. Das kann dadurch erklärt werden, dass Menschen, die Kosten für die Aufnahme in eine Gruppe eingehen, daraus schließen, dass ihnen die Gruppe wichtig ist. Dieses Beispiel ist eines der Dissonanzreduktion (siehe Kapitel Selbst). Es erklärt auch, warum es in unterschiedlichen traditionellen Stammesgemeinschaften, aber auch dem Militär oder Gangs, harte Aufnahmerituale und Prüfungen gibt, denn diese erhöhen die Verpflichtung gegenüber und die Identifikation mit der Gruppe.

Initiationsriten steigern den Wert einer Gruppe für diejenigen, die diese Initiation durchlaufen. Gemeinsame Aktivitäten wie z. B. Rituale, gemeinsame Gebete und Tanz verstärken zudem das Zusammengehörigkeitsgefühl und die Koordination der

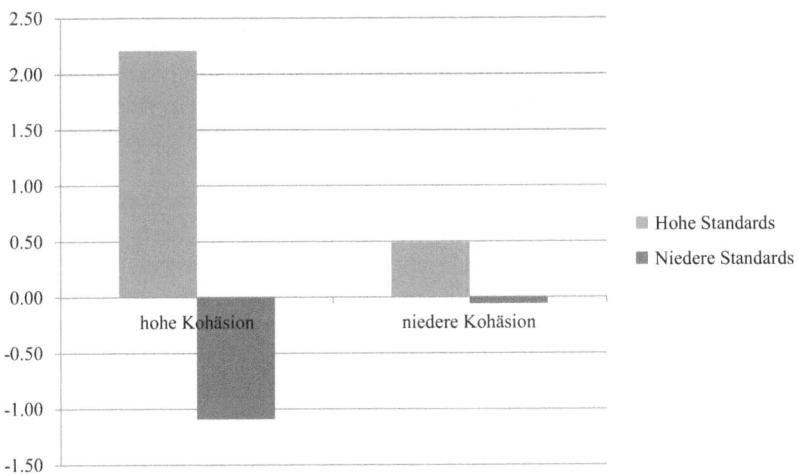

Abb. 7.1 Veränderung der Gruppenleistung als Funktion der Kohäsion und der Leistungsstandards. (Quelle: Berkowitz 1954)

Teilnehmenden untereinander (Boyer und Liénard 2006; Sosis und Ruffle 2003). So zeigen Studien von Wiltermuth und Heath (2009), dass Versuchspersonen, die im Gleichschritt statt im Spazierschritt über den Universitätscampus gehen, sich in darauffolgenden Aufgaben deutlich besser koordinieren und aufeinander abstimmen. Die gemeinsame Koordination fördert zudem die Kooperation in Gruppen. Diese Einsichten werden schon seit geraumer Zeit von unterschiedlichen Organisationen, wie z. B. dem Militär, Religionen sowie auch totalitären Staaten, angewendet. Rituale fördern den Gruppenzusammenhalt (die Gruppenkohäsion).

Unter dem Begriff *Gruppenkohäsion* wird der Zusammenhalt und die Geschlossenheit der Gruppe verstanden (Casey-Campbell und Martens 2009). Die Gruppenkohäsion wird durch die Häufigkeit der Interaktion der Mitglieder beeinflusst, wie auch der Identifikation der Mitglieder mit ihrer Gruppe. In kohäsiven Gruppen repräsentieren die Mitglieder die definierenden Gruppenmerkmale sehr gut, wohingegen in einer nicht-kohäsiven Gruppe – zumindest von außen betrachtet – gar keine Gruppe gesehen wird, denn es scheint Individualität vor zu herrschen (etwa wie etwa diejenigen, die zusammen Aufzugfahren).

In kohäsiven Gruppen halten sich die Gruppenmitglieder an gemeinsame Gruppennormen. Diesen Einfluss zeigt eine klassische Studie sehr deutlich (Berkowitz 1954). In dieser Studie wurden die Gruppenkohäsion (hoch, niedrig) und die Leistungsstandards (hoch, niedrig) manipuliert. Dazu arbeiteten Gruppen von drei Untersuchungsteilnehmern an unterschiedlichen Arbeitsschritten (ausschneiden, anmalen und zusammenkleben) bei der Herstellung von Aschenbechern in jeweils separaten Räumen zusammen. Der Gruppenzusammenhalt wurde durch die Mitteilung an alle Teilnehmer manipuliert, dass die psychologischen Tests, die sie vorher ausgefüllt hatten, anzeigen, das sie sehr gut zu einander passen und gut harmonieren würden (hohe Kohäsion) oder dass sie nicht gut zusammenpassen würden (geringe Kohäsion). Dann arbeiteten die Teilnehmende für 12 min an dem ihnen zugeteilten Arbeitsschritt. Die Leistung in dieser Zeit galt als Basis für die Leistungsfähigkeit. Nach 12 min wurden vorgeblich von den unterschiedlichen Gruppenmitgliedern angefertigte Mitteilungen an die Gruppenmitglieder verteilt. In der Bedingung mit hohen Leistungsstandards hieß es „Lasst uns einen neuen Rekord aufstellen!", „Lasst uns so schnell wie möglich arbeiten!". In der Bedingung mit den geringen Leistungsstandards hieß es hingegen „Ihr seid zu schnell, entspannt Euch!", „Wir sollten das locker sehen, ich bin schon müde!". Die Ergebnisse zeigen sehr schön, dass die Normen (hohe oder niedere Leistungsfähigkeit) sich auch in erhöhter oder geringerer Leistung der Gruppe niederschlagen (relativ zur Basisleistung). Allerdings nur, wenn die Gruppe hoch kohäsiv war, nicht hingegen, wenn die Gruppe gering kohäsiv war (siehe Abb. 7.1).

7.4 Prozesse innerhalb von Gruppen

Da Gruppen sich häufig durch hohe Leistungsnormen auszeichnen, ist es nicht verwunderlich, dass generell kohäsive Gruppen leistungsfähiger als weniger kohäsive Gruppen sind. Obwohl dieser Zusammenhang als allgemeine Wirkung der Gruppenkohäsion gefunden wird, ist nach wie vor nicht klar, wodurch dieser Effekt entsteht. Dies liegt vermutlich daran, dass sich keine einheitliche Messung und Manipulation von Kohäsion durchgesetzt hat und unterschiedliche Forschungsteams widersprüchliche Ergebnisse gefunden haben. Als mögliche vermittelnde Prozesse kommen die Standards und Normen der Gruppe, der Informationsfluss, die Koordination der Gruppenmitglieder und die erhöhte Motivation der Mitglieder kohäsiver Gruppen infrage (Chang et al. 2006; Kuwabara 2011).

Ein weiterer wichtiger Faktor für die Leistung von Gruppen ist, wie die Belohnungsstruktur für gemeinsame Arbeit ausfällt. Man könnte beispielsweise alle Gruppenmitglieder gleichermaßen gemäß der gesamten Gruppenleistung belohnen. Zum Beispiel in Referatsgruppen allen für ein gelungenes Referat eine 1 geben. Hier wären alle Gruppenmitglieder positiv voneinander abhängig, denn die Leistung jedes einzelnen trägt zum Gewinn aller bei. Oder man könnte jeden nach seiner individuellen Leistung ungeachtet des Gruppenproduktes bewerten. Hier sind die Gruppenmitglieder voneinander unabhängig, denn wer wenig arbeitet, bekommt wenig und wer mehr leistet, bekommt mehr. Schließlich könnte nur das effektivste oder leistungsfähigste Gruppenmitglied eine Belohnung erhalten. Bei diesem Belohnungssystem stehen die Mitglieder im Wettbewerb miteinander. Welches der Belohnungssysteme ist effektiver für die Leistung in Gruppen? Stimmt es, dass Konkurrenz innerhalb von Gruppen zu einer besseren Leistungsfähigkeit der Gruppenmitglieder führt oder verhält es sich gegenteilig und die Gruppenleistung ist dann am höchsten, wenn die Mitglieder für einen gemeinsamen Gewinn kooperieren müssen? Eine Studie von Rosenbaum et al. (1980) gibt hier exemplarisch Aufschluss. Gruppen von jeweils drei Personen mussten ein gemeinsames Produkt erstellen (z. B. zusammen *einen* Turm aus möglichst vielen Bauklötzen bauen). Für jeden verbauten Klotz gab es Punkte. Bei reiner Kooperation bekommen alle gleich viel, bei reinem Wettbewerb nur bekommt derjenige etwas, der die meisten Klötze verbaut hat. Tatsächlich wurde die Auszahlung der Teilnehmenden von völlig kooperativ bis völlig wettbewerbsorientiert variiert. Beispielsweise wären bei einem Verhältnis von 50 % Kooperation und 50 % Wettbewerb bei einem Turm aus 18 Klötzen, 9 Punkte an alle aufgeteilt worden und 9 Punkte an den Gewinner gegangen sein. Die Ergebnisse der Studie belegen eindrucksvoll, dass nicht nur die Leistung der Gruppe (verbaute Steine) kontinuierlich von Kooperation zu Wettbewerb abnahm und die Einsturzrate zunahm. Ebenso wechselten sich die Gruppenmitglieder beim Bauen des Turms weniger oft ab und auch ihre Einstellung gegenüber den anderen Gruppenmitgliedern verschlechterte sich. Diese Studie belegt, dass Konkurrenz nicht etwa das Geschäft belebt, sondern im Gegenteil zu geringerer Leistung, mehr Fehlern, geringerer Koordination und zur gegenseitigen Abneigung führt.

Individuen treten aber Gruppen nicht nur bei, sondern sie verlassen sie auch. Manchmal ist das normativ, d. h. es wird erwartet, dass jemand austritt oder derjenige wird entlassen. Das ist beispielsweise gegeben, wenn man zu alt für eine Gruppe wird, also etwa aus dem Kindergarten, der Schule oder irgendwann aus dem Studium entlassen wird. Das ist für die Beteiligten manchmal unangenehm, aber häufig mit neuen Hoffnungen und Erwartungen verbunden (für ein allgemeines Modell des Eintritts und Austritts aus Gruppen s. Moreland und Levine 1982). Es gibt andere Situationen, da ist ein Ausschluss nicht normativ, in dem Sinne, dass nicht alle anderen ebenfalls gemäß der Regel ausscheiden. Solch ein Ausschluss aus einer Gruppe ist unangenehm. Williams und Kollegen (z. B. Williams et al. 2000) zeigen die Auswirkungen von sozialem Ausschluss („social exclusion" oder auch „ostracism") in einem einfachen Experiment. Die Teilnehmenden spielen mit anderen vorgeblich anwesenden Mitspielern (typischerweise 2) ein Ballspiel (Williams 2009). Anfangs werfen sich alle gegenseitig einen Ball zu. In der experimentellen „Ausschluss"-Bedingung bekommt die echte Versuchsperson ab einem bestimmten Zeitpunkt den Ball nicht mehr zugeworfen. Schon unter diesen Bedingungen zeigt sich eine deutliche Reduktion des Selbstwerts, der persönlichen Kontrollwahrnehmung sowie der Gefühle von Zugehörigkeit und eines bedeutungsvollen Lebens. Untersuchungen, in denen die Hirnaktivität der Teilnehmenden erfasst werden konnte, weisen daraufhin, dass sogar das Schmerzzentrum durch Ausschluss aktiviert wird (Eisenberger et al. 2003; Richman und Leary 2009).

Sozialer Ausschluss entfaltet seine Wirkung nicht nur wenn wir von uns bekannten Personen ausgeschlossen werden, sondern auch bei Unbekannten und anonymen Personen. Es gibt sogar Hinweise, dass der Ausschluss schmerzhaft ist, wenn man von Personen ausgeschlossen wird, mit denen man ansonsten nicht viel zu tun haben möchte (z. B. Ku Klux Klan; Gonsalkorale und Williams 2007). Das Einbeziehen in gemeinsame Aktivitäten ist einer der Faktoren, der sozialen Ausschluss mitbestimmt. In einem späteren Experiment konnte sogar gezeigt werden, dass Versuchspersonen, die nur Bilder zu beurteilen hatten sich in ähnlicher Weise ausgeschlossen fühlen, wenn nur die ersten Bilder sie direkt anschauten, aber spätere Bilder zur Seite blickten. Im Vergleich zu Teilnehmenden an der Untersuchung, die nur Bilder zu beurteilen hatten, die den Betrachter direkt anschauten, wird auch bei den nicht „gesehenen" Untersuchungsteilnehmern der Selbstwert gesenkt (Böckler et al. 2013). Unsere hohe Sensitivität für Anzeichen des Ausschlusses wurde schon von William James (1899) beschrieben. Er sagt „es gibt keine boshaftere Bestrafung […] als wenn man in eine Gesellschaft gelassen und von niemandem wahrgenommen wird. Wenn keiner sich umschaut, wenn man den Raum betritt, niemand antwortet, wenn man etwas fragt, oder niemand sich kümmert, was man macht, wenn alle uns „schneiden" […], dann entsteht eine Art Wut und ohnmächtige Verzweiflung steigt in uns auf, von der sogar grausame körperliche Strafen eine Erlösung wären" (1899, S. 293–294). Der Begriff sozialer Ausschluss wird in der psychologischen Forschung in seinen unterschiedlichen Facetten erforscht. Zu der „Nicht"-Beachtung durch andere kommt dabei die direkte Zurückweisung (Leary 2004), die Aussicht ein Leben in Einsamkeit führen zu müssen (Tice, Baumeister) und die Weigerung als Kollege bei einer gemeinsamen Aufgabe akzeptiert zu werden (Nezlek et al. 1997).

Gruppenleistung
Warum sollten wir uns in Gruppen zusammenfinden und nicht einfach als Individuen leben? Einige Antworten wurden schon bisher gegeben. Die Forschung zum sozialen Ausschluss verweist auf das Bedürfnis in bedeutungsvolle Beziehungen eingeschlossen zu sein (Baumeister und Leary 1995; s. Kap. 9). Auch formt die Zugehörigkeit zu sozialen Gruppen unser Selbstbild und unsere Identität (s. Kap. 5). Ein wichtiger Aspekt von Gruppen oder Teams ist, dass wir häufig nicht alleine, sondern mit anderen zusammenarbeiten, um damit bessere Leistungen zu erzielen.

7.4.1 Soziale Erleichterung und soziale Hemmung

Gruppenarbeit wird oft als besonders effektiver Weg der Leistungssteigerung verstanden. Gleichzeitig kennt jeder Erlebnisse, in denen die Anwesenheit von Anderen die eigene Leistung eher verschlechtert hat (z. B., wenn man beim gemeinsamen Brainstorming durch die Ideen der Anderen von seinen eigenen Ideen abgelenkt wurde bzw. diese nach ausschweifenden Beiträgen der Anderen wieder vergessen hatte). In der Sozialpsychologie wurde in einer einflussreichen Forschungslinie zunächst untersucht, wie sich die reine Anwesenheit Anderer auf die Leistung von Menschen auswirkt.

Eine erste Studie zur Leistung von Individuen unter Anwesenheit von anderen stammt von Triplett (1898). Hier wurde die Leistung beim Fahrradfahren unter der Bedingung Alleine versus Anwesenheit von anderen geprüft. Wenn andere zuschauten, erhöhte sich die Leistung der Versuchspersonen. Diesen Effekt nennt man soziale Erleichterung (social facilitation). In späteren Studien konnten einerseits die leistungserhöhenden Einflüsse eines Publikums repliziert werden. Allerdings fanden sich auch Belege für soziale Hemmung (social inhibition), also, dass die Anwesenheit eines Publikums die Leistung deutlich reduziert. Die Befundlage wurde unübersichtlich und mit dem 2. Weltkrieg schlief die Forschung zu sozialer Erleichterung und Hemmung weitgehend ein. Erst Zajonc (1965) zeigte in einer einflussreichen Überblicksarbeit wie sich die einander scheinbar widersprechenden Ergebnisse in eine einheitliche Theorie ordnen lassen. Demnach erhöht die Anwesenheit von anderen das Aktivierungsniveau einer Person. Dies führt dazu, dass gut gelernte oder „dominante" Reaktionen leichter abgerufen werden können, wogegen weniger gut gelernte Reaktionen oder Verhaltensweisen mit größerer Schwierigkeit abgerufen und durchgeführt werden. Wenn die dominanten Reaktionen zu den Aufgaben passen (die richtigen Lösungen nahelegen), dann handelt es sich um leichte Aufgaben. Die Leistung wird hier durch die Anwesenheit anderer *erleichtert*. Wenn die dominanten Reaktionen nicht zur Aufgabe passen, dann handelt es sich um schwere Aufgaben. Hier *erschwert* die Anwesenheit von anderen die Lösung.

Die Theorie von Zajonc ordnet die unübersichtliche Befundlage elegant. Allerdings wurde der vorgeschlagene Mechanismus infrage gestellt. So meint Cottrell (1968), dass es nicht die alleinige Anwesenheit Anderer sei, sondern die Erwartung, von diesen Anderen bewertet zu werden, die zu einem erhöhten Aktivierungsniveau führt. Diese Bewertung macht uns nervös, insbesondere wenn es um etwas Wichtiges wie z. B. eine Prüfung geht. Beide Theorien machen nun beinahe gleiche Vorhersagen. Wie könnte man zwischen beiden unterscheiden? Hier hilft uns ein orthogonales experimentelles Design, in dem wir die Anwesenheit anderer und die Bewertungsangst unabhängig voneinander manipulieren. Beispielsweise könnte man einerseits manipulieren, ob Zuschauende in einer Leistungssituation anwesend sind (ja/nein). Gleichzeitig würde manipuliert werden, ob es diesen Zuschauenden überhaupt möglich ist, etwas von der Leistung mitzubekommen (z. B. Augenbinde und Kopfhörer aufsetzen vs. freie Sicht; Bedingung ohne Bewertungserwartung). Einige Studien erbrachten Evidenz, dass die Bewertungserwartung und nicht die alleinige Anwesenheit ein wichtiger Faktor für soziale Erleichterung und Hemmung ist (Henchy und Glass 1968; Sasfy und Okun 1974).

Die Anwesenheit Anderer kann natürlich auch die Aufmerksamkeit des Handelnden ablenken. Dies sollte insbesondere bei schweren Aufgaben zu einer Leistungsverschlechterung führen. Beispielsweise schlugen Manstead und Semin

(1980) vor, zwischen „automatischer" und „kontrollierter" Verarbeitung (siehe Kap. 3) der Information zu unterscheiden. Bei automatischer Verarbeitung, also etwa Routinetätigkeiten, führt die Aufteilung der Aufmerksamkeit auf die Aufgabe und das Publikum eher zu besseren Leistungen. Die Lenkung der Aufmerksamkeit auf das Publikum reduziert jedoch bei schweren Aufgaben die Leistung deutlich. Hier wäre es besser, die gesamte Aufmerksamkeit auf die Aufgabe zu lenken.

In Überblicksarbeiten (z. B. Bond und Titus 1983) konnte gezeigt werden, dass mehrere der vorgeschlagenen Prozesse zu sozialer Erleichterung und Hemmung führen können. Es gibt also nicht nur eine einzige Erklärung für soziale Erleichterung und Hemmung. Um die Leistungen von Gruppen genauer zu verstehen, ist der Einfluss, den anwesende Andere auf die Leistung Einzelner ausüben ein wichtiger Aspekt. Um den Erfolg oder Misserfolg von Gruppenarbeit allerdings vollständig zu verstehen, müssen wir nach weiteren Faktoren suchen, die in interagierenden Gruppen die Leistung beeinflussen.

7.5 Leistung in Gruppen

Eine recht einfache und intuitive Vorstellung von Gruppenleistung kann auf die Formel gebracht werden, dass die tatsächliche Leistung einer Gruppe die potenzielle Leistung der einzelnen Gruppenmitglieder minus die Prozessverluste plus die Prozessgewinne ausmacht (Morris und Hackman 1969). Die potenzielle Leistung ist die gesamte oder potenzielle Leistung, die jedes einzelne Gruppenmitglied unabhängig von anderen (z. B. soziale Erleichterung und Hemmung) erbringen kann. Unter Prozessverlusten kann man alle Faktoren zusammenfassen, die verhindern, dass die potenzielle Leistung der Gruppe erreicht wird. Generell unterscheidet man hier zwischen *Motivationsverlusten* und *Koordinationsverlusten.*

Mit Motivationsverlusten sind Faktoren gemeint, die die Motivation der Gruppenmitglieder verringern. Das sind beispielsweise die Annahmen, dass die eigenen Beträge nichts Wesentliches zum Gruppenerfolg beitragen oder, dass die eigenen Beiträge entbehrlich sind. Solche Annahmen finden sich manchmal im Sport, wenn eine Mannschaft der ersten Liga gegen eine der zweiten oder dritten antritt und jeder Spieler der Erstligamannschaft davon ausgeht, dass das Spiel sowieso gewonnen ist. Dann reduzieren sie ihre Anstrengung („Trittbrettfahren") und das Spiel wird interessant, denn die „offensichtlich" schlechtere Zweitligamannschaft kann durch verstärkte Anstrengung dann tatsächlich gewinnen (das macht DFB-Pokalspiele so interessant). Ferner können die Gruppenmitglieder denken, dass die eigene Leistungsreduktion gar nicht auffällt, da sie entweder nicht identifizierbar ist und man selbst besser fährt, wenn man die eigenen Beiträge für sich behält und von den Beträgen der anderen profitiert („Soziales Faulenzen"). Motivationsverluste können verringert werden, wenn den Gruppenmitgliedern deutlich wird, dass die Beiträge jedes Einzelnen wichtig sind, wie bei den oben erwähnten DFB-Pokalspielen. Wenn die Leistung jedes Einzelnen identifizierbar wird, dann reduziert das ebenfalls die Motivationsverluste, denn die Gruppenmitglieder (z. B. Spieler eines Teams) befürchten nun mögliche Bewertungen oder sogar Sanktionen wegen ihrer reduzierten Beträge. Ein System von Sanktionen (z. B. Bestrafung für Trittbrettfahren) hat sich in sozialen Dilemmata als effektives Mittel erwiesen, um Beitragssenkungen zu vermeiden und sogar die Beitragsrate zu erhöhen (Yamagishi 1987; Fehr und Gächter 2000).

Koordinationsverluste reduzieren die Leistung von Gruppen, indem die optimale Zusammenfassung der Leistung der Individuen verringert wird. Beispielsweise kann beim Tauziehen eine Gruppe von Menschen nicht so viel Kraft ausüben, wie die Summe der Einzelleistungen ergeben würde. Das liegt daran, dass die Gruppenmitglieder nicht exakt gleichzeitig ziehen, sich möglicherweise auch selbst behindern und vermutlich sind auch hier die Einflüsse von Motivationsverlusten nicht auszuschließen.

Allerdings hängt die Gruppenleistung nicht nur von Faktoren der Gruppe selbst ab, sondern auch von der Struktur der Aufgabe (Steiner 1972). Wie wir oben schon gehört haben, können Aufgaben eher eine positive Interdependenz nahelegen (man gewinnt oder verliert gemeinsam), was Kooperation fördert, oder sie können negativ interdependent (der Gewinn des Einen ist der Verlust des Anderen) sein, was eher Wettbewerb fördert. Kooperation ist für eine effektive Gruppenleistung förderlich. Aber die Charakterisierung von Aufgaben als kooperativ ist noch nicht exakt genug. Es hängt typischerweise von der Aufgabe ab, wie die Leistung der Gruppenmitglieder zusammengefasst werden muss. Die unterschiedlichen Verknüpfungsregeln für die Leistung von Gruppenmitgliedern können additiv, konjunktiv und disjunktiv sein (Abb. 7.2).

Bei additiven Aufgaben werden die Leistungen der einzelnen Gruppenmitglieder einfach addiert. Additive Aufgaben sind beispielsweise Schneeschippen oder die Ideengenerierung in Brainstorming-Gruppen. Bei konjunktiven Aufgaben wird die Leistung der Gruppen durch das schwächste Gruppenmitglied bestimmt. Ein typisches Beispiel ist hier das Ersteigen eines Berggipfels. Die Gruppe als Ganzes kommt nur so schnell voran oder so weit, wie es das schwächste Mitglied schafft. Bei disjunktiven Aufgaben ist es das effektivste Mitglied oder dasjenige, das die

7.5 Leistung in Gruppen

Aufgabentyp	Potentielle Gruppenleistung	Beispiel
Additiv	Summer der Leistungen der einzelnen Gruppenmitglieder	Schneeschippen, Brainstorming
Disjunktiv	Die Leistung des besten Gruppenmitglieds	Mathematik-Aufgaben
Konjunktiv	Die Leistung des schlechtesten Gruppenmitglieds	Bergsteigen im Team

Abb. 7.2 Verknüpfung der Einzelleistung von Gruppenmitgliedern bei unterschiedlichen Aufgaben. (Nach Steiner 1972)

eine richtige Lösung findet, welches die Gesamtleistung der Gruppe bestimmt. Ein Beispiel hierfür wäre das Lösen von Mathematikaufgaben, bei der die Gruppe Erfolg hat, wenn ein Gruppenmitglied die Aufgabe gelöst hat.

7.5.1 Die Leistung von Brainstorming-Gruppen als Beispiel

Ein sehr gut untersuchtes Beispiel für Faktoren, die die Gruppenleistung bestimmen, ist das Brainstorming. Osgood (1957) entwickelte die Idee, dass Gruppen effektiver Ideen generieren als Individuen. Brainstorming-Gruppen erhalten die Instruktion, möglichst viele Ideen zu generieren, auf den Ideen der anderen aufzubauen und diese weiter zu entwickeln. In dieser Phase der Ideengenerierung sollen alle Ideen einfach hingenommen werden und nicht kommentiert werden. In einer anschließenden zweiten Phase werden die gesammelten Ideen bewertet und die besten ausgewählt. Diese Brainstorming-Gruppen werden heute noch angewendet und finden großen Zuspruch. Sie machen einerseits Spaß und andererseits haben die Teilnehmenden das Gefühl, kreativer zu sein, als wenn sie alleine Ideen hätten entwickeln sollen.

Eine genauere Prüfung der Effektivität hat jedoch schon recht bald ergeben, dass Brainstorming-Gruppen – anders als ihr Ruf – gar nicht so effektiv sind. Genau genommen produzieren Brainstorming-Gruppen deutlich weniger Ideen und auch weniger kreative Ideen (nach dem Urteil unabhängiger Bewerter) als die gleiche Menge von Individuen es allein getan hätte (z. B. Taylor et al. 1958). Wenn eine Brainstorming-Gruppe aus 4 Personen besteht, wird ihre Leistung mit der Gesamtleistung von 4 unabhängig arbeitenden Individuen verglichen (die als Nominalgruppe bezeichnet werden). Einige Studien konnten konsistent belegen, dass Brainstorming-Gruppen im Vergleich zu Nominalgruppen nur etwas mehr als die Hälfte der Ideen von Nominalgruppen erreichen (Mullen et al. 1991). Woran liegt es, dass Brainstorming-Gruppen so viel schlechter abschneiden?

Diel und Stroebe (1987; Stroebe und Diel 1994; für einen sehr guten und weiterführenden Überblick siehe Nijstad 2015) haben in einer Serie von Studien die Faktoren untersucht, die zu der geringen Leistung von Brainstorming-Gruppen führen. In einem ersten Test untersuchten sie, ob soziales Faulenzen eine Rolle bei der Leistungsreduktion spielen könnte. Die Studie variierte im Wesentlichen zwei Bedingungen. In einer Bedingung wurde den Versuchspersonen gesagt, dass nur die Gesamtleistung der Gruppe gezählt würde; in deren anderen Bedingung sollten alle Beiträge der Versuchspersonen individuell gezählt werden. In dieser Bedingung sind damit die Beiträge identifizierbar und keiner kann sich hinter der Leistung der anderen verstecken. Dementsprechend fanden sie eine höhere Leistung der Versuchspersonen in der Bedingung mit identifizierbarer individueller Leistung. Obwohl dieser Unterschied signifikant wurde, war der Effekt nicht besonders groß und damit vermutlich keine hinreichende Erklärung für den substanziellen Unterschied zwischen Brainstorming-Gruppen und Nominalgruppen. Als alternative Erklärung untersuchten sie dann, ob Bewertungsangst eine Rolle spielen könnte, obwohl dieser Faktor durch die Regeln des Brainstormings eigentlich ausgeschlossen sein sollte. In einer Studie wurde eine Bedingung mit normalen Brainstorming-Gruppen mit einer Bedingung verglichen, in denen die Brainstorming-Gruppen durch Video aufgezeichnet wurden. Diese Videos sollten dann einem Kurs gezeigt werden, den auch weitere Kommilitonen der Versuchspersonen besuchten, was zu einem erhöhten Maß an Bewertungsangst führen sollte. Tatsächlich wurde der erwartete Unterschied gefunden. In der Bedingung mit Bewertungsangst wurden weniger Ideen generiert als in der normalen Bedingung. Aber auch dieser Unterschied, obwohl signifikant, war zu klein, um die große Differenz zwischen Brainstorming-Gruppe und Nominalgruppe zu erklären. Viele Forscher hätten nach dem sie erfolgreich zwei Erklärungen gefunden hatten aufgehört nach weiteren Erklärungen zu suchen. Doch Diel und Stroebe (1987) vermuteten den entscheidenden Unterschied schließlich nicht bei den Motivationsverlusten sondern bei den Koordinationsverlusten.

Prozessverluste können bei Brainstorming-Gruppen Probleme der Koordinierung sein. Entgegen der Annahme von Osgood könnte das Hören der Ideen der anderen zu einer Ver*schlechterung* der Generierung eigener Ideen führen oder die

Ideengenerierung wird durch die reine Wartezeit behindert, die vergeht bis andere ihre Ideen ausgesprochen haben. In einer recht aufwendig geplanten Studie untersuchten Diel und Stroebe diese Möglichkeiten. Es wurden fünf Bedingungen realisiert. In einer Bedingung wurde ein normales Brainstorming durchgeführt und mit einer Nominalgruppe verglichen. Hier fand sich zunächst die beinahe doppelt so hohe Leistung der Nominalgruppe (im Schnitt 106 Ideen) im Vergleich zur Brainstorming-Gruppe (im Schnitt 55,7 Ideen). Zusätzlich wurden weitere Nominalgruppen-Bedingungen so variiert, dass sie bestimmte Aspekte interaktiver Gruppen simulierten. In einer Bedingung „Blockierung und Kommunikation" wurde den Versuchspersonen durch Lämpchen angezeigt, wer gerade spricht. Die Versuchspersonen hörten auch die Ideen der anderen. Leuchtete keines der Lämpchen durften sie ihre Ideen in ein Mikrofon sprechen, sodass die anderen diese Ideen hören konnten. Diese Bedingung simuliert eine normale interaktive Brainstorming-Gruppe. In einer weiteren Bedingung „Blockierung und keine Kommunikation" waren die Mikrofone leise gestellt, sodass die Versuchspersonen zwar jeweils mit ihrem eigenen Beitrag warten mussten, aber die Ideen der Anderen nicht mitbekamen. In einer dritten Bedingung „Keine Blockierung und keine Kommunikation" sahen die Versuchspersonen die Lämpchen, sollten sie aber ignorieren, und hörten keine der Ideen der anderen Versuchspersonen. Die Ergebnisse waren deutlich: in den Bedingungen „Blockierung und Kommunikation" (im Schnitt 37,7 Ideen) und „Blockierung und keine Kommunikation" (im Schnitt 45,7 Ideen) wurden deutlich weniger Ideen generiert als in der Bedingung „Keine Blockierung und keine Kommunikation" (im Schnitt 102,7 Ideen). Die Blockierung der Produktion eigener Ideen, d. h. die Wartezeit während der andere ihre Ideen mitteilen, ist einer der wesentlichen Faktoren, die die geringere Leistung von Brainstorming-Gruppe im Vergleich zu Nominalgruppen erklären. Diese Studie gibt auch einen Hinweis, wie man Brainstorming doch erfolgreich machen kann. Wenn man in einer ersten Phase Ideen alleine generieren lässt, dann vermeidet man die Blockierung der Produktion eigener Ideen. In einem weiteren Schritt können dann alle Ideen zusammengetragen werden und sogar noch weitere aufbauende Ideen entwickelt werden. In der letzten Phase können dann, wie Osgood (1957) vorgeschlagen hatte, die Ideen bewertet werden.

Hier lohnt es sich zu fragen, weshalb das klassische Brainstorming trotz seiner geringen Effektivität immer noch so beliebt ist. Stroebe und Diehl (1994) berichten Studien, die zeigen, dass die Teilnehmenden an einer Brainstorming-Gruppe die Quelle der Ideen verwechseln. Häufig halten sie Ideen, die durch andere genannt wurden, für ihre eigenen Ideen. Diese Quellenverwechslung mit der Tendenz sich selbst als Autor von mehr Ideen zu sehen, als man selbst genannt hat, führt zu dem Eindruck, man sei in Brainstorming-Gruppen deutlich kreativer als wenn man alleine Ideen generieren muss.

7.6 Zusammenfassung

In diesem Kapitel haben wir zuerst genauer kennengelernt, was man unter sozialen Gruppen verstehen sollte. Neben den unterschiedlichen Aspekten der Definition von Gruppe (z. B. subjektiv, objektiv) haben wir auch weitere klassifizierende Merkmale von Gruppen kennen gelernt, und einige Prozesse die erklären helfen, wie aus psychologischer Gruppenformierung auch eine tatsächliche Übereinstimmung und Koordinierung von Gruppenmitgliedern entstehen kann. Danach haben wir unterschiedliche Prozesse wie den Eintritt in eine Gruppe, deren Zusammenhalt und den möglichen Ausschluss aus Gruppen behandelt.

Die Leistung von Gruppen hängt einerseits davon ab, wie sich die Leistung der einzelnen Gruppenmitglieder unter Anwesenheit anderer verändert. Andererseits wird die Leistung von Gruppen durch Motivations- und Koordinationsverluste reduziert. Am Beispiel der Brainstorming-Gruppen haben wir den Einfluss beider Faktoren gehört und dabei gesehen, dass die Koordination zwischen den Gruppenmitgliedern ein wesentlicher Faktor ist, durch den die Effektivität von Gruppen bestimmt wird. Ein weiterer wichtiger Zweig der sozialpsychologischen Forschung zur Gruppenleistung befasst sich mit dem Einfluss von Führungsprozessen auf die Gruppenleistung (Haslam et al. 2011). Neben Motivationsgewinnen sollte gerade die Überwindung von Koordinationsproblemen eine der wesentlichen Funktionen sein die gute Führung ausmachen.

Literatur

Allport, F. H. (1937). Introduction: The Hanover round table – Social psychology of 1936. *Social Forces, 15*, 455–462.
Baumeister, R., & Leary, M. R. (1995). The need to belong: Desire for interpersonal attachments as a fundamental human motivation. *Psychological Bulletin, 117*, 497–529.
Berkowitz, L. (1954). Group standards, cohesiveness, and productivity. *Human Relations, 7*, 509–519.
Böckler, A., Hömke, P., & Sebanz, N. (2013). Invisible man: Exclusion from shared attention affects gaze behavior and self-reports. *Social Psychological and Personality Science, 5*, 140–148.
Bond, C. F., & Titus, L. J. (1983). Social facilitation: A meta-analysis of 241 studies. *Psychological Bulletin, 94*, 265–292.
Boyer, P., & Liénard, P. (2006). Why ritualized behavior? Precaution systems and action parsing in developmental, pathological and cultural rituals. *Behavioral and Brain Sciences, 29*, 595–613.
Brown, R. (2000). Social identity theory: Past achievements, current problems and future challenges. *European Journal of Social Psychology, 30*, 745–778.

Campbell, D. T. (1958). Common fate, similarity, and other indices of the status of aggregates of persons as social entities. *Behavioral Science*, 314–325. doi: 10.1002/bs.3830030103.

Casey-Campbell, M., & Martens, M. L. (2009). Sticking it all together: A critical assessment of the group cohesion-performance literature. *International Journal of Management Reviews, 11,* 223–246.

Chang, Y. K., Hughes, L. C., & Mark, B. (2006). Fitting in or standing out: Nursing workgroup diversity and unit-level outcomes. *Nursing Research, 55,* 373–380. doi: 10.1097/00006199-200611000-00001.

Cottrell, N. B., Wack, D. L., Sekerak, G. J., & Rittle, R. H. (1968). Social facilitation of dominant responses by the presence of an audience and the mere presence of others. *Journal of personality and social psychology, 9,* 245–250. doi: 10.1037/h0025902.

Diehl, M., & Stroebe, W. (1987). Productivity loss in brainstorming groups: Toward the solution of a riddle. *Journal of Personality and Social Psychology, 53,* 497–509.

Eisenberger, N. I., Lieberman, M. D., & Williams, K. D. (2003). Does rejection hurt? An fMRI study of social exclusion. *Science, 302,* 290–292.

Fehr, E., & Gächter, S. (2000). Cooperation and punishment in public goods experiments. *The American Economic Review, 90,* 980–994.

Gerard, H. B., & Mathewson, G. C. (1966). The effects of severity of initiation on liking for a group: A replication. *Journal of Experimental Social Psychology, 2,* 278–287.

Gonsalkorale, K., & Williams, K. D. (2007). The KKK won't let me play: Ostracism even by a despised outgroup hurts. *European Journal of Social Psychology, 37,* 1176–1186.

Haslam, S. A., Reicher, S. D., & Platow, M. J. (2011). *The new psychology of leadership: Identity, influence and power.* New York, NY, US: Psychology Press.

Henchy, T., & Glass, D. C. (1968). Evaluation apprehension and the social facilitation of dominant and subordinate responses. *Journal of Personality and Social Psychology, 10,* 446–454.

Hogg, M. A., & Turner, J. C. (1987). Intergroup behaviour, self-stereotyping and the salience of social categories. *British Journal of Social Psychology, 26,* 325–340. doi: 10.1111/j.2044-8309.1987.tb00795.x

James, W. (1899). *Talks to teachers on psychology: And to students on some life's ideals.* New York: Holt and Longmans, Green & Co.

Jans, L., Postmes, T., & Van der Zee, K. I. (2012). Sharing differences: The inductive route to social identity formation. *Journal of Experimental Social Psychology, 48,* 1145–1149.

Jones, F. H. (1987). *Positive classroom discipline.* New York: McGraw-Hill.

Kuwabara, K. (2011). Cohesion, cooperation, and the value of doing things together: How economic exchange creates relational bonds. *American Sociological Review, 76,* 560–580. doi: 10.1177/0003122411414825

Leary, M. R. (2004). The sociometer, self-esteem, and the regulation of interpersonal behavior. In R. F. Baumeister & K. D. Vohs (Hrsg.), *Handbook of self-regulation: Research, theory, and applications* (S. 373–391). New York: Guilford.

LeBon, G. (1896). *The crowd: A study of the popular mind.* New York: Macmillan.

Manstead, A. S. R., & Semin, G. R. (1980). Social facilitation effects: Mere enhancement of dominant responses? *British Journal of Social and Clinical Psychology, 19,* 119–136.

McDougall, W. (1920). *The group mind.* New York: Putnam.

Merton, R. K. (1948). The self-fulfilling prophecy. *The Antioch Review, 8,* 193–210.
Mikulincer, M. E., Shaver, P. R., Dovidio, J. F., & Simpson, J. A. (2015). *APA handbook of personality and social psychology, Volume 2: Group processes.* American Psychological Association.
Moreland, R. L., & Levine, J. M. (1982). Socialization in small groups: Temporal changes in individual-group relations. In L. Berkowitz (Hrsg.), *Advances in experimental social psychology* (Bd. 15, S. 137–192). New York: Academic Press.
Morris, C. G., & Hackman, J. R. (1969). Behavioral correlates of perceived leadership. *Journal of Personality and Social Psychology, 13,* 350–361. doi: 10.1037/h0028432.
Mullen, B., Johnson, C., & Salas, E. (1991). Productivity loss in brainstorming groups: A meta-analytic integration. *Basic and Applied Psychology, 12,* 3–23.
Nezlek, J. B., Kowalski, R. M., Leary, M. R., Belvins, T., & Holgate, S. (1997). Personality moderators of reactions to interpersonal rejection: Depression and trait self-esteem. *Personality and Social Psychology Bulletin, 23,* 1235–1244.
Nijstad, B. A. (2015). Creativity in groups. In M. Mikulincer, P. R. Shaver, J. F. Dovidio, J. A. Simpson, M. Mikulincer, P. R. Shaver, & J. A. Simpson (Hrsg.), *APA handbook of personality and social psychology, Volume 2: Group processes* (pp. 35–65). Washington, DC, US: American Psychological Association. doi: 10.1037/14342-002.
Osgood, C. E., Suci, G., & Tannenbaum, P. (1957). *The measurement of meaning.* Urbana: University of Illinois Press.
Platow, M. J., Foddy, M., Yamagishi, T., Lim, L., & Chow, A. (2012). Two experimental tests of trust in in-group strangers: The moderating role of common knowledge of group membership. *European Journal of Social Psychology, 42,* 30–35. doi: 10.1002/ejsp.852.
Postmes, T., & Jetten, J. (2006). *Individuality and the group: Advances in social identity.* London: Sage.
Richman, L., & Leary, M. R. (2009). Reactions to discrimination, stigmatization, ostracism, and other forms of interpersonal rejection: A multimotive model. *Psychological Review, 116,* 365–383.
Rosenbaum, M. E., Moore, D. L., Cotton, J. L., Cook, M. S., Hieser, R. A., Shovar, M. N., et al. (1980). Group productivity and process: Pure and mixed reward structures and task interdependence. *Journal of Personality and Social Psychology, 39,* 626–642.
Sasfy, J., & Okun, M. (1974). Form of evaluation and audience expertness as joint determinants of audience effects. *Journal of Experimental Social Psychology, 10,* 461–467.
Sherif, M. (1966). *In common predicament: Social psychology of intergroup conflict and cooperation.* Boston: Houghton Mifflin.
Sosis, R., & Ruffle, B. (2003). Religious ritual and cooperation: Testing for a relationship on Israeli religious and secular kibbutzim. *Current Anthropology, 44,* 713–722.
Steiner, I. D. (1972). *Group processes and productivity.* New York: Academic.
Stroebe, W., & Diehl, M. (1994). Why groups are less effective than their members: On productivity losses in idea-generating groups. In W. Stroebe & M. Hewstone (Hrsg.), *European review of social psychology* (Bd. 5, S. 271–303). London: Wiley.
Tajfel, H., & Turner, J. C. (1979). An integrative theory of intergroup conflict. In W. G. Austin & S. Worchel (Hrsg.), *The social psychology of intergroup relations* (S. 7–24). Monterey: Brooks & Cole.
Taylor, D. W., Berry, P. C., & Block, C. H. (1958). Does group participation when using brainstorming facilitate or inhibit creative thinking? *Administrative Science Quarterly, 6,* 22–47.

Triplett, N. (1898). The dynamogenic factors in pacemaking and competition. *American Journal of Psychology, 9,* 507–533.
Turner, J. C. (1991). *Social influence.* Milton Keynes, UK: Open University Press.
Turner, J. C., Oakes, P. J., Haslam, S. A., & McGarty, C. (1994). Self and collective: Cognition and social context. *Personality and Social Psychology Bulletin, 20,* 454–463.
Williams, K. D. (2009). Ostracism: A temporal need-threat model. In M. P. Zanna (Hrsg.), *Advances in experimental social psychology* (Bd. 41, S. 275–314). San Diego: Academic.
Williams, K. D., Cheung, C. K., & Choi, W. (2000). Cyber ostracism: Effects of being ignored over the Internet. *Journal of Personality and Social Psychologie, 79,* 748–762.
Wiltermuth, S. S., & Heath, C. (2009). Synchrony and cooperation. *Psychological Science, 20,* 1–5.
Yamagishi, T. (1987). Interpersonal conflicts in reward allocation and their resolution. *Japanese Journal of Psychology, 58,* 78–83 (in Japanese).
Zajonc, R. B. (1965). Social facilitation. *Science, 149,* 269–274.

Soziale Einfluss und sozialer Wandel 8

> **Zusammenfassung**
> Einstellungen und Verhaltensweisen von Menschen sind stark davon abhängig was andere denken und tun. In diesem Kapitel stellen wir diese Prozesse sozialen Einflusses vor. Hierbei geht es zunächst um grundlegende Mechanismen der Einstellungsänderung – zumeist infolge gezielter Überzeugungs- oder anderer Beeinflussungsversuche. Anschließend diskutieren wir den oft viel unmerklicheren und beiläufigeren Einfluss sozialer Normen und von Mehrheitsmeinungen (Konformität), aber auch, unter welchen Umständen und auf welchem Wege gesellschaftliche Minderheitenpositionen Einfluss gewinnen können. Abschließend beschäftigen wir uns mit kollektivem Handeln und der Teilnahme an sozialen (Protest-)Bewegungen.

8.1 Einführung: Die Forschung zum sozialen Einfluss

Stellen Sie sich vor, Sie befinden sich in einem vollständig abgedunkelten Raum. Fünf Meter vor Ihnen sehen Sie einen kleinen Lichtpunkt. Er scheint sich leicht zu bewegen. In Wahrheit entstammt er einer fest montierten Blende von 1 mm Durchmesser und es sind vermutlich Ihre eigenen Augen, die sich unwillkürlich bewegen und dadurch für Ihren Wahrnehmungsapparat die Illusion einer leichten Bewegung des Lichtpunkts erzeugen („autokinetischer Effekt"; s. Wade und Heller 2003). Das wissen Sie aber nicht. Sie sollen nun bestimmen, um wie viele Zentimeter sich der Lichtpunkt (angeblich!) bewegt. Diese Aufgabe fällt Menschen ungemein schwer und typischerweise unterscheiden sich Menschen in ihren Schätzungen ganz erheblich. In einem mittlerweile klassischen Experiment des jungen Muzafar Sherif (1935) schätzten einige Versuchspersonen eine Bewegung von 40 cm während andere höchstens eine Bewegung von 4 cm feststellten.

Das liegt daran, dass Menschen in einer solchen Situation ein klarer perzeptueller Referenzrahmen fehlt: Es fehlt das Maßband, Vergleichsobjekte sind nicht zu sehen, und es ist noch nicht einmal klar, wie weit man selbst vom Lichtpunkt entfernt ist.

Es sind solche Situationen hoher Unsicherheit, in denen Menschen besonders empfänglich für den Einfluss Anderer sind. Sobald die Teilnehmerinnen und Teilnehmer an Sherifs Experiment nämlich nicht mehr allein im Raum waren sondern zugleich die Urteile zweier weiterer Versuchspersonen hören konnten, geschah etwas Eigentümliches. Die teils enormen Unterschiede zwischen den Personen in den Einzeluntersuchungen verschwanden. Stattdessen glichen sich die Wahrnehmungsurteile der Personen stark an und blieben über nachfolgende Durchgänge homogen (siehe Ergebnisdarstellung für eine dieser Gruppen in Abb. 8.1). Andere Gruppen von Versuchspersonen wurden von Beginn an gemeinsam befragt. Erneut zeigte sich eine hohe Übereinstimmung in den Urteilen der Gruppenmitglieder. Interessanterweise blieb diese Übereinstimmung jedoch sogar dann erhalten, wenn in einem späteren Durchgang die Anderen gar nicht mehr anwesend waren (siehe Ergebnisdarstellung für eine dieser Gruppen in Abb. 8.2). Offenbar hatten die Versuchspersonen während der Gruppenbeurteilungen sozial geteilte Referenzstandards erworben, die sogar dann ihre Wahrnehmung und Urteile

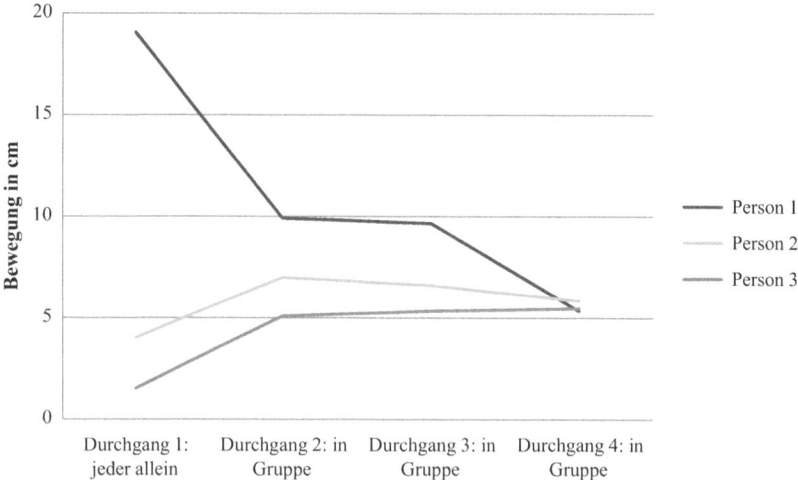

Abb. 8.1 Die einzelnen Datenpunkte bezeichnen Median-Werte der Einschätzung (autokinetischer) Bewegung in cm für jede Versuchsperson in jedem Durchgang (100 Einschätzungen pro Durchgang). (Adaptierte Darstellung aus Sherif 1935)

8.1 Einführung: Die Forschung zum sozialen Einfluss

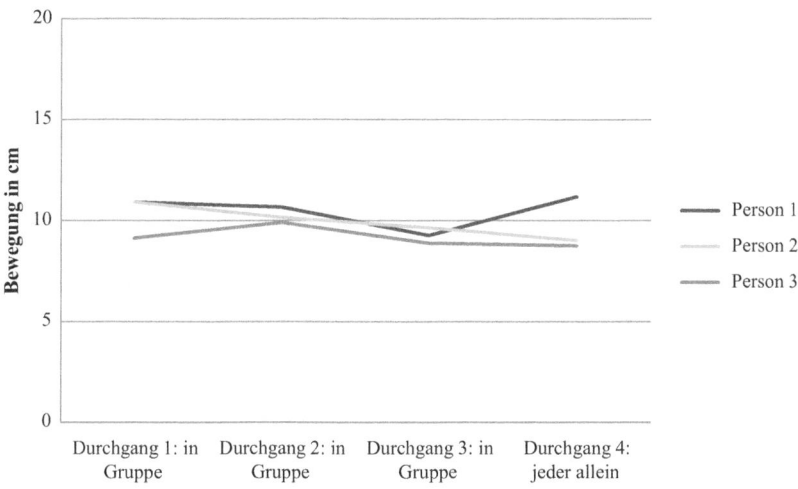

Abb. 8.2 (Adaptierte Darstellung aus Sherif 1935)

bestimmten, wenn sie allein waren. Soziale Informationen können also objektive, physikalische Stimuli ersetzen und einen von diesen unabhängigen Referenzrahmen schaffen, sogenannte „soziale Normen".

Soziale Normen haben einen allgegenwärtigen Einfluss auf unser Denken und Handeln. Dieser geht weit über die Wahrnehmung von Lichtbewegungen im Labor eines jungen Doktoranden im New York der 1930er Jahre hinaus. Er beginnt bei alltäglichen Tisch-und Bekleidungsregeln und endet bei hoch bedeutsamen Fragen, wie der Wahl des „richtigen" Lebenspartners oder den grundlegenden politischen Überzeugungen, die Menschen in Gruppen teilen. In diesem Kapitel geben wir einen Überblick über die Forschungen dazu, wie und warum unsere Einstellungen und unser Verhalten in so starkem Maße durch andere Menschen beeinflusst werden. Zunächst werden wir hierbei einige grundlegende Prozesse der Entstehung und Veränderung von Einstellungen betrachten. Anschließend wenden wir uns sozialen Einflussphänomenen in interpersonalen Interaktionen (z. B. der Psychologie des Überzeugens) und in Gruppen (soziale Normen und Konformität) zu. Wir werden dabei die – manchmal erdrückende – Schwerkraft sozialen Einflusses durch soziale Normen und Gruppenmehrheiten (Konformität) kennenlernen und am Schluss des Kapitels fragen, wie es trotz dieser Beharrungskräfte überhaupt zu sozialen Veränderungen und gesellschaftlichem Wandel kommen kann.

8.2 Veränderung persönlicher Einstellungen: Grundlegende Prozesse

Um zu verstehen, wie – und weshalb – Menschen in ihren Einstellungen und Verhaltensweisen beeinflussbar sind, ist es zunächst wichtig, sich die grundlegenden Prozesse der Entstehung persönlicher Einstellungen vor Augen zu führen. Schließlich werden wir nicht mit bestimmten Einstellungen geboren (obwohl einige Einstellungen – wie etwa die Präferenz für Süßes oder Fettiges – sich zuverlässig entwickeln und allgemeine Einstellungsstrukturen eine erbliche Komponente aufweisen)[1].

8.3 Entstehung von Einstellungen

8.3.1 Basale kognitive Prozesse

Einstellungen und andere Gedächtnisinhalte werden gelernt. Lernen läuft hierbei allerdings nur selten zielgerichtet und bewusst ab. Stattdessen kann sich eine positive Einstellung gegenüber einem Stimulus (z. B. Pausengong) bereits daraus entwickelt haben, dass dieser in der Vergangenheit wiederholt gemeinsam mit einem positiven Ereignis (z. B. dem Beginn der Pause) aufgetreten ist. Neben diesem Prozess der „evaluativen Konditionierung" (De Houwer et al. 2001) können auch andere subtile Mechanismen des Alltags unsere Einstellungen formen. Beispielsweise kann bereits die häufige Konfrontation mit einem Einstellungsobjekt (z. B. Hit im Radio) dazu führen, dass dieses Objekt positiver bewertet wird. Ein solcher „*mere-exposure*-Effekt" (Zajonc 1968) tritt unabhängig davon auf, ob die Konfrontation auch tatsächlich in einem positiven Kontext stattgefunden hat. So kann ein mittelmäßiger Song bereits dadurch subjektiv zum Hit werden, dass er in der Vergangenheit häufig im Radio gehört wurde. Auch in manche CDs muss man sich schließlich „erst reinhören". Dieser Effekt kann dadurch erklärt werden, dass Bekanntes sich mit größerer Leichtigkeit mental verarbeiten lässt und diese mühelose Verarbeitung die Stimmung hebt. Die positive Stimmung sorgt dann auch für positivere Bewertungen (z. B. Winkielman und Cacioppo 2001; für einen aktuellen Überblick siehe Albarracín und Vargas 2010).

---

[1]Es gibt Hinweise, dass allgemeine Persönlichkeitszüge zu einem gewissen Teil erblich sind (Albarracín und Vargas 2010). Beispielsweise wurde geschätzt, dass Neurotizismus zu 40 % durch biologische Prädisposition bestimmt ist (ebd.).

8.3.2 Allgemeine motivationale Prozesse

Doch Einstellungen entstehen nicht nur als Folge „kalter" Kognition, wie Lernen oder *mere-exposure*. Stattdessen sind Einstellungen oft das Ergebnis motivationaler Prozesse, also Produkt menschlicher Bedürfnisse und Ziele. Beispielsweise sind Einstellungen dafür wichtig, dass Menschen sich in ihrer Welt zurechtzufinden („Was ist gut, was ist schlecht?") und eigenes Handeln steuern können („Welchen Objekten sollte ich mich annähern, welche sollte ich vermeiden?"). Zudem besitzen sie die Funktion, sich selbst und Anderen ein positives Bild von der eigenen Person zu zeichnen („ego-defense"; Katz 1960). Dadurch, dass ich die „richtige" Musik mag, kann ich beispielsweise versuchen, mir selbst und Anderen zu zeigen, dass ich ein wertvolles Mitglied meiner Gruppe bin. So kann eine ausgedrückte Präferenz für Mozarts Klaviersonaten Angehörige der bürgerlichen Mittelschicht, das Feiern von Punk und Ska hingegen Mitglieder der Alternativkultur in ihrem Selbstwert bestärken. Gleichzeitig kann ich versuchen, mein positives Selbstbild beispielsweise dadurch zu erhöhen, dass ich mich von negativ stereotypisierten Menschengruppen (z. B. Alten) abgrenze, indem ich sie ablehne (*ageism*; z. B. Martens et al. 2004). Über das Bedürfnis hinaus, die eigene Person als positiv erscheinen zu lassen, können Einstellungen gegenüber ganzen Gruppen von Menschen auch ein grundlegendes Bedürfnis nach Zugehörigkeit (Baumeister und Leary 1995) befriedigen und die soziale Identität bzw. die Zugehörigkeit zu eigenen Gruppen bestärken. Letzteres kann sich beispielsweise in verzerrten Einstellungsurteilen zugunsten der eigenen – im Vergleich zu einer fremden – Gruppe zeigen (Tajfel und Turner 1979, Theorie der sozialen Identität).

8.4 Prozesse persönlichen Einstellungswandels

Wie können sich einmal gebildete Einstellungen verändern? Offensichtlich ist dies eine Frage von weit mehr als nur theoretischer Bedeutung. So versuchen Werbetreibende und Weltverbesserer seit jeher Wege zu finden, Einstellungen von Menschen zu verändern, beispielsweise gegenüber Konsumgütern, Fremdgruppen oder politischen Programmen. Prinzipiell können Einstellungsänderungen durch die gleichen Prozesse in Gang kommen, die auch für die Entstehung von Einstellungen verantwortlich sind (s. oben). Darüber hinaus wurden psychologische Dynamiken identifiziert, die insbesondere bei Versuchen zum Tragen kommen, Einstellungen von Menschen gezielt zu beeinflussen und zu ändern. Bevor wir uns weiter unten der Psychologie des Überzeugens (im engeren Sinne) zuwenden, wollen wir zunächst zwei motivationale Prinzipien vorstellen, die Initiatorinnen oder Initiatoren von Beeinflussungsversuchen unbedingt beachten sollten.

8.4.1 Reaktanz

Menschen besitzen das Verlangen, ihr Schicksal selbst zu bestimmen (Kontrollmotiv) und sich nicht etwa von Anderen in ihrer Freiheit einschränken zu lassen. Nehmen Menschen jedoch wahr, dass ihre vorhandenen Freiheiten eingeschränkt werden sollen, so antworten sie mit Widerstand, sogenannter „Reaktanz". Diese Grundannahme der Reaktanztheorie (Brehm und Brehm 1981) sollte berücksichtigen, wer Andere beeinflussen möchte. Beeinflussungsversuche können von dessen Zielpersonen nämlich als Freiheitseinschränkung verstanden werden und Reaktanz auslösen. Ein Bäcker, der eine neue Brotsorte damit bewirbt, dass man dieses Brot unbedingt kaufen *muss*, wird daher geringeren Verkaufserfolg haben als ein Konkurrent, der seine Kunden *bittet*, dieses Produkt doch einmal zu probieren (Weiner und Brehm 1966). Die direkte Wiederherstellung einer bedrohten Freiheit (z. B. durch den Kauf einer anderen Brotsorte) ist nur eine von mehreren möglichen Formen der Reaktanz. Reaktanz kann sich auch in Form von Einstellungsänderungen zeigen. So wurde gezeigt, dass sich die Einstellungen gegenüber Produkten verbessern, wenn deren Verfügbarkeit unerwartet eingeschränkt wird. Bei massiven Beeinflussungsversuchen des Bäckers oder einer Gesundheitsbehörde also, eine bestimmte Brotsorte zugunsten einer anderen nicht mehr zu kaufen, sollten Kunden diese Brotsorte positiver bewerten (vgl. Mazis 1975). Sollen Beeinflussungsversuche nicht nach hinten losgehen, ist es also essenziell, das Bedürfnis nach Freiheit und Kontrolle der Adressaten zu achten. Gleichzeitig wird dieses Bedürfnis von Werbetreibenden oft für ihre Zwecke ausgenutzt, wenn die subjektive Attraktivität einer Ware dadurch erhöht wird, dass diese als besonders knapp oder nur noch bis zu einem bestimmten Tage verfügbar beschrieben wird (zum Effekt knapper Ressourcen, siehe auch Cialdini und Trost 1998).

8.4.2 Reduktion kognitiver Dissonanz

Das zweite bedeutsame motivationale Prinzip, das bei Beeinflussungsversuchen beachtet werden sollte, ist das menschliche Bedürfnis nach einer widerspruchsfreien (konsonanten) Wahrnehmung der Wirklichkeit. Die Vertreter der Theorie der kognitiven Dissonanz (Festinger 1957) haben früh darauf hingewiesen, dass es möglich ist, dieses Bedürfnis für die Veränderung von Einstellungen zu nutzen. Die Idee ist, Personen mit Widersprüchen zwischen ihrer (bisherigen) Einstellung und anderen kognitiven Repräsentationen (z. B. ihres eigenen Verhaltens) zu konfrontieren. So könnte eine Kampagne für gesunde Ernährung darauf aufbauen, dass Personen mit negativen Einstellungen gegenüber Vollkornbrot dazu gebracht

8.4 Prozesse persönlichen Einstellungswandels

werden, eine Woche lang Vollkornbrot zu Abend zu essen. Gemäß der Dissonanztheorie sollten diese Personen eine Dissonanz zwischen ihrer negativen Einstellung gegenüber Vollkornbrot („Ich mag kein Vollkornbrot") und ihrem eigenen Verhalten („Ich esse Vollkornbrot") verspüren, die mit aversiver Erregung einhergeht. Zur Reduktion dieser unangenehmen Erregung sollten Menschen bestrebt sein, Einstellung und Verhalten wieder in ein konsonantes Verhältnis zu bringen. Dies kann dadurch geschehen, dass Personen ihre Einstellung ändern („Ich finde Vollkornbrot ganz in Ordnung"), aber natürlich auch durch eine Änderung des Verhaltens („Ich esse kein Vollkornbrot mehr") oder die Ergänzung konsonanter Kognitionen, wie z. B. Rechtfertigungen oder Entschuldigungen („Mutti hat mich gezwungen, Vollkornbrot zu essen"). Eine Einstellungsänderung sollte also dann am wahrscheinlichsten sein, wenn Personen den Eindruck haben, ein bestimmtes einstellungskonträres Verhalten *freiwillig* ausgeführt und damit das Gefühl der Dissonanz ausgelöst zu haben.

Dass es sich bei Einstellungsänderungen nach kognitiver Dissonanz tatsächlich um ein motivationales und kein rein kognitives Phänomen handelt, haben Zanna und Cooper (1974) in einem klassischen Entscheidungsexperiment untersucht (s. Kasten „Hintergrundinformation: Denken oder Wollen? Das Entscheidungsexperiment zum Prozess kognitiver Dissonanz").

Hintergrundinformation: Denken oder Wollen? Das Entscheidungsexperiment zum Prozess kognitiver Dissonanz
Eine Zeit lang war in der Forschung umstritten, ob Einstellungsänderung nach kognitiver Dissonanz tatsächlich darauf zurückgeht, dass Menschen das unangenehme Gefühl der Dissonanz loswerden wollen (motivationale Erklärung) oder ob es sich hierbei lediglich um „kalte" Schlussfolgerungsprozesse handelt (kognitive Erklärung). Die letztgenannte Position wurde von Daryl Bem (1965) in seiner Selbstwahrnehmungstheorie vertreten. Er war der Auffassung, dass Menschen ihre Einstellungen aus der Selbstbeobachtung ihres eigenen Verhaltens erschließen. Deshalb sollten sie bei einstellungskonträrem eigenem Verhalten ihre Einstellung in Richtung dieses Verhaltens ändern. In einem Entscheidungsexperiment konfrontierten Zanna und Cooper (1974) beide Positionen und fanden einen wichtigen Beleg für die Gültigkeit der motivationalen Annahme der Dissonanztheorie.
Sie brachten Studierende in die Situation, ein Essay gegen die freie Meinungsäußerung auf dem Campus zu schreiben. Ein Standpunkt, der mit hoher Wahrscheinlichkeit der Einstellung der meisten Teilnehmenden widersprach. Im Ergebnis bewerteten diese die Einschränkung der Meinungsäußerung anschließend jedoch dann relativ positiv, wenn sie offenbar die freie Entscheidung gehabt hatten, das Essay zu schreiben (verglichen mit einer Versuchsbedingung, in der sie gezwungen waren, das Essay zu schreiben). So weit replizierten Zanna und Cooper die klassischen Befunde der Dissonanztheorie. Um nun zu untersuchen, ob dieser Effekt dadurch zustande kam, dass die Versuchspersonen durch die Einstellungsänderung gezielt versuchten, das unangenehme Gefühl der Dissonanz loswerden, manipulierten sie das Ausmaß, in dem die Versuchspersonen ein möglicherweise entstehendes unangenehmes

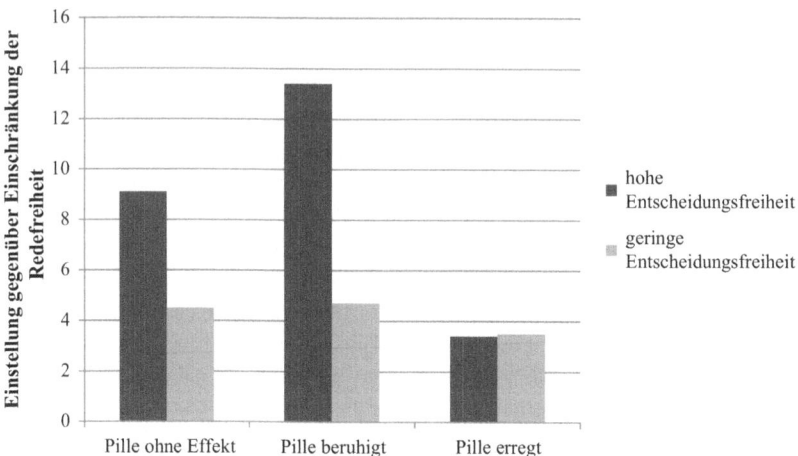

Abb. 8.3 Ergebnisse

Gefühl auch tatsächlich mit der Dissonanz in Verbindung bringen konnten. Dies geschah dadurch, dass allen Versuchspersonen im Vorhinein eine Tablette verabreicht wurde, die in Wahrheit keine Wirkstoffe enthielt (Placebo aus Milchpulver). Je nach Versuchsbedingung wurde allerdings entweder erklärt, dass die Pille die Erregung der Teilnehmenden steigern oder sie beruhigen würde oder dass sie keine Auswirkungen hätte. Wie in Abb. 8.3 zu sehen ist, trat der beschriebene Effekt der Dissonanz (positivere Einstellung bei freier Entscheidung) lediglich dann auf, wenn den Personen gesagt wurde, dass die Pille keine oder sogar beruhigende Wirkung hätte. Wurde allerdings gesagt, die Pille würde die Erregung erhöhen, so fand sich kein Effekt mehr: Offenbar hatten die Versuchspersonen ihre erhöhte Erregung nach der Dissonanzerfahrung nicht der Dissonanz sondern der Pille zugeschrieben *(misattribution)* und daher auch keine Anstrengungen zur Dissonanzreduktion unternommen. Dies zeigt, dass der Dissonanzeffekt kein rein kognitives Phänomen im Sinne der Selbstwahrnehmungstheorie (Bem 1965) sein kann, sondern es sich um einen motivationalen Prozess handeln muss.

8.5 Gezielte Beeinflussung: Die Prozesse der Überzeugung

Wie sehen prototypische Versuche der Beeinflussung von Einstellungen aus und wie laufen sie ab? Die Forschungen zu Prozessen des Überzeugens und des Überzeugt-Werdens (Persuasionsforschung) untersuchen die Wirkung direkter Überzeugungsversuche durch die Kommunikation von Botschaften (beispielsweise in Aufklärungs- oder Werbekampagnen). Hovland formulierte im Jahr 1959

8.5 Gezielte Beeinflussung: Die Prozesse der Überzeugung

drei aufeinanderfolgende Stufen des Überzeugungsprozesses: 1) Aufmerksamkeit, 2) Verstehen und 3) Akzeptieren einer Botschaft. McGuire (1969) fasste die ersten beiden Stufen später zum Faktor „Rezeption" zusammen, behielt die Abgrenzung gegenüber Prozessen der Akzeptanz jedoch bei. Diese analytische Trennung ermöglichte die differenzierte Untersuchung verschiedener Einflussvariablen. Beispielsweise können Furcht einflößende Botschaften (z. B. „Wer beim Sex keine Kondome benutzt, riskiert sein Leben") zwar die unmittelbare Aufmerksamkeit von Rezipienten auf sich ziehen. Wegen der menschlichen Eigenart, extrem Furcht einflößende Informationen unter bestimmten Bedingungen zu beschönigen oder abzuwehren, sollte ein Furchtappell allerdings oft nur geringe Akzeptanz erlangen (z. B. geringeres Wissen über HIV, geringere Kondombenutzung; Earl und Albarracín 2007; Albarracín und Vargas 2010).

Als weiterer wesentlicher Schritt in der Überzeugungsforschung wurden in den 1980er und 90er Jahren zwei unterschiedliche Wege identifiziert, auf denen Menschen persuasive Botschaften kognitiv verarbeiten. Gemäß des Modells der Elaborationswahrscheinlichkeit (*Elaboration-Likelihood Model*: ELM; Petty und Cacioppo 1986) und des Heuristisch-Systematischen Modells (*Heuristic-Systematic Model*: HSM; Chaiken et al. 1989) verarbeiten Personen eine Botschaft entweder in mental aufwendiger („zentrale Route" bzw. „systematische Verarbeitung") oder in unaufwendiger („periphere Route" bzw. „heuristische Verarbeitung"; s. Kap. 3) Weise. Wird eine Botschaft aufwendig verarbeitet, sollte der Erfolg einer persuasiven Botschaft von der *Qualität der präsentierten Argumente* abhängig sein. Bei oberflächlicher, unaufwendiger Verarbeitung hingegen, sollten statt der Argumentqualität eher *heuristische Hinweisreize* (z. B. Expertenstatus der Argumentquelle) oder einfache kognitive Prozesse (z. B. Konditionierung) darüber entscheiden, ob die Botschaft zu einer Einstellungsänderung führt. Ob eine Person aufwendig oder unaufwendig verarbeitet sollte gemäß des ELM und des HSM zum einen davon abhängen, ob sie in einer Situation *fähig* ist, Informationen gründlich zu verarbeiten (z. B. wenn sie nicht abgelenkt wird). Zum anderen muss eine Person *motiviert* sein, sich gründlich mit einem Thema zu beschäftigen (z. B. bei hoher persönlicher Wichtigkeit des Themas).

Diese *dual-process*-Perspektive hat bedeutende Implikationen für die Gestaltung von Werbekampagnen. Keine Werbebotschaft wirkt immer und bei jedem. Stattdessen sollten Werbende bei der Auswahl ihrer Instrumente immer berücksichtigen, ob die potenziellen Zielpersonen in einer Situation eher auf der zentralen oder auf der peripheren Verarbeitungsroute beeinflussbar sind. Wenn eine Agentur beispielsweise ein neues Klopapier bewerben möchte und ihr dafür Plakatflächen an der Stadtautobahn zur Verfügung stehen, wäre es sicherlich verfehlt, die Plakate mit den drei wichtigsten (guten) Argumente für das neue Papier

(4 Lagen statt 3 für den Preis von 2, Duftessenzen aus der Blüte des Gummibaums, Verpackung aus kompostierbarem Kunststoff) zu bedrucken. Schließlich sind Menschen beim Autofahren durch den Straßenverkehr „abgelenkt" (geringe Fähigkeit!) und die Motivation(!), vertieft über *Klopapier* nachzudenken, ist für die meisten Menschen gering. Vielversprechender wäre es stattdessen, heuristische Hinweisreize einzusetzen, die beispielsweise positive Assoziationen mit dem Produkt wachrufen (z. B. durch dessen Abbildung in den Händen einer beliebten prominenten Person) oder den Eindruck erwecken, die Quelle der Botschaft habe Expertenstatus (z. B. ein Hygienefachmann mit Daumen oben). Obgleich die Zweiprozessmodelle der Persuasion nach wie vor die wohl bekanntesten – und für die Anwendung hoch relevante – Ansätze darstellen, sind sie nicht ohne Kritik geblieben. So postulieren Erb und Kollegen (2003) im sogenannten „Unimodel", also einem Ein-Prozess-Modell, dass die Wirkung von Argumenten und heuristischen Hinweisreize keineswegs auf qualitativ unterschiedlichen (zwei) Prozessen beruht. Stattdessen können sich Informationen jedweder Art (Argumente wie Hinweisreize) auf bestimmten Dimensionen unterscheiden, beispielsweise, wie leicht sie zu verarbeiten sind (weitere Dimensionen sind ihre Relevanz für die Einstellung und ihre Präsentationsposition). Schließlich kann auch ein Hinweisreiz auf den Expertenstatus eines Kommunikators subjektiv schwierig zu entschlüsseln sein, ganz genauso, wie ein gutes Argument sehr eingängig – und daher leicht zu verarbeiten – sein kann („4-lagiges Klopapier ist reißfester!"). Je stärker Personen in einer Situation motiviert und fähig sind, Informationen zu verarbeiten, desto erfolgreicher sollte eine Werbekampagne mit schwierig zu verarbeitenden Inhalten sein, unabhängig davon, ob es sich um Argumente oder Hinweisreize (z. B. auf Expertenstatus) handelt.

8.6 Die soziale Schwerkraft: Normen und Konformität

In den vorangegangenen Abschnitten dieses Kapitels haben wir erläutert, wie Einstellungen entstehen und wie sich diese – gezielt oder beiläufig – ändern können. Wir haben hierbei an vielen Stellen so getan, als wären Menschen Individuen im sozialen Vakuum. Wie bereits im einleitenden Kapitel (s. Kap. 1) ausgeführt ist dies aber bestenfalls eine Illusion. Einstellungen darüber, was angemessene Bekleidung, edles Essen oder was erstrebenswerte Lebensziele darstellen, wären ohne soziale Einflussprozesse nicht zu erklären. Wie die Versuchspersonen in Sherifs eingangs beschriebenem abgedunkelten Labor sind wir in unseren Interpretationen einer uneindeutigen Welt abhängig vom wahrgenommenen Urteil Anderer:

8.6 Die soziale Schwerkraft: Normen und Konformität

Wie die Schwerkraft der Erde unsere Füße am Boden hält, so (ent-)stehen unsere Einstellungen und Verhaltensweisen in hohem Maße auf dem Boden sozialer Mehrheiten und den sozialen Regeln, die in den Gruppen gelten, denen wir angehören. Von sozialen Konventionen abzuweichen, kann auf Dauer mindestens ebenso anstrengend sein, wie Luftsprünge auf der Erde.

Dieser *soziale Einfluss* findet oft unmerklich statt, z. B. durch das Wirken sozialer Normen. Dies sind „Regeln und Standards, die innerhalb einer Gruppe geteilt werden und die unser soziales Verhalten leiten und einschränken" (Cialdini und Trost 1998). Jede und jeder von uns lernt früh die sozialen Normen der verschiedenen Gruppen kennen, in denen wir uns bewegen. Wir wissen, wie wir uns in unserem Kulturkreis zu feierlichen Anlässen kleiden sollten oder welche Bands innerhalb unserer jeweiligen Subkultur *cool* und welche *lame* sind und was man beim Konzert der coolen Gruppen tragen sollte und was lieber nicht. Und wir wissen es nicht nur, wir verhalten uns auch dementsprechend. Hierbei richten wir unser Verhalten nicht nur an expliziten oder impliziten Vorschriften oder Erwartungen innerhalb unserer Gruppen (präskriptive bzw. „injunktive" Normen; Reno et al. 1993) aus, sondern auch daran, wie sich typische Gruppenmitglieder *tatsächlich* verhalten (deskriptive Normen; Reno et al. 1993).

Ein eindrückliches Beispiel für den Einfluss wahrgenommenen Verhaltens ähnlicher Anderer ist der sogenannte „Werther-Effekt" (Phillips 1974): Nach Medienberichten über Selbstmorde wurden kurzzeitig erhöhte Selbstmordraten in der Bevölkerung beobachtet und auch die Art und Weise, wie diese Selbstmorde ausgeführt wurden, ähnelte den „Medienvorbildern" (zusammenfassend bei Cialdini und Trost 1998). Andere Effekte deskriptiver Normen zeigen sich in Studien zu umweltbewusstem Handeln. Beispielsweise entschieden sich Gäste eines Hotels dann häufiger dafür, ihre Handtücher mehrfach zu benutzen, wenn sie die Information erhielten, dass die große Mehrheit (75 %) der übrigen Hotelgäste dies ebenfalls tat. Ein bloßer Appell, durch das Wiederverwenden von Handtüchern die Umwelt zu schützen führte zu einer deutlich geringeren Beteiligung (Goldstein et al. 2008).

Das Phänomen, sein Verhalten und Denken an jenes von Mehrheiten anzupassen, ohne dass von diesen expliziter Druck ausgeübt wird, wird als *Konformität* bezeichnet (Cialdini und Trost 1998). Das wohl bekannteste Experiment zur Konformität stammt von Solomon Asch (1955, Kasten „Hintergrundinformation: Aschs berühmtes Experiment zur Konformität"). Dieses Experiment gehört zu den auch öffentlich prominentesten Studien aus der Sozialpsychologie, ähnlich dem berühmten Gehorsamexperiment von Stanley Milgram (1963), in dem eine Mehrheit der psychisch unauffälligen Teilnehmenden sich von einer wissenschaftlichen Respektsperson dazu bringen ließ, einer anderen Person scheinbar potenziell lebensgefährliche Stromschläge zu verabreichen.

Hintergrundinformation: Aschs berühmtes Experiment zur Konformität
Stellen Sie sich vor, Sie werden als Teilnehmerin oder Teilnehmer an einem Wahrnehmungsexperiment in ein Labor eingeladen und gemeinsam mit sechs anderen Versuchspersonen gebeten, anzugeben, welcher von drei unterschiedlich langen Referenzlinien eine Vergleichslinie in ihrer Länge gleicht. Diese Aufgabe ist sehr einfach, da die Referenzlinien sich in ihrer Länge sehr deutlich unterscheiden. Merkwürdigerweise nennen die fünf anderen Teilnehmenden, die vor Ihnen an der Reihe sind, eine eindeutig falsche Lösung. Scheinbar gelangweilt warten nun alle auf Ihr Urteil (s. Abb. 8.4). Werden auch Sie die falsche Linie zur richtigen Lösung erklären? In Aschs Experimenten taten die Teilnehmenden dies in 36,8 % vergleichbaren Fällen. Das heißt, unter Mehrheitseinfluss trafen hochintelligente Universitätsstudierende in einem Drittel aller Durchgänge dieser einfachen Aufgabe eindeutige Fehlentscheidungen (= Konformität).

Haben die Teilnehmenden des Asch-Experiments versagt, weil sie den Fehler der Mehrheit übernahmen? In dieser Situation ja. Grundsätzlich allerdings erfüllt Konformität – und soziale Beeinflussbarkeit im Allgemeinen – lebenswichtige Funktionen. Erstens stellt das Mehrheitsverhalten so etwas wie eine Daumenregel (Heuristik; s. Kap. 3) dafür dar, welches Verhalten in einer Situation angemessen ist. Wenn ich beispielsweise in einem fremden Land am Flughafen ankomme und die beste Transportmöglichkeit in die Stadt suche, bin ich in der Regel gut beraten, jenes Transportmittel zu wählen, das die meisten anderen Ankommenden benutzen. Es sind insbesondere unklare Situationen (z. B. Sherifs autokinetischer Effekt) oder solche, in denen es keine „objektiv" richtige Lösung gibt (z. B. beim Meinungsstreit), in denen dieser *informationale Einfluss* (Deutsch und Gerard 1955) bedeutsam ist. Daneben gibt es auch eine genuin soziale Funktion der Beeinflussbarkeit, den *normativen Einfluss* (Deutsch und Gerard 1955). Hierbei wird angenommen, dass Menschen danach streben, dazuzugehören und Teil sozialer Beziehungen oder Gruppen zu sein (s. Kap. 6). Eines der besten Mittel, um

Abb. 8.4 Eine Aufnahme von Aschs „Versuchsteilnehmern": Nur der sechste von links ist eine echte Versuchsperson. Alle anderen sind instruiert, eine falsche Lösung zu sagen

8.6 Die soziale Schwerkraft: Normen und Konformität

die eigene Zugehörigkeit sicherzustellen ist es, die eigene Ähnlichkeit zur Mehrheit der Gruppenmitglieder zu erhöhen, beispielsweise durch konformes Verhalten. Beide Funktionen sind empirisch gut belegt (z. B. Cialdini und Trost 1998).

Aus der Perspektive der Selbstkategorisierungstheorie (Hogg 2010; Turner et al. 1987) wird angenommen, dass soziale Beeinflussbarkeit dadurch entsteht, dass Menschen sich selbst in vielen Situationen über Gruppenzugehörigkeiten definieren (z. B. „wir Studierenden") und erwarten, dass innerhalb der Gruppe Konsens über angemessene Wahrnehmungen und Verhalten besteht. Die Wahrnehmung der Eigenschaften des eigenen Selbst und unser Verhalten wird dann durch das Stereotyp der eigenen Gruppe bestimmt *(Selbststereotypisierung)*. Eine Frau, die sich in einer Situation beispielsweise als Studentin der Wirtschaftswissenschaften definiert (z. B. auf einer gemeinsamen Party mit Sozialpädagogik-Studierenden), wird sich selbst eher mit solchen Eigenschaften beschreiben (und auch so handeln), die dem Stereotyp der WiWi-Studierenden entsprechen (z. B. Freude an Geld, hoher Status). In einer Situation hingegen, in der sie sich über ihre Geschlechtsgruppe definiert (z. B. „Sag Du als Frau doch auch mal was dazu!"), sollte sich ihre Selbstbeschreibung und ihr Verhalten in Richtung des weiblichen Stereotyps verändern (z. B. Freude an sozialen Beziehungen, schlecht in Mathe). Ein und dieselbe Person kann also über Situationen hinweg ganz unterschiedlichen – oft unmerklichen – sozialen Einflüssen unterliegen, je nachdem, welche Ingroup gerade salient ist (z. B. Hogg und Turner 1987).

Konformität erfüllt aber auch wichtige Funktionen für das Gruppenleben. Beispielsweise zeigt sich, dass hoch identifizierte Gruppenmitglieder dann erhöhte Selbststereotypisierung zeigen, wenn Status und Erkennbarkeit ihrer Gruppe bedroht sind (Spears et al. 1997). Das legt nahe, dass eine Gruppe unter Bedrohung in ihren Einstellungen und Verhalten tatsächlich homogener wird und die Konformität von Gruppenmitgliedern eine wichtige Rolle beim Umgang mit kollektiven Bedrohungen spielen kann, indem sie die Koordinationsfähigkeit von Gruppen (z. B. bei der Begegnung einer Bedrohung) erhöht (Kessler und Cohrs 2008). Sie kann zu einer erhöhten Einigkeit hinsichtlich relevanter Ziele führen und somit koordiniertes gemeinschaftliches Handeln in Gruppen befördern.

Es gibt also viele gute Gründe, weshalb Menschen sich durch Mehrheiten beeinflussen lassen. Konformität führt für Individuen in uneindeutigen Situationen oft zu den besten Handlungsergebnissen und stärkt ihre Zugehörigkeit zu Anderen und zu Gruppen. Gleichzeitig ist Konformität ein „kognitives Nebenprodukt" der Selbstkategorisierung als Gruppenmitglied und fördert kollektives Handeln. So gehört es beinahe zu den grundlegenden Gesetzen der Sozialpsychologie, dass *Mehrheiten* – und nicht etwa Minderheiten – einflussreich sind. Dennoch wäre soziales Leben ohne Minderheiteneinfluss undenkbar.

8.7 Die Möglichkeit sozialen Wandels: Minderheiteneinfluss und soziale Bewegungen

Sozialer Stillstand und mangelnde gesellschaftliche Anpassung an sich ändernde Rahmenbedingungen wären die Folge, wenn sozialer Einfluss ausschließlich von Mehrheiten ausginge. Nur stetiger sozialer Einfluss durch (ursprüngliche) Minderheiten hat in Deutschland eine ökologische Energiewende oder in Europa den Zusammenbruch der osteuropäischen Diktaturen möglich gemacht. Minderheiteneinfluss ist somit eine wichtige Voraussetzung gesellschaftlicher Veränderung und Erneuerung.

8.8 Mehrheiten- vs. Minderheiteneinfluss

Der französische Sozialpsychologe Serge Moscovici untersuchte als einer der Ersten die unterschiedlichen Wege, auf denen Mehrheiten *und* Minderheiten Einfluss ausüben. In seiner Konversionstheorie (Moscovici 1976; Zusammenfassung bei Hogg 2010) geht er davon aus, dass Minderheiten eher als Mehrheiten in der Lage sind, dauerhafte private Meinungsänderungen *(Konversion)* bei Rezipienten hervorzurufen. Mehrheitseinfluss wirkt hingegen demnach direkt auf öffentlich geäußerte Meinungen, die aber nicht internalisiert und höchstens von kurzer Dauer sind. Das liegt gemäß der Theorie daran, dass Nicht-Übereinstimmung mit einer Mehrheit zu sozialem Konflikt führen und *soziale Vergleichsprozesse* auslösen kann, mit dem Ziel, die größtmögliche Übereinstimmung mit der Mehrheit – also Konformität – zu erreichen (normativer Einfluss, s. o.). Bei der Auseinandersetzung mit einer Minderheitenposition hingegen sollte der normative Anpassungsdruck eher gering sein und es kann ein kognitiver Konflikt entstehen. Dieser kann einen *Validierungsprozess* auslösen, in dessen Verlauf die Minderheitenposition inhaltlich durchdacht und bestehende eigene Positionen ggf. verändert werden. Diese Veränderungen sind dann internalisiert und dauerhaft (Wood et al. 1994). Wird also beispielsweise in einer konservativen Stammtischrunde eine Mehrheitsposition, wie der Ruf nach Steuersenkungen, vertreten, kann dies dazu führen, dass man sich gegenseitig wohlwollend zunickt und jeder öffentlich seine Zustimmung äußert. Dies wäre vermutlich weit weniger der Fall, wenn eine Einzelne äußern würde, Steuererhöhungen fände sie gar nicht so schlecht. Aber obwohl gemäß des Konversionsmodells hier keine offene Zustimmung zu erwarten wäre, sollten jedoch die privaten Meinungen der Menschen in der Runde beeinflusst werden. Am nächsten Morgen wäre man sich nicht mehr ganz so sicher, ob Steuersenkungen wirklich immer gut sind. Erfahren Sie mehr über eine empirische Studie zu diesem Konversionseffekt in der folgenden Hintergrundinformation.

8.8 Mehrheiten- vs. Minderheiteneinfluss

Doch wann gelingt es Minderheiten, tatsächlich einen kognitiven Konflikt auszulösen? Moscovici (1976) leitete aus seiner Forschung ab, dass erfolgreiche Minderheiten sich durch einen bestimmten Verhaltensstil auszeichnen. Sie sollten ihre Position *konsistent* über die Zeit vertreten, sich innerhalb der Gruppe einig sein *(Konsens)*, persönliche Opfer für die gemeinsame Sache erkennen lassen *(Investment)*, den geäußerten allgemeinen Prinzipien auch in Situationen gegenläufiger Eigeninteressen treu bleiben *(Autonomie)*, aber zugleich erkennen lassen, dass sie ihre Position unterschiedlichen Situationen anpassen können *(Flexibilität)*. Die Vertreterinnen und Vertreter einer Umweltschutzpartei, die den Verzicht auf Flugreisen propagieren, sollten dies also auch im nächsten Wahlkampf nicht verschweigen (Konsistenz), alle sollten hinter dieser Forderung stehen (Konsens), sie sollten auch zum Parlamentarierbesuch in Rom den Zug statt des Flugzeugs nehmen (Investment), sollten sich durch versprochene Ministerinnenposten nicht zum Schweigen bringen lassen (Autonomie), aber nicht fordern, dass der Bundespräsident bei seinem nächsten China-Besuch die transsibirische Eisenbahn benutzt (Flexibilität). Flexibilität statt Rigidität ist für eine innovative Minderheit vor allem deshalb wichtig, um nicht als Spinner zu gelten. Eine solche Psychologisierung von Minderheiten kann – in Begriffen der Attributionstheorie (Kelley 1967) – dann auftreten, wenn Außenstehende die Forderungen einer Minderheit durch die Eigenschaften der Handelnden (Personenattribution: Spinner, Rechthaber, arrogante Leute …) erklären. Stattdessen sollte die Minderheitenposition dann den größten Einfluss entfalten, wenn die Äußerungen einer Avantgarde auf den Stimulus attribuiert werden, also beispielsweise auf die Klimaschädlichkeit von Flugreisen.

Hintergrundinformation: Können Minderheitenmeinungen die persönlichen Wahrnehmungen von Menschen verändern?
Um empirisch zu untersuchen, ob *private* Meinungen und Wahrnehmungen tatsächlich eher durch Minderheiten als durch Mehrheiten beeinflusst werden, untersuchten Moscovichi und Personnaz (1980) die Wahrnehmung von Farben. Hierbei beurteilte eine konföderierte Person eine offensichtlich blaue Folie über mehrere Durchgänge hinweg konsistent als „grün". Die Teilnehmenden an dieser Untersuchung erfuhren entweder, dass die Mehrheit (81,8 %) oder die Minderheit (18,2 %) der vorherigen Versuchspersonen die Folien ebenfalls als „grün" bezeichnet hatten. Anschließend wurden die Teilnehmenden gebeten, sich darauf zu konzentrieren, welches farbliche „Nachbild" sie nach dem Betrachten der Folie sahen. Es ist bekannt, dass Personen in diesen chromatischen Nachbildern Komplementärfarben sehen (gelb-orange ist komplementär zu blau und rot-lila komplementär zu grün). Faszinierender Weise neigten die Teilnehmenden nach Minoritätseinfluss eher dazu, rot-lila als Nachbild zu sehen, als Personen nach Majoritätseinfluss (s. Abb. 8.5). Minoritätseinfluss führte also offenbar dazu, dass Personen eher dazu neigten, die Folie tatsächlich als grün *wahrzunehmen*.

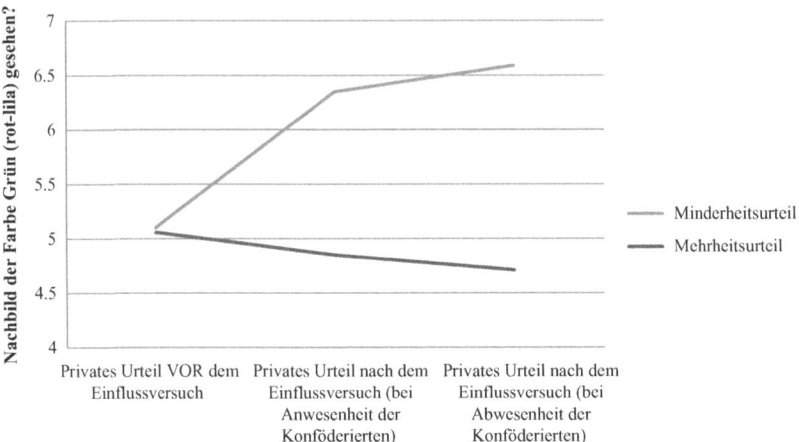

Abb. 8.5 Bringt eine Minderheits- oder eine Mehrheitsposition Personen dazu, eine blaue Folie als „grün" zu sehen? (Nach Moscovici und Personnaz 1980, Studie 2)

Der Grundgedanke, dass sich Prozesse des Einflusses durch Mehrheiten und Minderheiten qualitativ unterscheiden, findet sich in den meisten aktuellen Forschungslinien wieder. Charlan Nemeth (1986) konnte zeigen, dass Uneinigkeit mit einer *Minderheit* zu divergentem und kreativem Denken über eine Botschaft anregt, während Dissenz mit einer *Mehrheit* als bedrohlich wahrgenommen wird und daher eher konvergentes Denken nach sich zieht. Minderheiteneinfluss scheint Menschen in ihrem Denken also zu befreien. Eine weitere wichtige Ergänzung der Forschung zum Minderheiteneinfluss zeigt, dass eine Minderheit vor allem dann Einfluss ausübt, wenn sie als Bestandteil einer eigenen Gruppe betrachtet wird (Crano und Alvaro 1998) bzw. Personen sich mit dieser Minderheit identifizieren (David und Turner 1999). Ein guter Überblick über unterschiedliche Modelle des Einflusses von Mehrheiten und Minderheiten findet sich bei Hogg (2010).

8.9 Sozialer Wandel durch kollektives Handeln

Wie können Minderheiten den Einfluss ihrer Positionen und Interessen auf Mehrheitenpositionen und -entscheidungen maximieren? Einerseits wurden hier günstige Verhaltensstrategien untersucht (s. o.) und andererseits die Frage, wie soziale Bewegungen überhaupt entstehen und wie es ihnen gelingt, Mitstreitende zu binden (z. B. Wright 2009).

8.9 Sozialer Wandel durch kollektives Handeln

Wie kommt es also überhaupt dazu, dass Interessengruppen sich bilden, in denen Menschen kollektive Ziele verfolgen, wie z. B. die Abschaffung von Kernkraftwerken oder die Gleichberechtigung gleichgeschlechtlicher Partnerschaften? Die neuere Forschung zu sozialen Bewegungen (z. B. Klandermans 1997) zeigt, dass hierbei sowohl individuelle als auch kollektive Erwartungen von Menschen eine Rolle spielen, welche Vor- und Nachteile die Teilnahme an einer sozialen Bewegung wohl mit sich bringt (vgl. Modelle zum Einstellungs-Verhaltens-Zusammenhang, Kap. 4). Persönliche Ergebniserwartungen können beispielsweise sein, dass ich in der Protestbewegung neue Freunde finde oder aber auch, dass sich eine Teilnahme negativ auf meinen Lebenslauf auswirkt. Mögliche kollektive Ergebniserwartungen wären das Ende der Atomenergie oder die Beseitigung einer kollektiven Ungleichbehandlung.

Die letztgenannte kollektive Motivation wird in der Forschung zur „relativen Deprivation" (z. B. Smith und Ortiz 2002) untersucht. Das Gefühl, als Gruppe weniger zu bekommen, als einem zusteht („fraternale soziale Deprivation") gilt hier als wichtigste Determinante dafür, dass Menschen sich in sozialen Bewegungen engagieren. Hinzu tritt die Überzeugung, als Gruppe auch etwas erreichen zu können (*group efficacy* oder auch kollektive Kontrolle; van Zomeren et al. 2008).

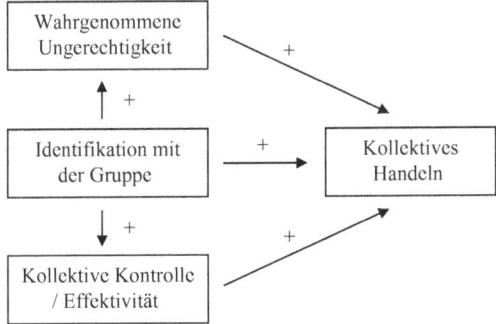

Abb. 8.6 Wie kommt es zu kollektivem Handeln? (Nach van Zomeren et al. 2008. This material originally appeared in English as Van Zomeren, M., Postmes, T. und Spears, R. (2008). Toward an integrative social identity model of collective action: A quantitative research synthesis of three socio-psychological perspectives. Psychological Bulletin, 134, 504–535. Copyright © 2008 by the American Psychological Association. Translated and reproduced with permission of the publisher and the author. The American Psychological Association is not responsible for the accuracy of this translation. The official citation that should be used in referencing this material is Van Zomeren et al., 2008. The use of APA information does not imply endorsement by APA)

Oft geht es Menschen, die an sozialen Bewegungen teilnehmen um die Vertretung individueller Bedürfnisse durch die Gruppe (z. B. die Möglichkeit, den eigenen gleichgeschlechtlichen Partner heiraten zu können). Mindestens genauso häufig kommen Bedürfnisse und anschließendes kollektives Engagement jedoch erst dadurch zustande, dass Menschen sich als Mitglieder einer Gruppe definieren (z. B. im Falle fraternaler relativer Deprivation). Entsprechend zeigt eine jüngere Meta-Analyse von van Zomeren und Kollegen (2008), dass die Teilnahme an sozialen Bewegungen nicht nur durch die Wahrnehmung relativer Deprivation oder kollektive Kontrollüberzeugungen bestimmt wird sondern auch durch das Ausmaß, in dem sich Personen mit der Bewegung identifizieren (s. Abb. 8.6). Gleichzeitig erhöht die Identifikation mit der Gruppe auch das Gefühl, kollektiv benachteiligt zu sein und die Wahrnehmung, als Gruppe etwas erreichen zu können.

8.10 Zusammenfassung

Einstellungen entstehen oft auf unmerklichen Wegen durch Lernen (z. B. evaluatives Konditionieren) oder subtile kognitive (z. B. mere exposure) und motivationale (z. B. Zugehörigkeitsbedürfnis und soziale Identität) Prozesse. Ähnlich kann auch die Änderung von Einstellungen sich nicht nur durch explizite Überzeugungsversuche (Persuasion), sondern auch ganz unmerklich vollziehen – z. B. durch den Einfluss sozialer Normen oder Konformität. Wir haben erläutert, wie die Prozesse der „sozialen Schwerkraft" dazu führen, dass Mehrheitsmeinungen und -verhaltensweisen in Gruppen einen großen Teil unseres Verhaltens und Denkens prägen. Dennoch wäre die soziale Welt nicht denkbar ohne den subtilen Einfluss von Minderheiten und sozialen Bewegungen. Dieser ermöglicht Innovation und sozialen Wandel.

Literatur

Albarracín, D., & Vargas, P. (2010). Attitudes and persuasion: From biology to social responses to persuasive intent. In S. T. Fiske, D. T. Gilbert, & G. Lindzey (Hrsg.), *Handbook of Social Psychology* (S. 394–427). Hoboken: Wiley.
Asch, S. E. (1955). Opinions and social pressure. *Scientific American, 193*, 31–35.
Baumeister, R. F., & Leary, M. R. (1995). The need to belong: Desire for interpersonal attachments as a fundamental human motivation. *Psychological Bulletin, 117*, 497–529.
Bem, D. J. (1965). An experimental analysis of self-persuasion. *Journal of Experimental Social Psychology, 1*, 199–218.

Brehm, S. S., & Brehm, J. W. (1981). *Psychological reactance. A theory of freedom and control*. New York: Academic.

Chaiken, S., Lieberman, A., & Eagly, A. H. (1989). Heuristic and systematic information processing within and beyond the persuasion context. In J. S. Uleman & J. A. Bergh (Hrsg.), *Unintended thought* (S. 212–252). New York: Guilford.

Cialdini, R. B., & Trost, M. R. (1998). Social influence: Social norms, conformity and compliance. In D. T. Gilbert, S. T. Fiske, & G. Lindzey (Hrsg.), *The handbook of social psychology* (4. Aufl., Bd. 2, S. 151–192). New York: McGraw-Hill.

Crano, W. D., & Alvaro, E. M. (1998). The context/comparison model of social influence: Mechanisms, structure, and linkages that underlie indirect attitude change. *European Review of Social Psychology, 8*, 175–202.

David, B., & Turner, J. C. (1999). Studies in self-categorization and minority conversion: The in-group minority in intragroup and intergroup contexts. *British Journal of Social Psychology, 38*, 115–134.

De Houwer, J., Thomas, S., & Baeyens, F. (2001). Association learning of likes and dislikes: A review of 25 years of research on human evaluative conditioning. *Psychological Bulletin, 127*, 853–869.

Deutsch, M., & Gerard, H. B. (1955). A study of normative and informational social influences upon individual judgment. *Journal of Abnomal and Social Psychology, 51*, 629–636.

Earl, A., & Albarracín, D. (2007). Nature, decay, and spiraling of the effects of fear-inducing arguments and HIV counseling and testing: A meta-analysis of the short- and long-term outcomes of HIV-prevention interventions. *Health Psychology, 26*, 496–506.

Erb, H.-P., Kruglanski, A. W., Chun, W. Y., Pierro, A., Mannetti, L., & Spiegel, S. (2003). Searching for commonalities in human judgement: The parametric unimodel and its dual mode alternatives. *European Review of Social Psychology, 14*, 1–47.

Festinger, L. (1957). *A theory of cognitive dissonance*. Stanford: Stanford University Press.

Goldstein, N. J., Cialdini, R. B., & Griskevicius, V. (2008). A room with a viewpoint: using social norms to motivate environmental conservation in hotels. *Journal of Consumer Research, 35*, 472–482.

Hogg, M. A. (2010). Human groups, social categories, and collective self: Social identity and the management of self-uncertainty. In R. M. Arkin, K. C. Oleson, & P. J. Carroll (Hrsg.), *Handbook of uncertain self* (S. 401–420). New York: Psychology Press.

Hogg, M. A., & Turner, J. C. (1987). Intergroup behaviour, self-stereotyping and the salience of social categories. *British Journal of Social Psychology, 26*, 325–340.

Hovland, C. I. (1959). Reconciling conflicting results derived from experimental and survey studies of attitude change. *American Psychologist, 14*, 8–17.

Katz, D. (1960). The functional approach to the study of attitudes. *Public Opinion Quarterly, 24*, 163–204.

Kelley, H. H. (1967). Attribution theory in social psychology. In D. Levine (Hrsg.), *Nebraska symposium on motivation* (Bd. 15, S. 192–238). Lincoln: University of Nebraska Press.

Kessler, T., & Cohrs, J. C. (2008). The evolution of authoritarian processes: Fostering cooperation in large-scale groups. *Group Dynamics: Theory, Research, and Practice, 12*, 73–84.

Klandermans, B. (1997). *The social psychology of protest*. Oxford: Blackwell.

Martens, A., Greenberg, J., Schimel, J., & Landau, M. J. (2004). Ageism and death: Effects of mortality salience and perceived similarity to elders on reactions to elderly people. *Personality and Social Psychology Bulletin, 30,* 1524–1536.

Mazis, M. B. (1975). Antipollution measure and psychological reactance theory: A field experiment. *Journal of Personality and Social Psychology, 31,* 654–660.

McGuire, W. J. (1969). The nature of attitudes and attitude change. In G. Lindzey & E. Aronson (Hrsg.), *Handbook of social psychology* (2. Aufl., Bd. 3, S. 136–314). Reading: Addison-Wesley.

Milgram, S. (1963). Behavioral study of obedience. *Journal of Abnormal and Social Psychology, 67,* 371–378.

Moscovici, S. (1976). *Social influence and social change.* London: Academic.

Moscovici, S., & Personnaz, B. (1980). Studies in Social Influence: Minority influence and conversion behavior in a perceptual task. *Journal of Experimental Social Psychology, 16,* 270–282.

Nemeth, C. J. (1986). Differential contributions of majority and minority influence. *Psychological Review, 93,* 1–10.

Petty, R. E., & Cacioppo, J. E. (1986). The elaboration likelihood model of persuasion. In L. Berkowitz (Hrsg.), *Advances in experimental social psychology* (Bd. 19, S. 123–205). New York: Academic.

Phillips, D. P. (1974). The influence of suggestion on suicide: Substantive and theoretical implications of the Werther effect. *American Sociological Review, 39,* 1150–1174.

Reno, R. R., Cialdini, R. B., & Kallgren, C. A. (1993). The transsituational influence of social norms. *Journal of Personality and Social Psychology, 64,* 104–112.

Sherif, M. (1935). A study of some social factors in perception. *Archives of Psychology, 27,* 1–60.

Smith, H. J., & Ortiz, D. J. (2002). Is it just me? The different consequences of personal and group relative deprivation. In I. Walker & H. J. Smith (Hrsg.), *Relative deprivation: Specification, development, and integration* (S. 91–115). New York: Cambridge University Press.

Spears, R., Doosje, B., & Ellemers, N. (1997). Self-stereotyping in the face of threats to group status and distinctiveness: The role of group identification. *Personality and Social Psychology Bulletin, 23,* 538–553.

Tajfel, H., & Turner, J. C. (1979). An integrative theory of intergroup conflict. In W. G. Austin & S. Worchel (Hrsg.), *The social psychology of intergroup relations* (S. 33–47). Monterey: Brooks & Cole.

Turner, J. C., Hogg, M. A., Oakes, P. J., Reicher, S. D., & Wetherell, M. S. (1987). *Rediscovering the social group: A self-categorization theory.* Oxford: Blackwell.

Van Zomeren, M., Postmes, T., & Spears, R. (2008). Toward an integrative social identity model of collective action: A quantitative research synthesis of three socio-psychological perspectives. *Psychological Bulletin, 134,* 504–535.

Wade, N. J., & Heller, D. (2003). Visual motion illusions, eye movements, and the search for objectivity. *Journal of the History of the Neurosciences, 12,* 376–395.

Weiner, J., & Brehm, J. W. (1966). Buying behavior as a function of verbal and monetary inducements. In J. W. Brehm (Hrsg.), *A theory of psychological reactance* (S. 82–90). New York: Academic.

Winkielman, P., & Cacioppo, J. T. (2001). Mind at ease puts a smile on the face: Psychophysiological evidence that processing facilitation elicits positive affect. *Journal of Personality and Social Psychology, 81,* 989–1000.

Wood, W., Lundgren, S., Ouellette, Busceme, S., & Blackstone, T. (1994). Minority influence: A meta-analytic review of social influence processes. *Psychological Bulletin, 115,* 323–345.

Wright, S. C. (2009). The next generation of collective action research. *Journal of Social Issues, 65,* 859–879.

Zajonc, R. B. (1968). Attitudinal effects of mere exposure. *Journal of Personality and Social Psychology, 9,* 1–27.

Zanna, M. P., & Cooper, J. (1974). Dissonance and the pill: An attribution approach to studying the arousal properties of dissonance. *Journal of Personality and Social Psychology, 29,* 703–709.

Toleranz und Diskriminierung zwischen sozialen Gruppen 9

> **Zusammenfassung**
>
> In diesem Kapitel stellen wir die zentralen Begriffe wie Vorurteile, soziale Diskriminierung und soziale Stereotype vor und führen in klassische und moderne Ansätze zu ihrer Erklärung ein. Es werden sowohl persönlichkeitsorientierte Ansätze, die Theorie des realistischen Gruppenkonflikts als auch die Theorie der sozialen Identität vorgestellt. Ein weiterer Teil des Kapitels widmet sich grundlegenden Prozessen von Intergruppenphänomenen wie Kategorisierung, Identifikation, Gruppenmotivationen usw. Das Kapitel schließt mit der Erklärung und Ansätzen zur Reduktion von Vorurteilen und Intergruppenkonflikten ab.

9.1 Einleitung

In modernen Gesellschaften treffen Menschen unterschiedlicher kultureller Herkunft, ethnischer Zugehörigkeit, Religion und Sprache aufeinander. Aber nicht nur die Zugehörigkeit zu Nation oder Religion, sondern die Zugehörigkeit zu allen möglichen Gruppen ist für viele Menschen sehr bedeutsam. So wollen sie etwa wissen, ob es gut ist einer bestimmten Gruppe anzugehören (z. B. Psychologen), was die Gruppe genau ist und wodurch sie sich von relevanten anderen Gruppen unterscheidet (z. B. Wirtschaftswissenschaftler). Aus diesen Gründen bilden sie sich Vorstellungen über eigene und fremde Gruppen. Beispielsweise glauben viele Menschen, dass Italiener temperamentvoll, locker und chaotisch sind, wohingegen Deutsche eher als ordentlich, rational und weniger gastfreundlich eingeschätzt werden.

Diese Bilder über unterschiedliche Gruppen werden *Stereotype* genannt (siehe Kap. 1 Einl. und 3 zu Konstruktion). Stereotype sind nicht nur individuelle Ansichten, sondern werden von den meisten Mitgliedern einer Gesellschaft geteilt. Menschen wollen nicht nur wissen, wer sie und andere sind, sondern auch, ob es gut oder schlecht ist, so zu sein. Deswegen sind Stereotype selten neutral, sondern gehen mit Bewertungen einher, wie etwa „Ich mag Italiener nicht, denn die sind so laut" oder „Ich finde Wirtschaftswissenschaftler unsympathisch, weil die immer nur an ihren Profit denken". Diese Bewertungen von Personen aufgrund ihrer Gruppenzugehörigkeit werden *Vorurteile* genannt, sie können positiv sein, kommen aber meist als abwertende Einstellungen zum Vorschein (Brown 2010). Offene und direkt geäußerte Vorurteile sind in modernen Gesellschaften selten, aber negative Einstellungen können auch subtil geäußert werden. Beispielsweise sagen viele weiße Amerikaner nicht mehr direkt, dass Schwarze faul seien, sondern eher, dass Schwarze weniger als Weiße ambitioniert seien (Pettigrew und Meertens 1995). Manchmal werden auch einfach die Unterschiede zwischen der Eigengruppe und der Fremdgruppe überbetont, wenn etwa gesagt wird, dass sich die türkische Kultur doch sehr stark von der deutschen unterscheide. Schließlich kann auch ausweichend festgestellt werden, dass sich in unserer Gesellschaft zu viel um die Belange von Ausländern, Homosexuellen oder Frauen gekümmert wird.

Stereotype und Vorurteile beeinflussen das Verhalten anderen Gruppen gegenüber (siehe Kapitel zu Einstellungen). Das Verhalten zwischen sozialen Gruppen kann problematisch sein, wenn es mit einer systematischen schlechteren Behandlung von Personen aufgrund ihrer Gruppenzugehörigkeit einhergeht, wenn etwa Frauen für gleiche Arbeit weniger Geld bekommen als Männer. Wenn systematische Unterschiede in der Behandlung von Mitgliedern verschiedener Gruppen gemacht und diese Differenzierungen als unfair und illegitim bewertet werden, dann wird diese *Intergruppendifferenzierung* als *soziale Diskriminierung* bezeichnet (Mummendey und Otten 1998). Man könnte nun denken, dass das Verhalten zwischen sozialen Gruppen immer oder sehr häufig problematisch sei. Menschen nehmen Mitglieder anderer Gruppen als andersartig wahr, aber haben trotz negativer Bewertung das Gefühl, diese anderen dennoch nicht einfach zurückweisen können. Unter diesen Bedingungen *tolerieren* sie andere. Schließlich, und das ist auch keine Ausnahme, werden manchmal Unterschiede zwischen verschiedenen Gruppen wertgeschätzt, wenn etwa festgestellt wird, dass „uns" die „anderen" perfekt ergänzen, wie es in arbeitsteiligen Gesellschaften an der Tagesordnung ist (Durkheim 1992).

Die Forschung zu Intergruppenverhalten hat sich überwiegend mit ihren negativen Seiten befasst. Was hingegen positive Intergruppenbeziehungen ausmacht, wird noch immer diskutiert. Beispiele für negatives Verhalten gegenüber Mitgliedern von Fremdgruppen finden sich etwa bei Bewerbungen. Personalchefs in Firmen können stereotype Inhalte, dass Ausländer weniger gut gebildet sind, mit der negativeren Bewertung von ausländischen Bewerbern verbinden. Das kann dazu führen, dass Bewerber mit ausländischem Hintergrund weniger häufig zu Bewerbungsgesprächen eingeladen werden als inländische Bewerber oder hören, dass die Stelle schon vergeben sei, während inländische Bewerber noch eingeladen werden (Kaas und Manger 2010). Wie auch Vorurteile kann soziale Diskriminierung in subtilen Formen auftreten. So kann man beispielsweise beobachten, dass einzelne Mitglieder benachteiligter und abgewerteter Gruppen als Alibi in hervorragende Positionen gehoben werden, um zu demonstrieren, dass man eigentlich keine Vorurteile hat und es beispielsweise in „unserem Betrieb" keine Diskriminierung gibt.

9.2 Woher kommen Vorurteile?

Zuerst sollten wir kurz festhalten was unter Vorurteilen, Stereotypen und sozialer Diskriminierung verstanden werden sollte. *Vorurteile* meinen die Bewertung von Individuen allein aufgrund deren Zugehörigkeit zu einer sozialen Gruppe, ungeachtet ihrer individuellen Merkmale. *Stereotype* sind die sozialgeteilten Assoziationen von Attributen mit bestimmten Gruppen, wie etwa „Psychologen sind empathisch". Schließlich bedeutet *soziale Diskriminierung* eine Behandlung von Mitgliedern einer Gruppe, die als illegitim wahrgenommen wird. Wie können wir erklären, wie Stereotype, Vorurteile und soziale Diskriminierung entstehen?

9.2.1 Manche Leute ...: Persönlichkeitstheoretische Ansätze

Eine intuitive Antwort auf die Frage nach der Entstehung von Vorurteilen lautet, dass es eben Menschen gibt, die Vorurteile haben und andere, die weniger Vorurteile haben. Es liegt also in dem Charakter der Persönlichkeit oder in stabilen Einstellungsmustern einzelner Personen. Prominente Beispiele für Ansätze, die Vorurteile durch Persönlichkeitsfaktoren zu erklären versuchen, sind die autoritäre Persönlichkeit und die Theorie der sozialen Dominanzorientierung.

Das Konzept der autoritären Persönlichkeit wurde von Mitarbeitern der Frankfurter Schule nach dem 2. Weltkrieg entwickelt (Adorno et al. 1950; Fromm 1947). Die autoritäre Persönlichkeit wird als Syndrom verschiedener Facetten verstanden, wobei die ursprünglichen neun durch empirische Untersuchungen auf drei reduziert wurden (Altemeyer 1981, 1996). Die zentralen Facetten des Autoritarismus sind *autoritäre Submission,* in der die Neigung, sich anerkannten Autoritären unterzuordnen und ihnen Folge zu leisten, beschrieben ist: Die *autoritäre Aggression,* die die Tendenz Normabweichung zu bestrafen angibt, sowie *Konventionalismus,* der angibt, inwiefern Personen es bevorzugen überlieferte Normen, Regeln usw. anzunehmen und zu verteidigen. Diese Facetten sollen erklären, wer in besonderem Maße zu allgemeinen Vorurteilen neigt und für bestimmte Ideologien (z. B. Konservatismus, Faschismus) empfänglich ist. Untersuchungen zur autoritären Persönlichkeit zeigen relativ konsistent einen hohen Zusammenhang zwischen gemessenen autoritären Einstellungen und Vorurteilen gegenüber Minoritätsgruppen (für eine Meta-Analyse siehe Sibley und Duckitt 2008). Trotz dieses systematischen Zusammenhangs zwischen Vorurteilen und Skalen, die Autoritarismus erfassen, wird und wurde das Konzept der autoritären Persönlichkeit aufgrund methodischer und konzeptueller Probleme kritisiert. So enthält die rechtsgerichtete Autoritarismus Skala (Right-Wing Authoritarianism, RWA) Items die selbst vorurteilsbezogene Inhalte abfragen (z. B. Items zu Homosexualität). Es ist außerdem nicht klar, wie Autoritarismus genau zu konzeptualisieren sei, sodass unklar bleibt, warum ein Zusammenhang mit Vorurteilen ein bedeutungsvolles Ergebnis darstellen könnte. Alternativ könnten bestimmte Ideologien (z. B. Konservatismus) mit bestimmten Vorurteilen wie etwa Homophobie verbunden sein, ohne dass spezifische autoritäre Tendenzen mit diesen Vorurteilen einhergehen müssten (Kessler und Cohrs 2008).

Die in neuerer Zeit entwickelte Theorie der sozialen Dominanz (Sidanius und Pratto 1999) bezieht sich auf gesellschaftliche (Zugehörigkeit zu bestimmten Gruppen in der sozialen Hierarchie) und individuelle Faktoren (z. B. Geschlecht, Bildung). Diese Einflüsse bestimmen die generelle Einstellung gegenüber hierarchischen Strukturen in Gesellschaften; eine hohe soziale Dominanzorientierung führt generell zur Unterstützung von gruppenbasierten Hierarchien und der Ablehnung von Gleichheit. Beispielsweise führt die Zugehörigkeit zu sozialen Gruppen mit relativ hohem gesellschaftlichem Status zu einer höheren generellen Akzeptanz von hierarchischen Strukturen (Sidanius und Pratto 1999). Eine sehr starke Annahme ist, dass Männer generell eine höhere Ausprägung in ihrer sozialen Dominanzorientierung haben als Frauen. Soziale Dominanzorientierung ist die Einstellung, dass Unterschiede zwischen sozialen Gruppen akzeptabel und sogar notwendig seien. Diese „Invarianz-Hypothese" hinsichtlich der sozialen Dominanzorientierung soll gelten, wenn alle anderen Faktoren kontrolliert werden (Navarrete et al. 2010).

Zudem selektieren sich Personen in passende Situationen: Solche mit hohen SDO-Werten suchen eher Gruppen auf, die Hierarchien bestätigen und fördern (z. B. Polizei), wohingegen Personen mit niedrigen SDO-Werten eher Gruppen aufsuchen, die Hierarchien reduzieren (z. B. Amnesty International). Das führt insgesamt dazu, dass ursprünglich vorhandene Unterschiede in der sozialen Dominanzorientierung sich verstärken. Ferner unterstützen Personen mit hohen SDO-Werten systemstabilisierende Mythen. Darunter verstehen Sidanius und Pratto (1999) Ideologien und Einstellungen, die vorhandene Statusunterschiede zwischen Gruppen legitimieren, wie z. B. Sexismus oder Rassismus. Autoritarismus und soziale Dominanzorientierung werden in neueren Ansätzen als komplementäre Einstellungssyndrome aufgefasst, die beide zusammen verschiedene Vorurteile erklären (Sibley und Duckitt 2008). Autoritarismus sagt dabei Vorurteile gegenüber als abweichend wahrgenommenen Gruppen vorher, wogegen soziale Dominanzorientierung eher Vorurteile gegenüber konkurrierenden Gruppen vorhersagt.

Trotz des Erfolgs dieser Ansätze bei der Aufklärung einiger Aspekte von Vorurteilen bleiben einige grundlegende Fragen durch diese Ansätze offen. 1. In den meisten Studien zu Autoritarismus und sozialer Dominanzorientierung werden diese Einstellungsdimensionen gemessen und mit Vorurteilen korreliert. Aber wir wissen, dass aus Korrelationen nicht auf Kausalität geschlossen werden sollte. 2. Wenn Vorurteile aus der Persönlichkeit erklärt werden können, dann müssten vorurteilsbehaftete Personen alle erdenklichen Gruppen schlecht finden. Aber eine genauere Betrachtung von „Ausländerfeindlichkeit" zeigt, dass die Vorurteile gegen ganz bestimmte Gruppen gerichtet sind (z. B. Türken, Vietnamesen) und an viele andere Gruppen gar nicht gedacht wird (Dänen, Schweden). Es liegt also weniger an den Persönlichkeitsvariablen (z. B. Autoritarismus) als daran wie die Gruppen wahrgenommen werden. Wir müssen also die Frage stellen, gegenüber welchen Gruppen wir Vorurteile haben und welche Anderen als eher unproblematisch gesehen werden? 3. Vorurteile werden typischerweise sozial geteilt und hängen eng mit sozialen Normen zusammen (Crandall et al. 2002).

9.2.2 Streit um Ressourcen: Die Theorie des realistischen Gruppenkonflikts

Diese Kritiken an persönlichkeitsorientierten Ansätzen wurden durch Sherif (1966) und Campbell (1965) vorgetragen. Diese Autoren schlugen als Alternative die sogenannte Theorie des realistischen Gruppenkonflikts *(realistic group conflict theory)* vor. Nehmen wir zuerst ein Beispiel: Wenn in einer Firma ein hohes Preisgeld für die erfolgreichste Abteilung ausgelobt wird, dann werden die Abteilungen der Firma im Wettbewerb gegeneinander stehen. Wird eine der Abteilungen gewinnen, gehen die anderen leer aus. Hier werden sich die Einstellungen der Abteilungsmitglieder gegenüber den Mitgliedern anderer Abteilungen verschlechtern. Nehmen wir dagegen an, dass eine Prämie für optimale Zusammenarbeit zwischen den Abteilungen gezahlt wird, dann werden sich Mitglieder der verschiedenen Abteilungen eher positiv wertschätzen.

Die Theorie des realistischen Gruppenkonflikts nimmt an, dass jedes Individuum rational ist und seinen individuellen Nutzen maximieren möchte (Campbell 1965). Allerdings können Individuen häufig nicht alleine und unabhängig von anderen Individuen ihre Ziele verfolgen. Die Zielerreichung hängt häufig vom Verhalten dieser Anderen ab *(Interdependenz)*. Wenn andere Individuen zum Erreichen der eigenen Ziele beitragen oder sogar notwendig sind *(positive Interdependenz)*, dann entwickelt man positive Einstellungen ihnen gegenüber. Wenn andere hingegen die eigenen Ziele durchkreuzen und aktiv verhindern, dann fühlt man sich durch diese Individuen oder Gruppen bedroht und entwickelt negative Einstellungen ihnen gegenüber *(negative Interdependenz)*. Laut der Theorie des realistischen Gruppenkonflikts spielen spezifische Eigenschaften der Individuen eher eine untergeordnete Rolle. Wichtig ist, wie Individuen ihre Ziele erreichen können.

Um zu prüfen, dass es die strukturellen Bedingungen zwischen den Gruppen und nicht etwa individuelle Faktoren sind, die das Verhalten zwischen sozialen Gruppen bestimmen, führten Sherif und seine Mitarbeiter (Sherif 1966; Sherif et al. 1961; Sherif et al. 1955) eine Reihe von Sommerlager-Untersuchungen durch. Um individuelle Einflüsse zu kontrollieren und auszuschließen, wurden die Untersuchungsteilnehmer sehr genau ausgewählt. An den Studien nahmen weiße Jungen der amerikanischen Mittelschicht im Alter von 10–12 Jahren teil, die durch eine Reihe von Tests auf ihre psychologische Unauffälligkeit getestet wurden. Um noch subtilere individuelle Präferenzen zu kontrollieren, hatten die Jungen in einigen der Studien Zeit individuelle Freundschaften auszubilden. Bei der späteren Einteilung in Gruppen, wurden die Freundespaare getrennt. In den Gruppen bildeten sich schnell Gruppennormen, Strukturen, Loyalität und eine Attraktion zu anderen Gruppenmitgliedern aus. Diese Gruppenbildung kommt laut der Theorie durch die positive Interdependenz der Gruppenmitglieder zustande. Die Gruppenbildung und Attraktion der Gruppenmitglieder untereinander kann nicht durch vorhandene Unterschiede in der Herkunft, Persönlichkeit oder interpersonale Attraktion zurückgeführt werden, denn diese Faktoren wurden durch die aufwendige Prozedur kontrolliert und ausgeschlossen.

9.2 Woher kommen Vorurteile?

In der bekanntesten Studie, der Robbers Cave Studie, wurde nach der Gruppenbildung ein Wettkampf zwischen den Gruppen durchgeführt. Bei dem Wettkampf konnte nur eine Gruppe gewinnen und dem Gewinner wurde ein attraktiver Preis versprochen. Da jede Gruppe den Preis für sich gewinnen wollte, waren alle Aktionen, die gut für die eigene Gruppe waren, schlecht für die andere. Das ist genau das, was Sherif und Mitarbeiter gefunden haben. Der Wettkampf führte zu starken Spannungen zwischen den Gruppen. Die Jungen hatten den Eindruck, dass sich ihre Gruppe fair und die anderen unfair im Wettkampf verhielten. Kleine Experimente im Sommerlager zeigten zusätzlich, dass die Leistungen der Eigengruppe überschätzt und die der anderen Gruppe unterschätzt wurde. In diesem Wettkampf wurden die Spannungen zwischen den Gruppen so stark, dass sich die Gruppen gegenseitig beschimpften und attackierten (z. B. bewarfen die anderen mit Äpfeln oder rissen die Zelte der anderen Gruppe ein), sodass die Versuchsleiter zügig zur letzten Phase des Experiments, der Reduktion von Konflikten, übergehen mussten.

In der Phase der Konfliktreduktion arbeiteten beide Gruppen an gemeinsamen Zielen, die sie nur mithilfe der anderen Gruppe erreichen konnten. Beispielsweise sollten sie gemeinsam einen Lastwagen mit Lebensmitteln, der angeblich im Matsch stecken geblieben war, wieder herausziehen oder sie sollten die Leitungen für die Wasserversorgung reparieren. Durch mehrere solcher gemeinsamer Aktivitäten, die ohne die Zusammenarbeit mit der anderen Gruppe nicht zu bewältigen gewesen wären, verringerten sich die Konflikte zwischen den Gruppen. Die Vorurteile wurden geringer. Es bildeten sich sogar einige Freundschaften zwischen den Gruppen.

Insgesamt belegen diese Studien deutlich, dass eine positive Interdependenz zu freundlichen und positiven Einstellungen führen. Diese positive Interdependenz findet sich typischerweise innerhalb von Gruppen, kann aber auch zwischen Gruppen realisiert werden. Wenn gemeinsame Ziele verfolgt werden, d. h. die Zielverfolgung der einen das Erreichen des Ziels anderer unterstützt, findet man diese anderen attraktiv und man kooperiert mit ihnen. Im Gegensatz dazu, wenn andere die eigene Zielerreichung behindern oder aktiv durchkreuzen, dann sind alle Dinge, die diese Leute tun, bedrohlich und negativ. Deswegen werden auch Einstellungen diesen Menschen gegenüber negativ sein. Diese Faktoren wirken ohne spezifische Beiträge durch Persönlichkeit, vorgängige Erfahrung oder individuelle Präferenzen. Kurz gesagt: Positive Interdependenz führt zur Gruppenbildung und zu positiven Einstellungen, negative Interdependenz hingegen zu Feindseligkeit.

Sherif und seine Kollegen beobachteten noch einige andere interessante Dinge. So meinten einige der Jungen schon vor dem Wettbewerb, dass es doch interessant sei, mit anderen Gruppen Wettbewerb zu haben, um festzustellen, welche Gruppe besser sei. Diese Beobachtung führt uns zu einer wichtigen Kritik der Sommerlager-Untersuchungen. Obwohl die Studien zeigen, dass negative Interdependenz zu Konflikt und positive Interdependenz zu eher harmonischen Beziehungen zwischen Gruppen führen, wurde es versäumt explizit eine Kontrollgruppe einzuführen, in der beide Gruppen gar nicht interdependent sind. Wir wissen also, dass Interdependenz hinreichend für Konflikt und Harmonie zwischen den Gruppen ist, wir wissen aber nicht, ob sie auch notwendig sind.

9.2.3 „Wir" versus „die Anderen": Die Theorie der sozialen Identität

Die Studien von Sherif lösten die Frage nach den notwendigen Bedingungen für Intergruppenverhalten aus (Rabbie und Horowitz 1969; Ferguson und Kelley 1964). Henri Tajfel und seine Kollegen entwickelten ein Untersuchungsparadigma, das minimale Gruppenparadigma, das eine „Kontrollgruppe" für intergruppales Verhalten darstellen sollte (Tajfel et al. 1971). In diesem Untersuchungsparadigma sollten die Versuchspersonen nichts anderes wissen, als dass sie einer bestimmten Gruppe angehören, während andere Versuchspersonen einer anderen Gruppe angehören. Um eine solche Situation herzustellen, wählten sie willkürliche soziale Kategorien, also solche, die erst im Experiment erzeugt werden und für die die Versuchspersonen kein vorheriges Wissen besitzen. Ferner war die Mitgliedschaft in den Gruppen anonym, d. h. die Versuchspersonen wussten nur, welcher Gruppe sie angehören. Sie wussten aber nicht, welche anderen Individuen ihrer oder der anderen Gruppe angehören. Die Versuchspersonen hatten auch keine Interaktion mit anderen Eigen- oder Fremdgruppenmitgliedern. Ein weiteres wichtiges Kriterium ist, dass das Verhalten der Versuchspersonen zwar eine gewisse Bedeutsamkeit haben sollte (beispielsweise konnten sie werthaltige Dinge verteilen, wie etwa Geld), aber ihr Verhalten sollte den Versuchspersonen keinen persönlichen Nutzen verschaffen. In solch einem minimalen Gruppenparadigma wird jede Versuchsperson anhand eines vorgeblichen psychologischen Tests in eine von zwei möglichen Gruppen eingeteilt. Danach sollen sie irgendetwas Werthaltiges (z. B. Geld, Bonuspunkte) an anonyme Eigengruppen- oder Fremdgruppenmitglieder verteilen. In ihren Studien fanden Tajfel und Kollegen heraus, dass schon unter diesen minimalen Bedingungen die Versuchspersonen Mitglieder ihrer Eigengruppe gegenüber denen der Fremdgruppe bevorzugen. Noch drastischer ist das Ergebnis, dass die Versuchspersonen ökonomisch „irrational" auf Geld für Mitglieder ihrer Eigengruppe verzichten, wenn sie damit einen größeren Unterschied zwischen beiden Gruppen herstellen konnten (Maximierung der Differenz zwischen den Gruppen). Diese Ergebnisse sind insofern erstaunlich, weil sie zeigen, dass die gegenseitige Abhängigkeit (Interdependenz) nicht notwendig ist. Schon das Wissen, mit einigen Personen einer gemeinsamen Gruppe anzugehören und von anderen verschieden zu sein, kann dazu führen, dass man die Mitglieder der Eigengruppe denen der Fremdgruppe vorzieht. Zudem tendieren Gruppenmitglieder dazu, die Eigengruppe als positiver und unterschieden von einer relevanten Fremdgruppe verschieden darzustellen, in dem sie die Unterschiede zwischen beiden Gruppen maximieren.

Zur Erklärung dieser Ergebnisse wurde die **Theorie der sozialen Identität** entwickelt (Tajfel und Turner 1979, 1986), die seit vielen Jahren Forscher inspiriert und sehr gute Bestätigung durch empirische Studien gefunden hat. Die Theorie der sozialen Identität baut auf vier grundlegenden Prozessen auf: soziale Kategorisierung, Identifikation, soziale Vergleiche und positive Distinktheit. Durch die *soziale Kategorisierung* werden Menschen aufgrund von Merkmalen, wie etwa ethnische Herkunft, Religion und Sprache in Eigengruppen, zu denen eine Person angehört, und Fremdgruppen, zu denen diese Person nicht gehört, eingeteilt. Wenn nun Personen sich mit ihrer Eigengruppe identifizieren, dann betrachten sie sich und andere nicht mehr als Individuen, sondern als Mitglieder einer Gruppe. Die Kategorisierung minimiert Unterschiede innerhalb der Gruppen und maximiert Unterschiede zwischen den Gruppen. Durch soziale Vergleiche bewerten Gruppenmitglieder ihre Gruppe, um festzustellen, ob es positiv und etwas Besonderes ist, Mitglied dieser Gruppe zu sein. Die positive Distinktheit der Eigengruppe wird bestätigt, wenn die Vergleiche zwischen den Gruppen positiv ausgehen. Das ist allerdings nicht immer der Fall. Die Theorie nimmt an, dass im Falle negativer Vergleichsergebnisse die Gruppenmitglieder motiviert sind, diese Situation zu verändern.

Eine positive soziale Identität kann durch unterschiedliche Strategien aufrecht erhalten oder wieder hergestellt werden. Eine mögliche Strategie ist die *individuelle Mobilität*, bei der Gruppenmitglieder sich psychologisch von der Eigengruppe distanzieren und versuchen Mitglied einer attraktiveren Gruppe zu werden. Dies ist allerdings nur in dem Maße möglich, wie Gruppenmitglieder bereit sind ihre Identität aufzugeben und inwieweit sie von anderen als neues Gruppenmitglied akzeptiert werden. Alternativ dazu können Gruppenmitglieder ein negatives Vergleichsergebnis gegenüber einer anderen Gruppe direkt durch *sozialen Wettbewerb* herausfordern, in dem sie versuchen zu zeigen, dass der Vergleich so gar nicht korrekt ist, sondern eigentlich anders ausgehen müsste. Durch sozialen Wettbewerb wird die tatsächliche Statusrelation der Gruppen verändert.

Eine dritte Klasse von Strategien, genannt *soziale Kreativität,* meint alle Reaktionen, durch die Vergleichsergebnisse kognitiv und sozial umgedeutet werden. Kognitiv sind diese Strategien, da sie den Vergleichsrahmen umdeuten und etwa neue Vergleichsdimensionen oder Vergleichsgruppen wählen. Sozial sind diese Strategien, denn um eine solche Umdeutung für wahr zu halten, müssen andere dies bestätigen. Zu erwarten ist, dass Mitglieder der Eigengruppe zustimmen, wenn auch noch Mitglieder der Fremdgruppe zustimmen, hat sich sehr erfolgreich das soziale Gefüge verändert. Beispiele für kreative Strategien sind etwa der Wechsel von Vergleichsdimensionen („wir sind vielleicht wirtschaftlich nicht so erfolgreich, aber viel solidarischer und netter") oder die Umwertung einer Vergleichsdimension (aus „mehr Geld ist besser" wird „mehr Geld desto verdorbener der Charakter").

Wann wird eine dieser drei Strategien verwendet? Wenn soziale Vergleiche negativ ausgehen, dann überlegen Gruppenmitglieder, ob diese Vergleichsergebnisse *stabil* („könnte es auch anders sein?") und *legitim* („sollte es anders sein?") sind. Als drittes Kriterium wird herangezogen, ob die Gruppengrenzen *permeabel* und durchlässig sind, also ob einzelne Gruppenmitglieder ihre Gruppenzugehörigkeit wechseln können (Ellemers 1993; Tajfel und Turner 1986). Werden die Statusrelation zwischen Gruppen (also die Vergleichsergebnisse) als instabil und illegitim bewertet, dann wählen Gruppenmitglieder eher sozialen Wettbewerb. Wird dagegen die Statusrelation als stabil und legitim bewertet, dann werden Gruppenmitglieder diese Statusrelation eher kreativ umdeuten. Wenn schließlich die Gruppengrenzen als durchlässig wahrgenommen werden, dann sind es die Gruppenmitglieder, die sich weniger mit der Gruppe identifizieren, die diese auch verlassen und versuchen, Mitglied einer attraktiveren Gruppe zu werden (Ellemers 1993; Ellemers et al. 1997; siehe Tab. 9.1). Hier fällt auf, dass zwei Kombinationen von Legitimität und Stabilität nicht berücksichtigt wurden. Tajfel und Turner (1979) nahmen dazu an, dass Legitimität und Stabilität typischerweise korreliert sind. Allerdings zeigen neuere Studien, dass unter der Bedingung illegitime, aber stabile Statusunterschiede, Gruppenmitglieder zu stärkstem Konflikt neigen (Tausch et al. 2011). Das bedeutet in

Tab. 9.1 Bedingungen für die Wahl von Strategien zur Identitätsmanagement bei impermeablen Gruppengrenzen

	Impermeable Gruppengrenzen	
	Stabile Statusrelation	Instabile Statusrelation
Legitime Statusrelation	Soziale Kreativität	Lernen von der Fremdgruppe
Illegitime Statusrelation	Nicht-normative Schädigung	Sozialer Wettbewerb

Laborstudien, dass die Fremdgruppe auf Kosten der Eigengruppe geschädigt wird. Eigengruppenmitglieder verzichten auf Geld, wenn nur die Fremdgruppe möglichst wenig bekommt. Außerhalb des Labors bedeutet das, dass Gruppenmitglieder mit nicht-normativen (z. B. kriminellen) Handlungen versuchen, die Situation zu verändern. Unter der Bedingung legitimer, aber instabiler Statusverhältnisse beginnen die Mitglieder der statusniederen Gruppe, die andere Gruppe eher zu bewundern und suchen diese auf, um von ihr zu lernen (Onu et al. 2015).

Diese kurze Charakterisierung der Theorie der sozialen Identität zeigt, dass der Zusammenhang zwischen Identifikation mit einer Gruppe nicht direkt zu einem bestimmten Typ von Intergruppenverhalten führt, sondern zu unterschiedlichen Formen von Intergruppenverhalten in Abhängigkeit der wahrgenommenen sozio-strukturellen Bedingungen (Stabilität und Legitimität der Statusrelation und die Permeabilität der Gruppengrenzen) führen kann. Im Folgenden werden die Prozesse, die Intergruppenverhalten generell unterliegen und es steuern, genauer dargestellt.

9.3 Grundlegende Prozesse des Intergruppenverhaltens

Einer der grundlegenden Prozesse des Verhaltens zwischen sozialen Gruppen ist die *Kategorisierung* von Individuen in soziale Gruppen (siehe Kap. 3). Wenn jemand als Mitglied einer bestimmten Gruppe kategorisiert wird, dann kann das entsprechende Wissen über diese Gruppen (also die Stereotype) abgerufen und auf dieses Individuum angewendet werden. Über diese Kategorisierung und Stereotypisierung von Individuen geht Intergruppenverhalten typischerweise hinaus, denn es werden nicht nur die „Anderen" sondern auch die „Eigenen" und das „Selbst" kategorisiert. Die Selbstkategorisierung in eine Eigengruppe und Fremdgruppen führt dazu, dass man sich mit einigen Individuen identifiziert (der Eigengruppe), also keine Unterschiede zwischen sich und anderen Gruppenmitgliedern macht; gleichzeitig grenzt man die Eigengruppe von der Fremdgruppe ab. Dies ist der grundlegende Einfluss der Manipulation (z. B. die Zuweisung zu Kategorien) im Minimalen-Gruppen-Paradigma. Allerdings führt dies nur in dem Ausmaß zu Intergruppenverhalten, wie man sich mit der Eigengruppe identifiziert. Je größer die *Identifikation,* desto eher und stärker neigt man dazu Intergruppenverhalten zu zeigen, wie beispielsweise andere Eigengruppenmitglieder bei Bewertungen oder Ressourcenverteilungen zu bevorzugen. Nach Tajfel (1978) ist die Identifikation mit einer Gruppe „that part of an individual's self concept which derives from his knowledge of his membership of a social group (or groups) together with the value and emotional significance attached to that membership" (S. 63). Identifikation mit der Eigengruppe besteht aus den Facetten des *Wissens* um die Zugehörigkeit, die *emotionale Bedeutung* der Gruppenzugehörigkeit und der Wert, den man der Gruppenzugehörigkeit beimisst. Wenn Individuen sich mit einer Gruppe identifizieren, dann wollen sie typischerweise auch wissen, ob sie einer guten oder besonderen Gruppe angehören. Um dies herauszufinden, vergleichen Gruppenmitglieder ihre Gruppe mit anderen relevanten Gruppen auf bedeutsame Vergleichsdimensionen. Nach Tajfel und Turner (1979) sind Gruppenmitglieder bestrebt, die eigene Gruppe als positiv distinkt zu sehen, d. h. sie als unterschiedlich und besser als relevante Vergleichsgruppen zu sehen. Das entspricht der Ressourcenverteilung, bei der Versuchspersonen auf Geld verzichten, um besser als eine relevante Vergleichsgruppe zu sein (Brewer 1979; Brown 1978). Für soziale Vergleiche auf Eigenschaftsdimensionen liegt die Maximierung der Differenz noch deutlicher, denn einfach nur festzustellen, dass wir „intelligent" sind oder sogar „sehr intelligent" ist für sich nicht sehr aussagekräftig (andere könnten ja auch „sehr intelligent" sein). Wenn wir „intelligenter" als relevante Andere sind (z. B. wir Psychologen als die Mediziner), dann führt das zu einer positiven Bewertung der Eigengruppe. Die Motivation zu positiver Distinktheit der Eigengruppe scheint auf den ersten Blick nur eine Beschreibung dessen zu sein, was Gruppenmitglieder tatsächlich tun, nämlich den Unterschied zwischen der Eigengruppe und der Fremdgruppe zu ihren Gunsten zu maximieren. Allerdings zeigen Studien, dass Variationen in der Motivation auch zu unterschiedlichem Ausmaß in der Differenzierung zwischen Gruppen führen (Sassenberg et al. 2003). Gruppenmitglieder mit einer aufsuchenden Motivation bevorzugen die Eigengruppe nur auf positiven Ressourcen (z. B. zusätzliches Geld), nicht aber auf negativen Ressourcen (z. B. Reduktion von Geld). In einer vermeidenden Motivation findet sich die Bevorzugung nur auf negativen nicht auf positiven Ressourcen. Dies zeigt, dass die Motivation zu positiver Distinktheit nicht nur eine Beschreibung von Ergebnissen, sondern ein tatsächlich variierbarer Prozess ist.

9.4 Selbstkategorisierungstheorie und das Eigengruppenprojektionsmodell

Während die Theorie der sozialen Identität insbesondere auf die Beziehungen zwischen den sozialen Gruppen fokussiert, fokussiert die Selbstkategorisierungstheorie (Turner et al. 1987) auf die kognitiven Aspekte des Selbst und der Identität sowie Prozesse innerhalb sozialer Kategorien.

9.4 Selbstkategorisierungstheorie und das Eigengruppenprojektionsmodell

Nach der Selbstkategorisierungstheorie sind Kategorien hierarchisch organisiert. So findet sich auf der untersten Ebene die Kategorisierung als Individuum, unterschieden von anderen Individuen. Auf höheren Ebenen wird das Selbst auf einer Intergruppenebene kategorisiert, beispielsweise als Jenaer/Jenenser versus Erfurter oder als Thüringer versus Sachse, Ostdeutsche versus Westdeutsche, Deutscher versus Franzose oder Europäer versus Amerikaner. Für eine Ebene der Kategorisierung gibt es immer eine darüber liegende Kategorisierung, die die unteren Kategorien einschließt. Höhere Kategorisierungsebenen bilden für die eingeschlossenen Subgruppen den Vergleichsrahmen, der vorgibt, welche Attribute für Vergleiche zwischen den Gruppen relevant sind, was als positiv und was als negativ gilt und was ein gutes Mitglied dieser Kategorie ausmacht (Mummendey und Wenzel 1999). Stellen wir uns als Beispiel vor, wir möchten Pinguine und Spatzen vergleichen, dann dient die Kategorie „Vögel" als die übergeordnete Kategorie, hinsichtlich derer wir die beiden Subgruppen vergleichen. Europäer stellen sich vermutlich vor, dass so ein Rotkehlchen genau das ausmacht, was man sich unter einem Vogel vorzustellen hat. Ein Pinguin kann dagegen nicht fliegen und schwimmt beinahe so gut wie ein Fisch. Pinguine werden deswegen als weniger typische Vögel als Rotkehlchen angesehen. Diese Einschätzung ist vermutlich für Europäer richtig. In anderen Kulturkreisen verfügen Menschen über anderes Wissen über Vögel und deswegen werden demnach auch andere Vögel für normal erachtet (Kahneman und Miller 1986), kommt möglicherweise zu einem entgegengesetzten Schluss. Dieses Beispiel illustriert mehreres: Die Vergleiche zwischen Subgruppen beziehen sich auf deren relative Passung in die gemeinsame übergeordnete Kategorie. Außerdem wird klar, dass die Inhalte, die den Vergleichsrahmen bestimmen, nicht eindeutig festgelegt sind. Welche Inhalte man einer Kategorie zuschreibt, hängt vom gemeinsamen Vorwissen der Beteiligten ab, aber auch davon, wie man zu der Kategorie steht, also ob sie eine konkurrierende Fremdgruppe oder eine Eigengruppe, ob sie zentral oder eher unbedeutend für die urteilende Person ist.

Wie genau können wir uns nun die Vergleiche zwischen sozialen Gruppen vorstellen und wie kann man erklären, dass die Eigengruppe typischerweise positiver als Fremdgruppen gesehen wird und diese manchmal sogar gar nicht wahrgenommen werden? Das Eigengruppenprojektionsmodell (Mummendey und Wenzel 1999) gibt darauf eine Antwort. Das Eigengruppenprojektionsmodell baut auf der Selbstkategorisierungstheorie auf. Es macht einige der psychologischen Prozesse explizit, die bei der Bewertung von Andersartigkeit und Intergruppendifferenzen eine entscheidende Rolle spielen.

Wir haben gehört, dass zwei Gruppen sich innerhalb einer gemeinsamen übergeordneten Gruppe vergleichen (Turner et al. 1987). Wie wird nun dieser

Referenzrahmen, der durch die übergeordnete Gruppe gebildet wird, mit Eigenschaften gefüllt? Neben dem Vorwissen, das alle Beteiligten mitbringen, sind es die Eigenschaften der Eigengruppe, die auf die gemeinsame übergeordnete Gruppe projiziert werden. Diesen Vorgang der Übertragung von Merkmalen der Eigengruppe auf eine übergeordnete Kategorie wird *Eigengruppenprojektion* genannt (Mummendey und Wenzel 1999). Durch die Projektion von Merkmalen der Eigengruppe wird diese als typischer innerhalb des Vergleichsrahmens wahrgenommen, als die Fremdgruppe zugestehen würde oder jemand, der nur allgemeines Vorwissen mitbringt. Deswegen bewerten dann auch Eigengruppenmitglieder ihre Gruppe als positiver und haben den Eindruck ihre Gruppe verdiene mehr als die Fremdgruppe. Der Prozess der Eigengruppenprojektion ist in allen beteiligten Gruppen zu finden. Dadurch entsteht ein Dissens über das Bild, das für die gemeinsame übergeordnete Gruppe gelten soll, also über die Standards und Werte die die gemeinsame Identität charakterisieren. Dieser Dissens drückt sich auch darin aus, dass jeder der Gruppen die Vorstellung hat, besser als die andere in die gemeinsame übergeordnete Kategorie zu passen. Diese Perspektivendivergenz ist das eigentliche Problem in Intergruppenbeziehungen, denn beide Gruppen haben jeweils den Eindruck, dass die andere sie nicht so wahrnimmt wie sie wahrgenommen werden sollte. Neben Konflikten um knappe Ressourcen ist die Perspektivendivergenz die Grundlage des Konflikts zwischen zwei sozialen Gruppen.

Hier lohnt es sich genauer zu fragen, was wir unter sozialer Diskriminierung verstehen sollten. Häufig wird angenommen, dass soziale Diskriminierung eine Ungleichbehandlung zwischen Mitgliedern unterschiedlicher sozialer Gruppen bedeutet. Dies stimmt jedoch nicht, denn manchmal sollte man Mitglieder unterschiedlicher sozialer Gruppen auch unterschiedlich behandeln. Sollte man Frauen zum Gynäkologen und Männer zum Urologen schicken? Sollten Kinder mit Lernschwierigkeiten etwas mehr Unterstützung in der Schule bekommen im Vergleich zu normal Begabten? Das kann auch bedeuten, dass eine Gleichbehandlung von Mitgliedern unterschiedlicher sozialer Gruppen als soziale Diskriminierung wahrgenommen wird, etwa wenn unabhängig von den monatlichen Einkünften alle eine Steuer von 1000 EUR pro Monat bezahlen sollten. Um genauer zu definieren, was soziale Diskriminierung bedeutet, müssen wir zuerst festhalten, dass soziale Diskriminierung sowohl als Verhaltensbeschreibung als auch als Bewertung von Verhalten gemeint ist. Um diese Doppeldeutigkeit aufzulösen, bezeichnen wir mit *sozialer Differenzierung* die Unterschiede, die zwischen sozialen Gruppen und ihren Mitgliedern gemacht werden. Diese Unterschiede können dann einerseits als notwendig oder unproblematisch bewertet werden und andererseits als illegitim und unangemessen. Soziale Differenzierung, die als illegitim

9.4 Selbstkategorisierungstheorie und das Eigengruppenprojektionsmodell

bewertet wird, wird als *soziale Diskriminierung* bezeichnet. Wir können aus der Perspektivendivergenz zwischen sozialen Gruppen vermuten, dass es Aktionen seitens einer Gruppe gibt, die von dieser Gruppe als problemlos und völlig legitim angesehen wird, während sie von Beobachtern oder der Gruppe, auf die das Verhalten zielt, als illegitim und als soziale Diskriminierung bezeichnet wird. Das Problem, das durch soziale Diskriminierung beschrieben wird, ist ein Konflikt über die Angemessenheit von bestimmtem Intergruppenverhalten.

Die Bewertung und Behandlung von sozialen Gruppen wird von den Mitgliedern dieser Gruppen durch einen Vergleich mit den Standards, Normen und Werten einer gemeinsamen übergeordneten Kategorie vorgenommen. Mitglieder der beteiligten sozialen Gruppen scheinen die Merkmale ihrer Gruppe auf die gemeinsame übergeordnete Kategorie zu projizieren, wodurch ein Dissens über die gemeinsame Repräsentation der übergeordneten Gruppe entsteht und die beteiligten Gruppen sich als illegitim behandelt und sozial diskriminiert fühlen. Ist dieses Bild unausweichlich? Oder anders gefragt: Wie könnte diese Perspektivendivergenz verringert und möglicherweise sogar positive Beziehungen zwischen sozialen Gruppen hergestellt werden?

Einige Bedingungen sind notwendig dafür, dass es zu der Perspektivendivergenz und den damit assoziierten Konflikten kommt. Die beteiligten Gruppen müssen zu einer gemeinsamen übergeordneten Gruppe zugehörig wahrgenommen werden. Gruppen, die keine gemeinsame übergeordnete Gruppe teilen, sollten aus dieser Perspektive gar nicht für einander relevant sein (Waldzus und Mummendey 2004). Die übergeordnete gemeinsame Gruppe muss als positiv bewertet werden, denn nur dann bedeutet typisch für diese Gruppe zu sein, auch positiv zu sein. Der typischste Terrorist ist nicht positiv. Selbstkategorien haben die Tendenz positiv zu sein (Reynolds et al. 2000).

Allerdings finden sich manchmal negativ bewertete übergeordnete Gruppen wie beispielsweise bei Zusammenschlüssen von Schulen oder Firmen. Hier werden dann die Ursprungsorganisationen meist positiver bewertet, wenn sie untypisch für diese neue gemeinsame Gruppe sind (Tischendorf 2007). Die vermutlich wichtigste Determinante der Eigengruppenprojektion ist die Art der Repräsentation der übergeordneten Gruppe als entweder „einfach" oder „komplex". Hiermit ist gemeint, dass in einfachen Repräsentationen wenige Merkmale mit klaren Ausprägungen herangezogen werden, sodass eine eindeutige Hierarchisierung zwischen den beteiligten Gruppen vorgenommen werden kann. Komplexe Repräsentationen bedeuten hingegen, dass mehrere Merkmale einbezogen werden und damit viele Gruppen weitgehend gleich gut in diese übergeordnete Gruppe passen können (Mummendey und Wenzel 1999).

So haben mehrere Studien gezeigt, dass einfache Repräsentationen von übergeordneten Kategorien zu einer stärkeren Perspektivendivergenz und damit auch zu pointierteren Konflikten zwischen den Gruppen führen. Wenn hingegen die übergeordnete Gruppe als komplex repräsentiert ist, dann wird die Eigengruppenprojektion reduziert, die Perspektivendivergenz wird reduziert und unterschiedliche soziale Gruppen werden positiver bewertet (Wenzel et al. 2007). So wird beispielsweise von deutschen Untersuchungsteilnehmern Deutschland als typischer für Europa angesehen, wenn Europa als einfach gedacht ist. In einem als komplex vorgestellten Europa passen Deutschland und Italien gleich gut und werden deshalb auch nicht unterschiedlich bewertet.

Das Eigengruppenprojektionsmodell zeigt die Bedingungen auf, unter denen die Unterschiede zwischen sozialen Gruppen relevant werden (Inklusion in einer gemeinsamen übergeordneten Kategorie). Wann sie negativ (bei einer einfachen Repräsentation, was die Eigengruppenprojektion verstärkt) und wann sie positiv bewertet werden (bei eine komplexen Repräsentation, was die Eigengruppenprojektion reduziert). Wie könnte man sich nun vorstellen, wie Konflikte und Vorurteile zwischen sozialen Gruppen reduziert und eine komplexe Repräsentation eines gemeinsamen Vergleichsrahmens hergestellt werden können?

9.5 Kontakt als Mittel zur Reduktion von Vorurteilen

Nun haben wir gehört, dass ein Konflikt um knappe Ressourcen Konflikte zwischen Gruppen auslösen und dass schon Identitätsaspekte, wie etwa das Streben nach positiver Distinktheit unter minimalen Bedingungen, zur Differenzierung zwischen sozialen Gruppen führen kann. Hier stellt sich die Frage, ob denn Intergruppenkonflikte unausweichlich sind Und, was man machen kann, damit sich gespannte und negative Beziehungen zwischen sozialen Gruppen verbessern können.

Schon Allport (1954) bemerkte, dass viele Leute glauben, es würde ausreichen, wenn man Mitglieder sozialer Gruppen in Kontakt bringen würde, um Vorurteile und Spannungen zwischen den Gruppen zu reduzieren. Er warnte, dass das leider nicht so einfach ist (1954, S. 261). Nach Allport (1954) ist die Häufigkeit und die Qualität des Kontaktes die unabhängige Variable, die Vorurteile und andere Indikatoren für die Qualität der Beziehungen zwischen den Gruppen beeinflusst. Kontakt führt nur unter bestimmten Bedingungen zur Reduktion von Vorurteilen. Nur wenn die Bedingungen erfüllt sind, werden tatsächlich Vorurteile reduziert. Nach Allport (1954) lauten die Bedingungen, dass die Mitglieder der unterschiedlichen sozialen Gruppen in der Kontaktsituation einen *gleichen Status* haben, dass sie *gemeinsamen übergeordneten Zielen* folgen, dass sie zusammen

9.5 Kontakt als Mittel zur Reduktion von Vorurteilen

kooperieren, und dass der Kontakt durch *Normen* oder *Autoritäten* unterstützt wird. Würden eine oder mehrere dieser Bedingungen fehlen, dann könnte der Kontakt sogar zu einer Verstärkung von Vorurteilen führen.

Diese Kontakthypothese hat eine große Forschungsaktivität ausgelöst. Sie zu überschauen ist beinahe unmöglich. Glücklicherweise haben sich Tom Pettigrew und seine Kollegen (Pettigrew und Tropp 2006) sich daran gemacht, alle verfügbaren Studien zu Kontakt und Vorurteilen in einer großen Meta-Analyse zusammenzufassen. Diese Arbeit zeigt, dass Kontakt und Vorurteile negativ zusammenhängen, $r = -34$. Außerdem zeigt die Studie, dass in den meisten Fällen (etwa 95 %) Kontakt Vorurteile reduziert oder keinen Effekt hat. Nur in etwa 5 % der Fälle wurden Vorurteile durch Kontakt verstärkt. Ein großes Problem der Kontaktforschung ist, dass der überwiegende Anteil der Studien keine Längsschnittanalysen sondern die Befragungen zu einem Zeitpunkt also Querschnittanalysen sind. Man kann also aus dem Zusammenhang von Kontakt und Vorurteilen nicht schließen, dass Kontakt Vorurteile reduziert. Es könnte auch sein, dass Vorurteile den Kontakt reduzieren, d. h. die Individuen mit vielen Vorurteilen vermeiden den Kontakt mit Mitgliedern der Fremdgruppe. Um diese Frage zu klären, hat Pettigrew Studien, in denen der Kontakt frei gewählt werden konnte, mit Studien verglichen, in denen der Kontakt nicht frei gewählt werden konnte. Die Überlegung ist hier, dass frei gewählter Kontakt den Einfluss von Vorurteilen auf die Kontakthäufigkeit zulässt, wohingegen nicht frei gewählter Kontakt indirekt den Einfluss von Vorurteilen auf die Kontakthäufigkeit reduziert oder sogar ausschließt. In den Studien ohne freie Kontaktwahl sind die Zusammenhänge zwischen Kontakt und Vorurteilen sogar noch größer als mit freier Wahl. Das bedeutet, dass Kontakt vermutlich das Ausmaß der Vorurteile beeinflusst. Weitere Belege für die Reduktion von Vorurteilen durch Kontakt kommen aus experimentellen Studien (Cook 1969). Allerdings gibt es in der Zwischenzeit auch Längsschnittstudien, die belegen, dass Kontakt Vorurteile reduziert, aber Vorurteile auch die Kontakthäufigkeit und Qualität beeinflusst (z. B. Binder et al. 2009).

Die Bedingungen für die Reduktion von Vorurteilen durch Kontakt müssen durch die Metaanalyse auch neu bewertet werden. Da in den meisten Fällen keine Erhöhung der Vorurteile zu finden ist, sind die Bedingungen nicht notwendig. Pettigrew und Tropp (2006) konnten auch zeigen, dass alle die Studien, in denen die Bedingungen besser erfüllt waren, auch die Vorurteile stärker reduziert haben. Die Bedingungen sind also erleichternde Bedingungen. In den 5 % der Fälle, in denen Kontakt zu einer Erhöhung der Vorurteile führte, war der Kontakt eher selten. Die Fremdgruppen und ihre Mitglieder wurden als bedrohlich wahrgenommen und die Kontaktpartner fühlten sich ängstlich in der Kontaktsituation. Damit

Kontakt zumindest keine negativen Effekte aufweist, muss er häufig sein, ohne Bedrohungsgefühle und ohne Angst stattfinden.

Ein zentrales Thema der Kontaktliteratur ist die Frage, ob der Kontakt über die spezifische Kontaktsituation hinaus generalisiert und Vorurteile auch in anderen Situationen reduziert. Das ist eine wichtige Frage, weil man beobachtet hatte, dass Schwarze und Weiße in den US-Streitkräften sich im Einsatz an der Front gut verstehen und aufeinander verlassen, aber hinter der Front fanden es alle normal und in Ordnung, in nach „Rasse" getrennten Geschäften einzukaufen. Erst mit der sozialen Bewegung gegen die Rassentrennung (Civil rights movement) in den 60er Jahren wurden auch deutlichere Generalisierungen über unterschiedliche Lebensbereiche und Kontaktsituationen hinweg gefunden. Eine weitere Frage war, ob auch auf die gesamte Gruppe, zu der der Kontaktpartner gehört, generalisiert wird. Die Analyse nach Pettigrew zeigt nun, dass die Frage zur Generalisierung mit einem deutlichen „Ja" beantwortet werden muss. Kontakterfahrungen haben eine recht breite generalisierende Wirkung. Kontakterfahrungen generalisieren über unterschiedliche Kontexte und auf die gesamte Fremdgruppe. Es werden auch Einflüsse des Kontakts auf unterschiedlichste Aspekte gefunden, wie z. B. Emotionen, Stereotype, Verhaltensweisen und Erwartungen. Überraschenderweise konnten auch Hinweise gefunden werden, dass der Kontakt mit Mitgliedern einer sozialen Gruppe sogar auf die Einstellungen gegenüber anderen sozialen Gruppen und deren Mitgliedern wirkt. Es scheint, dass Kontakt mit Mitgliedern anderer Gruppen eine generelle Tendenz zu „Ethnozentrismus" reduziert.

Kontakterfahrungen scheinen also über alle möglichen Aspekte zu generalisieren. Wright und Kollegen (Wright et al. 1997) weisen auf eine wichtige Erweiterung hin. Manchmal muss man nicht selbst in den Kontakt involviert sein, sondern es reicht zu erfahren, dass andere Mitglieder der Eigengruppe positive Kontakterfahrungen mit Mitgliedern der Fremdgruppe haben. Allein durch dieses Wissen werden Vorurteile reduziert. Diese Kontakterfahrungen werden *indirekter Kontakt* genannt. Mittlerweile ist das Konzept des indirekten Kontaktes als so wichtig anerkannt, dass es als schwerer Fehler gelten würde, in Studien nicht gleichzeitig direkten und indirekten Kontakt zu untersuchen.

In den 80er Jahren wurden drei unterschiedliche Modelle vorgestellt, wie Kontakt gestaltet werden müsste, um die besten Erfolge zu erzielen. Alle drei Modelle bauen auf Einsichten der Theorie der sozialen Identität und der Selbstkategorisierungstheorie auf. Das sogenannte *Dekategorisierungsmodell* (Brewer und Miller 1984) besagt, dass in den Kontaktsituationen die Gruppenzugehörigkeiten in den Hintergrund treten sollten und die Beteiligten sich und andere als Individuen behandeln sollten. Die Idee der Generalisierung wird so aufgefasst, dass Individuen lernen, dass Gruppenmitgliedschaften überflüssig und häufig problematisch sind und man andere eben als Individuen in ihrer Einzigartigkeit wahrnehmen und behandeln sollte. Ein alternativer Ansatz ist das *Rekategorisierungsmodell* (Gaertner und Dovidio 2000). Das besagt, dass wenn zwei Gruppen in Konflikt miteinander stehen, man eine gemeinsame übergeordnete Kategorie finden müsse, die beide Konfliktparteien in einer gemeinsamen Gruppe vereinigt. Das Konfliktschema „Wir versus die" soll in ein gemeinsames „Wir und uns" überführt werden. Diese Strategie hat den Vorteil, dass die besonders vorteilhafte Behandlung der Eigengruppe nun auch auf die Fremdgruppe übertragen wird (Gaertner et al. 1989). Diese Strategie hat allerdings auch einige Nachteile, denn eine gemeinsame Eigengruppe bedeutet auch, dass eine neue Fremdgruppe in den Fokus eines möglichen Konfliktes rückt (Kessler und Mummendey 2001). Überdies hat Rekategorisierung das Problem, dass bei einer fortwährenden Salienz der beiden inkludierten Gruppenidentitäten, die Prozesse der normativen Differenzierung, wie sie im Eigengruppenprojektionsmodell gerade beschrieben wurden, zu mehr Vorurteilen und Konflikt führen können. Rekategorisierung scheint dann besonders gut zu funktionieren, wenn die beiden ursprünglichen Identitäten verschwinden oder die neue gemeinsame übergeordnete Kategorie als komplex repräsentiert wird.

Als dritte Version wurde das saliente Intergruppenmodell oder das *Modell wechselseitiger Differenzierung* vorgeschlagen (Hewstone und Brown 1986, 2005). Dieses Modell betont, dass die beiden problematischen Gruppenidentitäten während des Kontaktes salient gehalten werden müssen, denn nur dann können positive Kontakterfahrungen auf die gesamte Gruppe generalisieren. Das Problem scheint hier die Herstellung eines positiven Intergruppenkontaktes zu sein. Hier greift das Modell der wechselseitigen Differenzierung auf die kreativen Strategien der Theorie der sozialen Identität zurück. Im Kontakt können beide beteiligten Gruppen positiv distinkt sein, denn wenn sie sich auf mehreren unabhängigen Dimensionen vergleichen, können die Gruppe jeweils auf einigen dieser Dimensionen besser als die anderen abschneiden.

Alle drei Modelle haben empirische Bestätigung gefunden. Alle drei scheinen also valide zu sein. Nach Pettigrew (1997) kann man diese drei Modelle in eine zeitliche Abfolge bringen. Anfangs scheint ein rein interpersonaler Kontakt (Dekategorisierung) die beste Möglichkeit zu sein, um positive Beziehungen herzustellen. Danach kann man sich zunehmend auf die problematische Intergruppenebene beziehen (salienter Intergruppenkontakt), und nach einiger Zeit ist es dann sogar möglich, die Unterschiede zwischen den beteiligten Gruppen als weniger relevant als die vielen Gemeinsamkeiten anzusehen (Rekategorisierung).

In den letzten Jahren wurden die Prozesse genauer untersucht, durch die die Kontakterfahrung zu einer Reduktion von Vorurteilen führte. Es lassen sich zumindest vier Gruppen von Prozessen unterscheiden. Durch Kontakt lernt man etwas Neues über die Fremdgruppe, verändert dadurch vorhandene Stereotype. Durch Kontakterfahrung, wie beispielsweise in Kontaktprogrammen, führt man auch neue Verhaltensweisen aus, trifft andere, man verhält sich positiv. Dies kann alles zu einer nachträglichen Einstellungsänderung führen, so wie es die Dissonanz-Theorie vorhersagen würde. Drittens, durch wiederholten Kontakt baut man positive Beziehungen auf und entwickelt Freundschaften mit Mitgliedern der Fremdgruppe. Durch Kontakt verändern sich die emotionalen Reaktionen auf Fremdgruppenmitglieder. Schließlich verändert Kontakt auch die Haltung der Eigengruppe gegenüber. Es kann zu einer Deprovinzialisierung (oder auch „Neubewertung der Eigengruppe") kommen, d. h. die Eigengruppe wird nicht mehr als das Maß aller Dinge angesehen und es wird anerkannt, dass eine andere Art und Weise zu leben genauso valide sein kann (auch wenn es nicht die eigene ist). Durch die Deprovinzialisierung können auch ganz neue soziale Gruppen von den vorgängigen Kontakterfahrungen profitieren, denn wenn die Eigengruppe nicht mehr mit einem besonders positiven Bias ausgestattet ist, werden andere vielleicht als anders, aber nicht als schlechter, erlebt.

9.6 Zusammenfassung

In diesem Kapitel haben wir Faktoren aufgeführt, die zu Konflikten zwischen Gruppen beitragen. Wir haben auch Wege aufgezeigt, wie die Konflikte reduziert werden können. Eine Frage bleibt hier offen: Wenn Kontakt so eine effektive Methode ist Konflikte zwischen sozialen Gruppen zu reduzieren, wieso entstehen dann immer wieder (oder sogar recht häufig) Konflikte zwischen Gruppen? Obwohl Kontakt zu positiven Beziehungen zu Mitgliedern von Fremdgruppen führt, sind es doch die Konflikte um knappe Ressourcen und zentrale Werte und die Verteidigung unserer Identität, die Konflikte immer wieder neu entstehen lassen. So gesehen wären Kontaktmaßnahmen und Versuche Konflikte zu befrieden eine reine Sisyphusarbeit? Ja, aber wir müssen uns Sisyphos als einen glücklichen Menschen vorstellen (Camus 1969).

Literatur

Adorno, T. W., Frenkel-Brunswick, E., Levinson, D. J., & Sanford, R. N. (1950). *The authoritarian personality*. New York: Harper.
Allport, G. W. (1954). *The nature of prejudice*. Reading: Addison-Wesley.

Altemeyer, B. (1981). *Right-wing authoritarianism*. Winnipeg: University of Manitoba Press.
Altemeyer, B. (1996). *The authoritarian specter*. Cambridge: Harvard University Press.
Binder, J., Zagefka, H., Brown, R., Funke, F., Kessler, T., Mummendey, A., Demoulin, J. P., Leyens, A., & Maquil, A. (2009). Does contact reduce prejudice or does prejudice reduce contact? A longitudinal test of the contact hypothesis in three European Countries. *Journal of Personality and Social Psychology, 96*, 843–856.
Brewer, M. B. (1979). In-group bias in the minimal intergroup situation: A cognitive motivational analysis. *Psychological Bulletin, 86*, 307–324.
Brewer, M. B., & Miller, N. (1984). Beyond the contact hypothesis: Theoretical perspectives on desegregation. In N. Miller & M. B. Brewer (Hrsg.), *Groups in contact: The psychology of desegregation* (S. 281–302). Orlando: Academic.
Brown, R. (2010). *Prejudice: Its social psychology,*. 2. Aufl. Wiley-Blackwell.
Brown, R. J. (1978). Divided we fall: An analysis of relations between sections of a factory workforce. In H. Tajfel (Hrsg.), *Differentiation between social groups: Studies in the social psychology of intergroup relations*. London: Academic.
Brown, R. J., & Hewstone, M. (2005). An integrative theory of intergroup contact. *Advances in Experimental Social Psychology, 37*, 255–343.
Campbell, D. T. (1965). Ethnocentric and other altruistic motives. In D. Levine (Hrsg.), *Nebraska symposium on motivation* (Bd. 13). Lincoln: University of Nebraska Press.
Camus, A. (1969). *Der Mythos von Sisyphos. Ein Versuch über das Absurde*. Hamburg: Rowohlt Taschenbuch.
Cook, S. W. (1969). Motives in a conceptual analysis of attitude-related behavior. In J. Brigham & T. Weissbach (Hrsg.), *Racial attitudes in America: Analyses and findings of social psychology* (S. 250–260). New York: Harper and Row.
Crandall, C. S., Eshleman, A., & O'Brien, L. (2002). Social norms and the expression and suppression of prejudice: The struggle for internalization. *Journal of Personality and Social Psychology, 82*, 359–378.
Durkheim, E. (1992). *Über soziale Arbeitsteilung. Studie über die Organisation höherer Gesellschaften*. Frankfurt a. M.: Suhrkamp.
Ellemers, N. (1993). The influence of socio-structural variables on identity management strategies. In W. Stroebe & M. Hewstone (Hrsg.), *European review of social psychology* (Bd. 4, S. 27–57). Chichester: Wiley.
Ellemers, N., et al. (1997). Sticking together or falling apart: In-group identification as a psychological determinant of group commitment versus individual mobility. *Journal of Personality and Social Psychology, 72*, 617–626.
Ferguson, C. K., & Kelley, H. H. (1964). Significant factors in overevaluation of own-group's product. *Journal of Abnormal and Social Psychology, 69*, 223–228.
Fromm, E. (1947). *Man for himself. An inquiry into the psychology of ethics*. New York: Rinehart.
Gaertner, S. L., & Dovidio, J. F. (2000). *Reducing intergroup bias. The common ingroup identity model*. Philadelphia: Psychology.
Gaertner, S. L., Mann, J. A., Murrell, A., & Dovidio, J. F. (1989). Reducing intergroup bias: The benefits of recategorization. *Journal of Personality and Social Psychology, 57*, 239–249.

Hewstone, M., & Brown, R. (1986). Contact is not enough: An intergroup perspective on the contact hypothesis. In M. Hewstone & R. Brown (Hrsg.), *Contact and conflict in intergroup encounters* (S. 1–44). Oxford: Blackwell.

Kaas, L., & Manger, C. (2010). *Ethnic discrimination in Germany's labour market: A field experiment* (IZA discussion paper 4741). Bonn: Institute for the Study of Labor (IZA).

Kahneman, D., & Miller, D. T. (1986). Norm theory: Comparing reality to its alternatives. *Psychological Review, 93*, 136–153.

Kessler, T., & Cohrs, J. C. (2008). The evolution of authoritarian processes: How to commit group members to group norms. *Group Dynamics Theory, Research, and Practice, 12*, 73–84.

Kessler, T., & Mummendey, A. (2001). Is there any scapegoat around? Determinants of intergroup conflict at different categorization levels. *Journal of Personality and Social Psychology, 81*, 1090–1102.

Mummendey, A., & Otten, S. (1998). Positive-negative asymmetry in social discrimination. In W. Stroebe & M. Hewstone (Hrsg.), *European review of social psychology* (Bd. 9, S. 107–143). Chichester: Wiley.

Mummendey, A., & Wenzel, M. (1999). Social discrimination and tolerance in intergroup relations: Reactions to intergroup difference. *Personality and Social Psychology Review, 3*, 158–174.

Navarrete, C. D., McDonald, M. M., Molina, L. E., & Sidanius, J. (2010). Prejudice at the nexus of race and gender: An outgroup male target hypothesis. *Journal of Personality and Social Psychology, 98*, 933–945.

Onu, D., Smith, J., & Kessler, T. (2015). Intergroup emulation: An improvement strategy for lower-status groups. *Group Processes & Intergroup Relations, 18*, 210–224.

Pettigrew, T. F. (1997). Generalized intergroup contact effects on prejudice. *Personality and Social Psychology Bulletin, 23*, 173–185.

Pettigrew, T. F., & Mertens, R. W. (1995). Subtle and blatant prejudice in Western Europe. *European Journal of Social Psychology, 25*, 57–75.

Pettigrew, T. F., & Tropp, L. R. (2006). A meta-analytic test and reformulation of intergroup contact theory. *Journal of Personality and Social Psychology, 90*, 751–783.

Rabbie, J. M., & Horowitz, M. (1969). Arousal of ingroup-outgroup bias by a chance to win or loss. *Journal of Personality and Social Psychology, 13*, 269–277.

Reynolds, K. J., Turner, J. C., & Haslam, S. A. (2000). When are we better than them and they worse than us? A closer look at social discrimination in positive and negative domains. *Journal of Personality and Social Psychology, 78*, 64–80.

Sassenberg, K., Kessler, T., & Mummendey, A. (2003). Less negative = more positive? Social discrimination as avoidance and approach. *Journal of Experimental Social Psychology, 39*, 48–58.

Sherif, M. (1966). *In common predicament. Social psychology of intergroup conflict and cooperation*. Boston: Houghton Mifflin.

Sherif, M., Harvey, O. J., White, B. J., Hood, W. R., & Sherif, C. W. (1961). *Intergroup conflict and cooperation. The robbers cave experiment*. Norman: University of Oklahoma Press.

Sherif, M., White, B. J., & Harvey, O. J. (1955). Status in experimentally produced groups. *American Journal of Sociology, 60*, 370–379.

Sibley, C., & Duckitt, J. (2008). Personality and prejudice: A meta-analysis and theoretical review. *Personality and Social Psychology Review, 12,* 248–279.

Sidanius, J., & Pratto, F. (1999). *Social dominance: An intergroup theory of social hierarchy and oppression.* New York: Cambridge University Press.

Tajfel, H. (1978). Social categorization, social identity and social comparison. In H. Tajfel (Hrsg.), *Differentiation between social groups: Studies in the social psychology of intergroup relations* (S. 61–76). London: Academic.

Tajfel, H., & Turner, J. C. (1979). The social identity theory of intergroup behavior. In S. Worchel & W. G. Austin (Hrsg.), *Psychology of intergroup relations* (1. Aufl., S. 7–24). Chicago: Nelson-Hall.

Tajfel, H., & Turner, J. C. (1986). The social identity theory of intergroup behavior. In S. Worchel & W. G. Austin (Hrsg.), *Psychology of intergroup relations* (2. Aufl., S. 7–24). Chicago: Nelson-Hall.

Tajfel, H., Billig, M. G., Bundy, R. P., & Flament, C. (1971). Social categorization and intergroup behaviour. *European Journal of Social Psychology, 1,* 149–178.

Tausch, N., Becker, J. C., Spears, R., Christ, O., Saab, R., Singh, P., & Siddiqui, R. N. (2011). Explaining radical group behavior: Developing emotion and efficacy routes to normative and nonnormative collective action. *Journal of personality and social psychology, 101,* 129–148. doi: 10.1037/a0022728.

Tischendorf, K. (2007). The impact of complexity of the superordinate category to intergroup relations. Interventive field studies to school mergers. Unveröffentlichte Doktorarbeit, Friedrich-Schiller-Universität Jena.

Turner, J. C., Hogg, M. A., Oakes, P. J., Reicher, S. D., & Wetherell, M. S. (Hrsg.). (1987). *Rediscovering the social group: A self-categorization theory.* New York: Blackwell.

Waldzus, S., & Mummendey, A. (2004). Inclusion in a superordinate category, ingroup prototypicality, and attitudes towards outgroups. *Journal of Experimental Social Psychology, 40,* 466–477.

Wenzel, M., Mummendey, A., & Waldzus, S. (2007). Superordinate identities and intergroup conflict: The ingroup projection model. *European Review of Social Psychology, 18,* 331–372.

Wright, S. C., Aron, A., McLaughlin-Volpe, T., & Ropp, S. A. (1997). The extended contact effect: Knowledge of cross-group friendships and prejudice. *Journal of Personality and Social Psychology, 73,* 73–90.

The manufacturer's authorised representative in the EU is Springer Nature Customer Service Centre GmbH, Europaplatz 3, 69115 Heidelberg, Germany. If you have any concerns regarding our products, please contact ProductSafety@springernature.com

Printed and bound by CPI Group (UK) Ltd, Croydon, CR0 4YY

23/03/2026

02076736-0002